· 河 大 百 年 法学论丛 ·

河北大学燕赵文化高等研究院
成果文库

诈骗罪处分行为研究

李佩遥 著

實事求是

知识产权出版社
全国百佳图书出版单位
—北京—

图书在版编目（CIP）数据

诈骗罪处分行为研究／李佩遥著. —北京：知识产权出版社，2023.9
ISBN 978-7-5130-8510-6

Ⅰ.① 诈… Ⅱ.① 李… Ⅲ.① 金融诈骗罪—研究—中国 Ⅳ.① D924.334

中国版本图书馆 CIP 数据核字（2022）第 240067 号

责任编辑：韩婷婷 责任校对：潘凤越
封面设计：乾达文化 责任印制：孙婷婷

诈骗罪处分行为研究

李佩遥　著

出版发行：	知识产权出版社 有限责任公司	网　　址：	http://www.ipph.cn
社　　址：	北京市海淀区气象路 50 号院	邮　　编：	100081
责编电话：	010-82000860 转 8359	责编邮箱：	176245578@qq.com
发行电话：	010-82000860 转 8101/8102	发行传真：	010-82000893/82005070/82000270
印　　刷：	北京中献拓方科技发展有限公司	经　　销：	各大网上书店、新华书店及相关专业书店
开　　本：	720mm×1000mm 1/16	印　　张：	11.5
版　　次：	2023 年 9 月第 1 版	印　　次：	2023 年 9 月第 1 次印刷
字　　数：	205 千字	定　　价：	69.00 元
ISBN 978-7-5130-8510-6			

INSTITUTE FOR ADVANCED STUDY OF YANZHAO CULTURE,HEBEI UNIVERSITY

————成│果│文│库————

本书是以下项目的阶段性研究成果：

河北省高等学校人文社会科学研究青年项目"京津冀大气污染精细化治理研究"（项目编号：SQ201018）

河北大学校长基金项目"利益分析视角下京津冀大气污染合作治理研究"（项目编号：2019HXZ002）

河北大学高层次人才科研启动项目"利益分析视域下跨行政区环境合作治理研究"（项目编号：521000981356）

国家社科基金青年项目"'数字丝绸之路'推进中的合规风险及中国的应对研究"（项目编号：20CGJ027）

河北省高等学校人文社会科学研究青年项目"雄安新区创新驱动发展中的地方政府职能研究——基于创新生态系统的视角"（项目编号：SQ181099）

"河大百年·法学论丛"编委会

▶ "河大百年·法学论丛" ●○●●

——— 总序 ———

　　一座城池，北控三关，南达九省；一段城垣，开满热血浇灌的民族之花；一座桃园，成就千古兄弟情谊。保定曾是中国北方的一座地标城市，因长期与京津呈三足鼎立之势而蜚声四海，在这片人杰地灵的土地之上，有一所建校已达百年的著名高等学府——河北大学。河北大学始建于1921年，经历了天津工商大学、天津工商学院、津沽大学、天津师范学院、天津师范大学等时期，在天津办学期间，赢得了"煌煌北国望学府，巍巍工商独称尊"的美誉。学校于1960年正式定名为河北大学，1970年迁至保定市，接续发展到今天。

　　立校报国守初心，百年求实担使命。河北大学从成立之初就以科学救国为使命，在百年的接续传承中，吮吸着燕赵山川之灵气，汲取着京畿重地之底蕴，孕育了"实事求是"的校训传统，"博学、求真、惟恒、创新"的校风精神。"所谓大学者，非谓有大楼之谓也，有大师之谓也。"在建校百年的历史中，一大批以德立身、以德立学、以德施教的学术大师在校执教，成为河大校史中闪亮的名片；满含青春的笑脸、奋力拼搏的精神、奔放且细腻的情感涌现在河大每位学子身上，掩映在河大每一个角落中，演绎着无尽的活力。百年来共有近40万名优秀学子在河大求学，努力向学、蔚为国用。不忘来时路，奋斗新百年，今天的河北大学，站在"部省合建"新平台上，全校师生齐心协力，攻坚克难，正向着一流大学的建设目标阔步前行！

　　世纪风华，法学展示，明法崇德，追求卓越。河北大学法学院的前身为创建于1980年的河北大学法律系，1981年法律系法学专业开始招收本科生，是河北省最早创办的法学专业，也是改革开放后全国第一批创办的法学专业之一。今年是河北大学法学专业创办41周年，招生40周年。

恰逢其时，春风拂面，何其幸也！河北大学法学专业的发展与我国的法治建设始终同向同行。自1978年党的十一届三中全会提出"发展社会主义民主、健全社会主义法制"以来，特别是1997年党的十五大提出"依法治国、建设社会主义法治国家"以来，我国的法治建设进入了快车道，河北大学法学专业的发展也进入了快车道，2000年、2003年、2005年、2006年、2007年相继获批诉讼法学、民商法学、宪法学与行政法学、刑法学、经济法学、法学理论二级学科硕士学位授予权；2010年获批法学一级学科硕士学位授权点；2018年获批法学一级学科博士学位授权点；2019年获批法学一级学科博士后科研流动站，获批国家一流本科专业建设点。

国之肱股，法界栋才！40多年来，在"教学立院、科研兴院、人才强院、特色树院"的办学理念下，法学院师生在燕山山脉和太行山山脉合围成的千里沃野上，将自己的价值追求融入绵延不绝的燕赵文化之中，致力于京津冀区域生态环境治理、区域刑事法治与环境犯罪治理、冬奥会法治保障、公益诉讼等特色领域研究。同时，配合"部省合建"框架下"双一流"建设、"燕赵文化学科群"建设，深度挖掘燕赵法治文化，产出一批高质量研究成果，生动诠释了河北大学法学院师生"立足中国特色，解决现实问题"的家国情怀，将成果产在祖国的大地上，让研究扎根在这片热土中。

今年恰逢中国共产党成立100周年和河北大学建校100周年"双重大喜"，生逢盛世，何其有幸！我们组织出版这套丛书，就是为了纪念和庆祝这一重要时刻，并希冀为我国的法治建设贡献绵薄之力。

"河大百年·法学论丛"编委会
2021年7月

前言

处分行为作为诈骗罪中关键性的构成要件要素，其相关理论问题在我国刑法学界一直存有较大争议。国内外刑法理论界争论最为激烈的问题是：处分行为要否、处分意识要否、处分意识内容的界定。持有不同的学说观点，将直接影响对相关案件中犯罪行为的定性。

对于处分行为内涵的界定问题，刑法学界主要从处分行为与处分意识之间的关系的角度、刑法上占有的角度、诈骗罪所具有的本体结构与本质特征的角度进行探讨和界定。处分行为具有连接错误认识与取得财产的桥梁作用，因此，从诈骗罪的本体结构与本质特征的角度进行阐释更具理论逻辑自洽性。作为、容忍与不作为均能够作为处分行为的具体表现形式而存在。根据诈骗罪的基本逻辑构造可知，处分行为是在受骗人或被害人主观上具有处分意识的支配之下而实施的转移财产占有的行为。该处分意识的产生是由于受骗人陷入的错误认识而导致，然而，该错误认识的出现则是由于行为人的欺骗行为所致。由此可见，诈骗罪中各个构成要件要素按照逻辑构造依次发生，前一个构成要件要素为下一个构成要件要素发生的原因，二者间具有刑法上的直接因果关系。

对于处分行为是否为成立诈骗罪必备的构成要件要素的问题，国内外刑法学界颇有争议，由此形成两种相对立的学说观点，即"处分行为必要说"与"处分行为不要说"。大部分国家的刑法大致以两种方式来解决该理论争议问题，即有的国家刑法以明文的形式将处分行为规定在法条之中，而有的国家刑法虽未明文规定，但其刑法理论通说认为处分行为是成立诈骗罪不成文的构成要件要素。因此，"处分行为不要说"并不具有理论说服力，基于此，对于处分行为要素的根据问题，本书认为，应当采纳"处分行为必要说"的观点。

　　对于处分行为要素的定位问题，刑法学界大致存有"行为要素说"与"结果要素说"两种不同的学说观点。虽然这两种学说均具有其自身的合理性，但将其运用于司法实践中会出现难以避免的理论障碍。由此，为凸显处分行为在诈骗罪逻辑构造中的重要作用，应当将处分行为作为具有独立性的构成要件要素进行判断，而非与其他构成要件要素结合起来进行判定。

　　对于如何阐释处分行为中的"处分"所具有的内涵，刑法理论界对此形成了三种较有代表性的学说观点，依次为：受骗人或被害人主观上需要具有转移财产所有权意识的"所有权转移说"，受骗人或被害人将自己财产的占有转移给行为人或第三人即可的"占有转移说"，受骗人或被害人只需达到将财产转移给对方持有的程度即可的"持有转移说"。"所有权转移说"与"持有转移说"均存在不当限缩与不当扩大诈骗罪成立范围的弊端，而"占有转移说"能够在最大程度上弥补上述两种学说存在的不足之处。此外，"占有转移说"还能够体现诈骗罪的目的，即保护被害人财产权利，该权利不仅包括所有权，也应当包括对财产的占有。

　　对于处分行为的具体表现形式问题，刑法学界存有争议的焦点则在于容忍与不作为是否属于处分行为的具体表现形式以及不作为形式的处分行为中是否包含有容忍的内容。实际上，从逻辑关系角度来看，容忍与不作为之间并不具有包含与被包含的内在逻辑关系，二者具有各自独有的存在意义，均应当囊括在诈骗罪处分行为的具体表现形式之中。对于处分行为的处分对象问题，将狭义财物与财产性利益均作为诈骗罪中的处分对象是我国刑法理论通说的观点。

　　处分行为的主观要素处分意识要否的问题为处分行为相关理论问题中争议最为激烈的内容，大部分学者均持有"处分意识必要说"的观点。但是，由于新型支付方式的演变与发展，有部分学者开始转向认为"处分意识不要说"更具合理性，也更符合司法实践的需要，因此，持有"处分意识不要说"的学者数量逐渐增多。对该理论争议问题，国内外还有少数刑法学者支持"处分意识区分说"的观点。在德国刑法理论中，该学说处于通说地位，我国也有少数学者赞同该学说。然而，我国刑法理论通说与司法实践均认为，"处分意识必要说"的观点更具合理性。"处分意识不要说"与"处分意识区分说"的观点，能够有效解决司法实践中出现的大量无意识处分财产的犯罪行为，但"处分意识不要说"的观点并不能充分体现处分行为的主观要素处分意识在区分盗窃罪与诈骗罪中的重要作用，而且具有将错误认识与处分意识进行混同理解的倾向；"处分意识区分说"的观点又违反犯罪构成要件具有定型性的理论要求。基于此，本书从诈骗罪所具有的本质特征与本体结构的角度进行论证，对于处分意识的要否问题，本书认为应当采纳"处分意识必要说"的观点。

以何为标准来界定处分意识的内容，我国刑法学界主要存在以下几种学说观点，即"质量区分说"、"极端缓和说"与"修正的极端缓和说"。"质量区分说"无法充分阐释为何在财产损失相同的情况下，只因受骗人或被害人对财物的数量与种类的认识存在偏差，就对行为人的行为认定为不同的罪名。"极端缓和说"将受骗人或被害人陷入的错误认识的内容与处分意识的内容进行混同理解，从诈骗罪的基本逻辑构造的角度来看，错误认识与处分意识处于不同的环节中，并不能够等同视之。因此，对于处分意识内容的界定，本书认为，较为完善的观点是"修正的极端缓和说"，根据财产所具有的不同属性，分别对处分意识内容进行界定。

对于财产处分人的范围与权限的问题，在司法实践中，一般情况下，诈骗犯罪案件发生在行为人与被害人之间，也就是"二者间诈骗"的情形。在此种情形中，财产处分人（受骗人）即为遭受财产损失的被害人。然而，在特殊情况下，某些诈骗犯罪案件发生在行为人、受骗人与被害人之间，也就是"三者间诈骗"的情形，此时财产处分人（受骗人）与遭受财产损失的被害人并非同一人。三角诈骗情形的出现引发了对财产处分人处分权限的争论，换言之，以何为标准来判断受骗人是否具有处分被害人财产的权限或地位，刑法学界对此主要存在以下几种学说观点：以受骗人主观意愿为判断标准的"主观说"；以客观上受骗人是否能够接触被害人的财产为判断标准的"事实介入可能性说"；以受骗人与行为人还是被害人的关系更为密切为判断标准的"阵营说"；以是否具有被害人的授权为判断标准的"授权说"。单独采纳上述任意一种学说均无法完全满足司法实践的需要，基于此，本书观点是应当根据"双层次判断理论模型"对财产处分人是否具有处分权限进行判定。

对于诉讼诈骗行为的定性问题，刑法学界大致存在五种观点，通过对诉讼诈骗行为的分析与论证，得出该行为符合诈骗罪基本逻辑构造的结论，应当以诈骗罪对该行为进行定罪量刑。对于司法实践中与处分行为紧密相关的具有较大争议的犯罪案件行为的定性，根据"处分行为必要说"与"处分意识必要说"的立场，骗取他人放弃之物的行为应当成立诈骗罪；"犯意先行的单纯溜走型"与"食宿先行的单纯溜走型"的无钱食宿行为成立盗窃罪，"犯意先行的诡计逃走型"与"食宿先行的诡计逃走型"的无钱食宿行为成立诈骗罪。偷换二维码取财行为符合盗窃罪的犯罪构成要件，应当以盗窃罪对行为人进行定罪处罚。

本书是对本人博士学位论文进行修改完善的基础之上撰写而成，书中部分观点仍有不成熟之处，衷心期待广大读者朋友与学界同人能够提出宝贵的意见与建议，以便进行更为深入的研究。

目 录 contents

第一章
诈骗罪处分行为概述

诈骗罪作为刑法中古老而又重要的财产犯罪罪名，在各国刑法条文中几乎均有所体现，但由于各国刑事立法机关采取不同的立法模式对诈骗犯罪行为进行规制，导致各国刑法理论界对处分行为是否为成立诈骗罪必备的构成要件要素问题产生了较大争议。例如，德国刑法与意大利刑法均未以成文的形式将处分行为规定在诈骗罪的法律条文之中；日本刑法与法国刑法在诈骗罪法律条文中出现了"处分"（"交付"）的文字表述。在我国刑法中，立法机关对诈骗罪采取了简明罪状的立法模式，即"诈骗公私财物，数额较大的"犯罪行为即可构成诈骗罪。虽然各国刑法在诈骗罪罪状文字表述方面有所差异，但大陆法系刑法理论通说认为，处分行为是成立诈骗罪不可或缺的必备的构成要件要素。此外，处分行为作为诈骗罪中的关键性要件要素，还起到了连接受骗人或被害人陷入错误认识与行为人获取财物、财产性利益的桥梁作用。因此，通过对诈骗罪处分行为的概念及其所具有的功能等方面进行深入剖析，有助于厘清诈骗罪处分行为中素有争议的刑法理论问题，从而为司法实践指明适用方向。

第一节　处分行为的概念

处分行为作为诈骗罪基本逻辑构造中一个重要的环节，不仅起着连接错误认识与取得财产的桥梁作用，同时也具有将盗窃罪与诈骗罪进行有效区分的重要功能。因此，作为诈骗罪的关键性要件要素，厘清处分行为的内涵与外延对于构建并完善我国刑法财产犯罪的理论体系大有裨益。与此同时，深入探究处分行为中极具争议的理论问题也将有助于对司法实践中极为复杂、疑难的诈骗犯罪案件进行准确的定罪量刑。何谓"处分行为"，应当以什么标准来界定"处分行为"的内涵与外延，将成为研究处分行为理论争议问题的前提。

一、大陆法系刑法中诈骗罪处分行为的概念

(一) 德国刑法中处分行为的概念

德国刑法理论界与司法实务界均倾向于认为，处分行为是成立诈骗罪不可或缺的构成要件要素。诈骗罪被规定在《德国刑法典》第 263 条之中，德国刑法未以成文的形式将处分行为规定在诈骗罪法律条文之中，但德国刑法理论通说与判例所持有的立场均认为，处分行为是成立诈骗罪不成文的构成要件要素。"处分行为"的字样虽未明文出现在诈骗罪刑法条文之中，但是在认定行为人的行为是否构成诈骗罪时，需要着重判断受骗人（被害人）的客观转移财产占有的行为是否属于诈骗罪意义上的财产处分行为。德国刑法学界与司法判例一致认为，所谓"'财产处分'是指任何直接导致经济意义上的财产减少的法律上或事实上的作为、容忍与不作为。"[1]

刑法学中诈骗罪意义上的处分行为与民法上的财产处分权能并不具有完全相同的内涵，两者之间存在相互交叉的部分，但并不具有包含与被包含的内在逻辑关系。在民法中，对于某财产是否具备各项财产权能主要是从法律权利的角度进行判断；而在刑法中，对于财产处分行为的认定则侧重于从客观事实层面进行判断。只要该处分财产行为导致受骗人（被害人）的财产在整体上遭受实质的经济损失，即可将该行为认定为诈骗罪意义上的财产处分行为，而无须判断受骗人（被害人）对该处分的财产是否一定具有民法意义上的所有权或其他财产权能。即使受骗人在事实上占有该财产，当其受到行为人的欺骗而陷入处分财产的错误认识进而转移财产占有时，也应当将该转移占有的行为判定为刑法中诈骗罪意义上的处分行为，应当对行为人的行为以诈骗罪进行定罪与量刑。

(二) 日本刑法中处分行为的概念

日本刑法理论通说与判例所持有的立场认为，处分行为是成立诈骗罪必备的构成要件要素。与德国刑法对诈骗罪规定不同的是，日本刑法以成文的形式将该要件要素规定在法律条文之中，《日本刑法典》第 246 条规定："欺骗他人使之交付财物的，处十年以下惩役。"[2]《日本刑法典》在 1995 年修正

---

[1] 王钢. 德国刑法诈骗罪的客观构成要件：以德国司法判例为中心 [J]. 政治与法律，2014 (10)：38.

[2] 日本刑法典 [M]. 2 版. 张明楷，译. 北京：法律出版社，2006：210.

之前一直沿用"处分行为"的表述，修正之后改为"交付财物"的字样，但对二者在相同的意涵中进行认定与判断。关于"交付财物"与"处分行为"的概念辨析，二者是否具有完全相同的内涵将在后文进行详细的论述。

日本刑法理论对于处分行为内涵的界定标准与德国刑法理论不同，后者主要是从民法与刑法进行对比的角度来论证处分行为所具有的独特内涵，具体而言，刑法上的财产处分行为与民法上的财产处分有交叉的部分，但刑法上的财产处分行为更加侧重从事实层面对客观的转移占有行为进行经济意义上的判断与衡量，而民法上的财产处分权能则侧重于从法律层面进行判断。在日本刑法理论中，处分行为内涵的界定与处分行为主观要素处分意识的存在与否紧密相连。也就是说，赞同"处分意识必要说"的学者认为，处分行为本身是蕴含着处分意识的，若受骗人或被害人主观上不具有处分财产的意识，则无法将其客观上的行为举动认定为诈骗罪意义上的处分行为。处分意识作为处分行为的主观要素，二者是统一且不可分割的。

正如有学者所言："财产的处分行为，以基于处分意思的支配形态为必要……财产处分行为以处分意思为必要。"❶ 此外，日本刑法学者前田雅英教授认为："即使外形上存在处分行为，但不是基于真正的意思时，不成立诈骗罪。"❷ 大塚仁教授也指出：处分财产行为的成立，需要综合考虑客观上的处分行为与主观的处分意识。只有受骗人或被害人本人对其转移财产占有行为本身及其所能够产生的后果具有认识才能够达到认定处分意识的标准。❸ "处分意识必要说"论者认为：对于客观处分行为内涵的界定问题将无可避免地对受骗人主观上的处分意识存在与否进行判断。由于处分行为中必然包含处分意识的内容，那么在司法实践中出现的大量无意识主动交付财产的行为，在"处分意识必要说"论者看来并不能够被认定为诈骗罪意义上的处分行为。然而，赞同"处分意识不要说"观点的日本刑法学者山口厚教授则将"处分行为"定义为："将物、财产性利益转移至对方的行为。此处的处分行为特指财物的占有转移。"❹

由于处分行为具有区分盗窃罪与诈骗罪的重要功能，若承认无意识的处分财产行为，则在司法实践中将会有大量应当被认定为构成盗窃罪的犯罪案

---

❶ 秦新承. 认定诈骗罪无需"处分意识"：以利用新型支付方式实施的诈骗案为例 [J]. 法学, 2012（3）：156.

❷ 前田雅英. 刑法讲义各论 [M] //张明楷. 诈骗罪与金融诈骗罪研究. 北京：清华大学出版社, 2006：158.

❸ 大塚仁. 刑法概说（各论）[M]. 3 版. 冯军, 译. 北京：中国人民大学出版社, 2003：24.

❹ 山口厚. 刑法各论 [M]. 2 版. 王昭武, 译. 北京：中国人民大学出版社, 2011：297.

件以诈骗罪进行定罪处罚，这不仅不当地限缩了盗窃罪的成立范围，而且不利于对被害人的财产权益进行充分保护。此外，在涉及诈骗财产性利益的场合，日本司法判例同样认为，处分财产性利益的行为与处分财物行为一样，要求受骗人或被害人在主观上要具有处分意识。❶ 综上所述，日本刑法理论界与司法实务界均将对处分行为内涵的界定问题，以及处分行为存在与否的判断问题与处分意识联系起来，即处分行为中必然包含着处分意识的内容，不具有处分财产意识的客观行为并不能够成为诈骗罪意义上的处分行为。

（三）韩国刑法中处分行为的概念

对于处分行为的内涵界定问题，韩国法院判例的立场认为，诈骗罪中的处分行为仅指处分财物或财产性利益的行为，该"处分行为"的成立需要达到主客观相统一的程度才能够认定其存在。换言之，受骗人或被害人所实施的转移财产占有行为需要在处分意识的支配之下完成，才属于诈骗罪意义上的处分行为。❷ 根据韩国法院判例所持有的立场分析得知，其对是否具有诈骗罪中处分行为的判定同样要与主观要素处分意识结合起来综合加以考量判定。只有主观与客观要件要素同时齐备，才能够将受骗人或被害人的行为认定为诈骗罪意义上的处分行为。对于处分意识要否的问题，刑法学界素有争议。韩国刑法理论界与司法判例所持有的立场均认为，"处分意识必要说"处于通说地位，相较于"处分意识不要说"更具有理论逻辑自洽性。关于处分意识要否的理论争议问题将在第三章展开详细论证。根据处于少数说地位的"处分意识不要说"论者的观点，对于处分行为内涵的界定只需要从客观上判断是否存在转移财产占有的行为即可，无须判断受骗人在主观上是否具有处分财产的意识。换言之，无意识情形下处分财产的行为也将属于诈骗罪意义上的处分行为，客观的处分行为与主观的处分意识并非具有完全一致性。❸ 在涉及诈骗财产性利益的场合，同样不要求受骗人基于行为人的欺骗而作出免除债务或使对方取得债权的明确的意思表示。❹

---

❶ 日本最高裁判所 1955 年 7 月 7 日判决 ［M］//张明楷. 诈骗罪与金融诈骗罪研究. 北京：清华大学出版社，2006：159.

❷ 韩国侵犯财产罪判例 ［M］. 吴昌植，译. 北京：清华大学出版社，2004：112.

❸ 平野龙一. 刑法概说 ［M］//张明楷. 诈骗罪与金融诈骗罪研究. 北京：清华大学出版社，2006：162.

❹ 刘明祥. 论诈骗罪中的交付财产行为 ［J］. 法学评论，2001（2）：68.

二、我国刑法中诈骗罪处分行为的概念

(一) 我国台湾地区刑法中处分行为的概念

在我国台湾地区刑法理论中，对于诈骗罪处分行为概念的理解基本上与大陆法系国家刑法理论通说的观点保持一致，即分别从与民法上的财产处分行为进行比较以及处分意识与否影响处分行为成立的视角来界定处分行为所具有的内涵。例如，林山田教授指出，刑法中的财产处分行为与民法上的处分权能并非相同。在民法领域，如果权利人并非完全民事行为能力人，则其实施的行为效力将会受到一定的影响；然而，在刑法领域，权利人是否具有处分财产的行为能力并不会影响其实施该行为的效力，可将该行为划归为财产处分行为。❶ 从林山田教授对诈骗罪处分财产行为所得出的定义可以看出，他是从民刑对比的角度来界定处分行为的内涵。诈骗罪中受骗人所具有的财产处分行为能力的范围比民法上对权利人是否具有处分行为能力所界定的范围更加宽泛，前者的判断标准要低于后者。在刑法中部分具有处分意识能力的财产处分人，在民法中却被认定为限制民事行为能力人。当他们在实施转移财产占有行为时，主观上对其所实施行为的性质与后果具有认识即可认定该行为属于诈骗罪意义上的处分行为，而并不会由于其年龄或精神智力状况未达到民事法律的相关规定就否定其行为所具有的处分财产的性质。林东茂教授认为："财产处分行为的处分者依其自由决定，直接导致财产减损的行为，包括处分者实施的抛弃财物行为。"❷ 他着重从两个方面对"财产处分行为"的内涵进行概括：一方面，强调处分行为的判定必定伴随着对受骗人或被害人主观上是否具有处分意识的判断；另一方面，诈骗罪作为财产犯罪中的数额犯，需要达到犯罪数额较大才能构成该罪名。因此，在判断是否成立诈骗罪的过程中，应当对被害人所遭受的实质的财产损失数额进行明确的判定。

洪增福教授倾向于持有"处分意识不要说"的观点，他强调，处分行为存在与否只需要从受骗人客观的外在行为进行判断即可，无须判断受骗人主观上是否同时具备处分财产的意识。无意识的转移财产占有行为依然可以成立诈骗罪意义上的处分行为。❸ 与林山田教授判断视角比较，洪增福教授从处

---

❶　林山田. 刑法特论（上册）［M］. 台北：台北三民书局，1978：327-328.

❷　林东茂. 刑法综览［M］. 5版. 北京：中国人民大学出版社，2009：325.

❸　洪增福. 刑事法之基础与界限［M］. 台北：学林文化事业有限公司，2003：575.

分行为与其主观要素处分意识之间的关系的角度对处分行为的内涵进行深入剖析与界定。因此，对于处分意识要否的问题持有不同立场观点的学者将对处分行为的内涵作出不同界定。

（二）我国大陆地区刑法中处分行为的概念

在我国刑法中，处分行为作为诈骗罪的关键性构成要件要素，具有判断诈骗罪是否成立的标志性作用。因此，准确界定诈骗罪处分行为的内涵与外延，不仅有助于在具有争议的各种理论学说中作出相对正确的选择，也将有助于司法审判人员对复杂、疑难诈骗案件中的犯罪行为进行准确定罪量刑。目前，关于处分行为所具有的内涵，我国刑法学者主要从以下两个方面进行论述：第一，从诈骗罪所具有的本质特征及其所保护的法益角度来理解处分行为所应当具有的内涵；第二，从处分行为与处分意识的关系角度对处分行为所具有的内涵进行理解与界定。

1. 诈骗罪本体结构中的处分行为

对于处分行为的内涵界定问题，我国有些学者是从诈骗罪所具有的本质特征及其所保护的法益角度来加以界定的。正如王钢教授所言：从内在逻辑关系的角度来看，刑法中诈骗罪之处分行为与民法上的财产处分虽有交叉部分，但并未重合，因此，二者并非包含关系，而是交叉关系。诈骗罪中处分行为的具体表现形式包括作为、容忍与不作为。❶ 我国刑法理论通说的观点认为：诈骗罪所保护的法益不限于狭义财物的所有权，还包括狭义财物的占有以及财产性利益的享有。❷ 那么从刑法中财产犯罪所保护的法益角度来看，当受骗人或被害人由于受到行为人的欺骗而陷入处分财产的错误认识进而处分自己具有所有权的财产时，实现了财产的终局性转移，被害人当然遭受了财产损失；若受骗人对转移占有的财产并不具有所有权，但在事实上合法占有该财产时，为了维护财产秩序的稳定，刑法将该合法占有财产的事实也认定为属于财产犯罪所应当保护的法益范畴。

例如：在"保姆案"中，保姆张三常年在李四家工作，负责李四家所有的家务劳动，并与李四建立了深厚的信任关系。王五谎称自己是干洗店店员，经李四同意来取其价值 7 000 元的晚礼服，保姆张三信以为真，便将晚礼服交给王五，后来发现自己上当受骗。在本案中，保姆张三对李四的晚礼服并不

---

❶ 王钢. 盗窃与诈骗的区分：围绕最高人民法院第 27 号指导案例的展开 [J]. 政治与法律，2015（4）：32.

❷ 张明楷. 刑法学（下）[M]. 5 版. 北京：法律出版社，2016：1000.

具有所有权，但基于与李四的信赖关系以及自身的保姆身份，张三对李四的晚礼服具有事实上的合法占有关系，对该晚礼服具有支配控制权。因此，保姆张三将李四的晚礼服交给王五的行为，在客观上属于诈骗罪意义上转移财物占有的行为，在主观上也具有处分财产的意识，该行为应当被认定为诈骗罪意义上的处分行为，应以诈骗罪对王五进行定罪处罚。

　　与此同时，在涉及财产性利益的场合，刑法学界对于是否可将财产性利益作为财产犯罪所保护的法益来看待的问题曾产生较为激烈的争论。目前，刑法学界的通说认为，与狭义的财物一样，财产性利益应当作为财产犯罪所保护的法益。财产性利益虽然不具有狭义财物看得见、摸得着的外形特征，但其本质属性与狭义财物是相同的，即财产性利益同样具有管理可能性、转移可能性与经济价值。❶ 例如：行为人 A 以虚构事实或隐瞒真相的方法欺骗受骗人 B，使 B 相信 A 欠 B 价值 10 万元的债务已经还清。在本案中，受骗人 B 免除行为人 A 偿还债务的行为应当属于诈骗罪意义上的处分行为，其处分的对象即价值 10 万元的债权。对于受骗人 B 来说，由于其受到行为人 A 的欺骗而"自愿"免除 A 偿还 10 万元债务的行为使其遭受了相应的财产损失。那么本案中 10 万元的债权即处分的财产性利益应受到刑法的保护，成为财产犯罪所保护的法益。

　　诈骗罪的基本逻辑构造表现为：行为人以虚构事实、隐瞒真相的方法实施欺骗行为，受骗人或被害人由于受到欺骗而陷入处分财产的错误认识之中，进而"自愿"地实施了处分财产的行为，行为人或第三人取得相应财产，被害人遭受财产损失。诈骗罪因果链条中的第三环节，即受骗人实施财产处分行为则体现了诈骗罪的本质特征——"自我损害"。在财产犯罪中，诈骗罪与其他"取得型"财产犯罪，如盗窃罪、抢夺罪等罪名相比较，构成要件方面最大的不同之处就在于转移财产占有的方式不同。诈骗罪的处分行为需要在主观要素处分意识的支配之下实施，而其他"取得型"财产犯罪并不存在被害人"自愿"处分财产行为，而是行为人主动侵入被害人的财产领域转移财产占有并建立自己对该财产新的占有，其行为是违背被害人意志的。因此，从诈骗罪"自我损害"的本质特征上来看，只要是受骗人或被害人在主观上具有选择的余地与空间，其基于理性思考之后依然决定实施转移财产占有的行为就应当认定为诈骗罪意义上的处分行为；反之，若被害人是在受到精神胁迫等别无选择的情形下而实施的转移财产占有的行为，就无法被认定为诈

---

❶ 李强. 财产性利益犯罪的基本问题［M］. 北京：法律出版社，2020：66-67.

骗罪意义上的处分行为。

2. 处分意识支配之下的处分行为

对于处分行为内涵的界定问题，有部分学者是从处分行为与处分意识的互动关系角度来进行理解的。换言之，在判断受骗人或被害人客观上的行为是否属于诈骗罪意义上的处分行为的同时，需要对其主观上处分意识的有无进行同步判断。针对该理论问题，刑法学界形成两种针锋相对的学说，即"处分意识必要说"与"处分意识不要说"。

在"处分意识必要说"的阵营中，王立志教授认为："处分权"或者"处分"一词本身就天然地蕴含着主观要素处分意识的内容。财产处分人只有在自己主观所能认识到的范围内处分自己所有或占有的财产，才能够发生将该财产的占有由自己支配控制领域转移给对方的法律效果。因此，王立志教授指出，"处分"中含有强烈的主观内心倾向。❶ 从该学者对处分权与处分行为所作的定义可以看出，诈骗罪意义上的处分行为必然包含着对受骗人或被害人主观内心倾向的判断。"诈骗罪中的'财产处分'，也就意味着客观上转移财产占有关系和主观上处分意识的主客观相统一。"❷

杜文俊博士是从财产交付的直接性角度论述，即不可狭义地将该直接性处分财产行为理解为受骗人或被害人将自己的财物现实地交到对方的手中，应当将此概念规范性地理解为，受骗人主观上认识到该财物即将从自己支配领域转移到对方所控制的范围。❸ 处分意识不仅是处分行为的主观要素与处分行为的重要组成部分，同时也是判断行为人的欺骗行为能否构成诈骗罪的重点考量因素。只有当受骗人或被害人转移财产占有的同时在主观上具有处分财产的意识，才能将该行为认定为诈骗罪的处分行为，行为人才有可能构成诈骗罪；反之，如果受骗人或被害人是在无意识的情形下转移财产占有，虽然该行为从外观上来看与诈骗罪的处分行为并无二致，但并不满足"处分意识必要说"的内容，未充分体现诈骗罪"自我损害型"财产犯罪的本质特征。

"处分意识不要说"论者中的山口厚教授则认为，处分行为不要求具有处分意识，但是要求受骗人自己或通过他人将财物转移给行为人或第三人占有。行为人除了实施欺骗行为，使受骗人产生错误认识，不必再另外实施其他行

---

❶ 王立志. 认定诈骗罪必须"处分意识"：以"不知情交付"类型的欺诈性取财案件为例 [J]. 政法论坛，2015（1）：124.

❷ 王立志. 认定诈骗罪必须"处分意识"：以"不知情交付"类型的欺诈性取财案件为例 [J]. 政法论坛，2015（1）：125.

❸ 杜文俊. 司法实践视阈下财产犯罪法益及相关理论研究 [M]. 上海：上海社会科学院出版社，2017：166.

为，就可以直接取得财物。● 根据"处分意识不要说"论者的观点，无意识的交付行为也应当被认定为属于诈骗罪意义上的处分行为，处分行为与处分意识的关系并非始终保持一致。只要受骗人基于错误认识将财产整体转移给行为人或第三人占有即可，无须判断其主观上对该财产是否具有处分意识。蔡桂生博士则强调，"自愿性要件"与"直接性要件"同时具备即可判定诈骗罪之处分行为的存在。●

3. 刑法占有中的处分行为

我国有学者从刑法上占有的角度对诈骗罪处分行为的内涵进行深入地剖析与界定。目前刑法学界专门研究"刑法占有"方面的学术著作有王世柱博士所著的《论刑法上的占有》一书与张红昌博士在其博士论文《论财产罪中的占有》基础之上所著的《财产罪中的占有研究》一书。王世柱博士主要围绕刑法上占有的范畴、构造与价值进行详尽的论述。他强调，刑法上占有的构成要素应当包括"体素"与"心素"，该"体素"与"心素"的内容与民法上的占有是有极大差别的。

刑法上占有的"体素"，即要求主体对财物具有事实上的排他性支配与控制，该支配与控制并不要求权利人对财物具有物理空间范围内的直接支配，而是需要对财物具有支配控制的可能性、排他独占性与即时性。刑法上占有的"心素"，即对财物的占有意思，与民法上的占有并不相同，刑法上占有的"心素"仅要求权利人认识到财物的存在并具有排他性保管的意思即可，并不要求具有民法上占有的意思内容。王世柱博士对占有意思所具有的概括性、潜在性、推定性等内涵进行具体分析，认为占有所具有的上述特性并不能够否认刑法上占有意思的存在，相反只能以占有意思的存在为前提，只是占有意思的表现形态具有特殊性而已。● 因此，刑法上占有的内容应当从客观与主观两方面进行考量，只有二者相统一才能成立刑法上的占有。

反观我国刑法中各个财产犯罪罪名，司法实践中存有争议与分歧的财产犯罪行为大部分是由于对财产"占有"问题的判断模糊不清所导致。诈骗罪处分行为的核心内容为转移财产占有，正如柏浪涛教授所言："诈骗罪中的'处分财产'是指将自己占有的财产转移给他人占有，是一种转移占有的行为。"● 然而，如何理解该转移占有行为中的"占有"将成为准确理解诈骗罪

● 山口厚. 刑法各论 [M]. 2 版. 王昭武，译. 北京：中国人民大学出版社，2011：297.
● 蔡桂生. 新型支付方式下诈骗与盗窃的界限 [J]. 法学，2018（1）：170.
● 王世柱. 论刑法上的占有 [M]. 北京：中国法制出版社，2018：95-100.
● 柏浪涛. 论诈骗罪中的"处分意识" [J]. 东方法学，2017（2）：98.

处分行为内涵的前提条件与关键内容。

刑法上的占有需要具有客观上的占有行为，即对财物具有排他性支配控制权；此外，主观上需要具有占有财物的意思表示，即排他性支配的意思。只有达到主客观相统一，才能够认定具有刑法上的占有，进而转移占有的行为才能成为诈骗罪意义上的处分行为。● 例如：甲将所盗赃物埋藏于乙家小花园的一棵树下，乙对此并不知情。根据刑法上的"占有"理论进行判断，该赃物虽然在物理空间上处于乙的支配控制范围之内，但由于乙在主观上对此赃物并不具有支配控制的意思，依然不能认定乙占有该赃物。刑法上的占有需要满足主客观相统一，那么受骗人转移财产占有也需要达到主客观相统一的程度。由于诈骗罪中处分行为就是受骗人或被害人将自己所有或占有的财产进行转移的过程，因此，对于处分行为本身的判断也应当满足主客观相统一的条件。

对于何谓"诈骗罪之处分行为"，徐光华教授强调，既不能宽泛地理解处分行为所应当具有的内涵，也不应将处分行为解释为是对财产所有权的处分，此处的处分行为应当理解为，受骗人或被害人将自己占有的财物转移给行为人或第三人占有，使财物置于自己的支配控制范围之外并且发生终局性的转移，即是一种处分占有的行为。● 然而，有极少数学者则是从对财物的"持有"角度对处分行为的内涵进行相关界定。正如提倡"持有转移说"观点的蒋铃博士所言，对于诈骗罪中处分行为的认定标准，只需要受骗人或被害人基于陷入的错误认识将自己的财物转移给行为人持有，即对方具有拿着或握着的动作，就可以认定受骗人或被害人的行为是处分行为。●

本书并不赞同"持有转移说"论者的观点。首先，该学说混淆了"错误认识"与"处分意识"二者之间的关系。"持有转移说"认为，只要受骗人基于错误认识而将财物转移给行为人持有即可，并未突出强调受骗人在主观上对转移占有行为的性质及其后果的认识。由于"错误认识"与"处分意识"在认识内容上并非完全相同，因此，不可忽略对处分意识的认定而仅考虑是否陷入了处分财产的错误认识。其次，该学说不当地扩大了诈骗罪的成立范围，不利于对被害人的财产权利进行充分的刑法保护。"持有转移说"要求受骗人或被害人达到将财物转移给行为人或第三人持有的程度即可认定存

● 大谷实. 刑法讲义各论 [M]. 黎宏, 译. 北京：中国人民大学出版社, 2008: 186.
许浩. 盗窃与诈骗交织类犯罪的定性问题研究 [J]. 法律适用, 2019 (1): 113.
● 徐光华. 刑法解释视域下的"自愿处分"：以常见疑难盗窃与诈骗案件的区分为视角 [J]. 政治与法律, 2010 (8): 50.
● 蒋铃. 论诈骗罪中的处分行为 [J]. 政治与法律, 2012 (8): 48.

在处分行为。正如蒋铃博士所言："诈骗罪处分行为中的'持有'是一种狭义的持有，即处分人在有认识的情形下将财物转移给行为人拿着、握着。"❶ 那么"持有转移说"中行为人对财物拿着、握着即可认定受骗人具有处分行为的判断标准将在一定程度上扩大诈骗罪的成立范围。例如：在"借打手机案"中，行为人甲谎称自己手机没电，有急事需要借用乙的手机。乙信以为真并将自己价值 7 000 元的手机交给甲，甲又谎称屋里信号不好，说着起身往外走，若干分钟后，甲不见了踪影。在本案中，乙具有将自己手机交给甲持有的动作，但乙在主观上并不具有使手机的占有发生终局性转移的处分意识。因此，无法将乙递交手机的行为认定为诈骗罪意义上的处分行为，行为人的行为应当以盗窃罪定罪处罚。如果按照"持有转移说"论者的观点，本案将以诈骗罪对行为人进行定罪量刑，则不当地限缩了盗窃罪的成立范围。

综上所述，对于诈骗罪中处分行为内涵的界定问题，国内外刑法学界众说纷纭，莫衷一是。然而，归纳起来，主要是从诈骗罪本质特征与本体结构的角度以及处分行为与处分意识二者之间关系的角度进行分析论证。笔者赞同刑法学者对于该问题的探讨角度，但对其中部分学说的观点与结论不以为然。本书认为，对于处分行为内涵的界定问题，应当从诈骗罪所具有的本质特征，即"自我损害型"财产犯罪与"交往沟通型"财产犯罪的角度出发，将其作为理论研究的逻辑起点。笔者认为，"处分意识必要说"更具有理论逻辑自洽性，因而得出结论，"处分行为"是指受骗人或被害人由于受到行为人的欺骗而陷入处分财产的错误认识，并基于该错误认识在具有处分财产意识的支配下实施了转移财产占有的行为，包括作为、容忍与不作为的表现形式。

第二节　处分行为要素的根据

对于处分行为内涵的界定问题，各位刑法学者对此虽表述不一，但归纳起来大致从以下两个角度进行阐述：一、从诈骗罪所具有的基本逻辑构造及本质特征的角度；二、从处分行为与主观要素处分意识的关系角度。通过对大陆法系国家刑法学界与我国刑法学界对该问题所持有的不同观点进行梳理与分析，笔者得出更加具有理论逻辑自洽性的结论，即"处分行为"是指受骗人或被害人由于受到行为人的欺骗而陷入处分财产的错误认识，进而在具有处分意识的情形下实施了转移财产占有的行为。准确界定处分行为的内涵

---

❶ 蒋铃. 论诈骗罪中的处分行为 [J]. 政治与法律，2012 (8)：52.

是深入研究诈骗罪中处分行为理论争议问题的前提与关键。在国内外刑法学界，对于处分行为要素的根据问题依然存在一定程度上的争议。处分行为要素的根据问题，即处分行为是否为成立诈骗罪不可或缺的构成要件要素问题。如果处分行为是成立诈骗罪必备的构成要件要素，那么其刑法理论根据为何；反之亦然。

针对处分行为要素的根据问题，国内外刑法学界存在两种相对立的学说，即"处分行为不要说"与"处分行为必要说"。

一、处分行为不要说

"处分行为不要说"强调，处分行为不是成立诈骗罪必备的独立的构成要件要素。在国外刑法理论中，有少数学者赞同"处分行为不要说"的观点，例如：日本刑法学者内田文昭教授所言："'处分行为'本身，并不是诈骗罪的独立成立要件，只不过可以作为确认'利益转移'的因果性契机。"❶ 根据内田文昭教授的观点，在诈骗罪的基本逻辑构造中，即使处分行为构成要件要素不存在，也不会阻断受骗人或被害人因陷入错误认识与行为人、第三人取得财产之间所具有的因果关系。因此，他将"处分行为"称作诈骗罪因果链条中为了确认利益发生移转的一种具有过渡性的契机，而非作为独立的构成要件要素而存在。

此外，有日本刑法学者从诈骗罪之犯罪形态的角度来论述处分行为是否为成立诈骗罪必备的构成要件要素的问题。例如：佐久间修教授指出，"处于被骗者立场的人基于认识错误实施处分行为与否，或者说行为人基于欺诈行为是否得到财产上的利益与否，不过是诈骗罪达到'既遂'的一个条件而已。"❷ 该观点强调，在判断诈骗罪是否成立的问题上，处分行为并不是成立诈骗罪必备的构成要件要素，若处分行为阙如依然可以形成闭合的诈骗罪因果逻辑链条，只不过在诈骗罪成立的基础上判断行为人的行为是否达到犯罪既遂的形态时，处分行为将作为判断因素加以考量。若存在财产处分行为，则可以判定行为人的行为达到了犯罪既遂状态。那么由此可以得出，在诈骗罪中，处分行为是作为犯罪既遂的直接性要件而存在，并非成立诈骗罪必备的构成要件要素。

---

❶ 内田文昭. 刑法各论 [M] //张明楷. 诈骗罪与金融诈骗罪研究. 北京：清华大学出版社，2006：123.

❷ 佐久间修. 财产犯中得利罪之意义 [J] //郑泽善. 诈骗罪中的处分行为. 时代法学，2011 (4)：51.

根据"处分行为不要说"论者的观点，"邮票案"将会得出完全相反的结论。在本案中，行为人甲对被害人乙谎称对乙的一本书非常感兴趣，欲让乙将书赠送给他，行为人甲实则是欲非法占有书中的珍贵邮票。那么被害人乙由于受到行为人甲的欺骗而陷入处分财产的错误认识之中。从客观行为来看，被害人乙具有将自己的财物主动交给行为人甲的动作，最终乙遭受了相应的财产损失。本案中被害人乙基于错误认识实施的举动直接导致其财产遭受损失，二者之间是具有刑法意义上的因果关系的。虽然乙并不具备主观上处分书中邮票的意识，但其客观转移财物整体外观的行为直接导致自己的财产受损，而受损是由于行为人以隐瞒真相的欺骗行为所导致。根据"处分行为不要说"的观点，处分行为不过是作为利益转移的因果性契机，并非成立诈骗罪独立的构成要件要素。那么在本案中，虽然被害人乙主观上并不具有处分邮票的意识，但其客观行为直接导致自己财产受到损失，行为人甲有可能以诈骗罪进行定罪量刑。

对于处分行为要素的根据问题，我国刑法学界同样存在持有"处分行为不要说"立场的学者。如赵秉志教授指出："所谓诈骗罪，是指'以非法占有他人财物所有权为目的，采用欺骗手段，使人陷于错误，或利用他人的错误，无偿取得数额较大的公私财物之行为。'"❶ 从上述对诈骗罪所作的定义可以得出，诈骗罪的构成要件包括四个方面：非法占有目的、欺骗行为、使他人陷入错误认识或继续维持错误认识、行为人或第三人取得财物，其中并不包括处分行为。

二、处分行为必要说

与"处分行为不要说"的观点相对，"处分行为必要说"论者则认为，处分行为作为诈骗罪中的关键性要件要素，对于判断是否成立诈骗罪起着至关重要的作用，故处分行为应当是成立诈骗罪必备的构成要件要素。

（一）大陆法系国家刑法理论之处分行为必要说

在大陆法系国家刑法理论中，对于处分行为要素的根据问题，大多数学者倾向于支持"处分行为必要说"的观点，他们认为处分行为不仅具有承担连接错误认识与取得财产承上启下的作用，而且具有将盗窃罪与诈骗罪进行有效区分的重要功能。因此，诈骗罪能否成立，处分行为在其中发挥的作用

---

❶ 赵秉志，等. 全国刑法硕士论文荟萃 [M]. 北京：中国人民公安大学出版社，1989：717.

不可小觑。

1. 德国

《德国刑法典》第 263 条第 1 款规定："意图使自己或第三者获得不法财产利益，以虚构、歪曲或者隐瞒事实的方法，使他人陷入或者维持错误，从而造成他人财产损失的，处五年以下自由刑或者罚金。"❶ 对于诈骗罪构成要件要素问题，德国刑法理论通说持有"三要素说"的立场，即行为人的欺骗行为、被害人陷入的错误认识与被害人遭受的财产损失。德国刑法理论认为，上述三个要件要素属于诈骗罪成文的构成要件要素，而处分行为与行为人或第三人取得财产属于不成文的构成要件要素。瑞士刑法理论亦持有"三要素说"的观点。❷ 与我国不同的是，德国刑法对于诈骗罪采取的是叙明罪状的立法模式，此刑法条文中虽未明文列出"处分行为"的字样，但德国刑法理论通说与司法判例的立场均认为，处分行为是成立诈骗罪不成文的构成要件要素。❸ 同样将处分行为作为不成文的构成要件要素的国家还有意大利，意大利刑法规定："利用计谋或圈套致使他人产生错误，为自己或其他人获取不正当利益并且使他人遭受损害的，"成立诈骗罪。❹

2. 日本

《日本刑法典》第 246 条第 1 项规定："欺骗他人使之交付财物的，处十年以下惩役。"日本刑法理论通说观点与判例所持有的立场均认为，处分行为作为诈骗罪基本逻辑构造中的重要环节，具有其自身特有的存在必要性，因此，处分行为应当是成立诈骗罪必备的构成要件要素。然而，日本刑法学界有部分学者将该构成要件要素视作具有辅助性的过渡要件，而非将其作为一个独立的构成要件要素看待，由此得出结论，处分行为不是成立诈骗罪必备的构成要件要素。通过对该条文的观察可知，虽然日本刑法对诈骗罪采取的是简明罪状的立法模式，但将"交付"的字样明文规定在诈骗罪刑法条文之中。对于"处分"与"交付"二者的区别与联系，可以从日本刑法历史的演变角度进行理解。日本刑法在 1995 年修改之前对于刑法第 246 条诈骗罪的罪状描述一直使用的是"处分行为"的字样，而刑法修改之后则使用了"交付财物"的字样。此后，日本刑法学者才开始使用"交付"一词对诈骗罪中的

---

❶ 张明楷. 外国刑法纲要 [M]. 2 版. 北京：清华大学出版社，2007：574.

❷ 张明楷. 外国刑法纲要 [M]. 北京：清华大学出版社，1999：627.

❸ 王钢. 德国刑法诈骗罪的客观构成要件：以德国司法判例为中心 [J]. 政治与法律，2014 (10)：38.

❹ 刘明祥. 论诈骗罪中的交付财产行为 [J]. 法学评论，2001 (2)：66.

相关理论问题继续展开深入研究。❶ 在日本刑法修订之前，处分行为是作为诈骗罪中不成文的构成要件要素而存在，刑法修订之后则采取了明文规定的形式将其列于法条之中。无论是采取成文还是不成文的立法模式，日本刑法理论通说与司法判例所持有的立场均认为，处分行为是成立诈骗罪必备的构成要件要素。

3. 韩国

《韩国刑法典》第 347 条规定："使用欺诈手段，使他人交付财物或者取得财产上利益的，处 10 年以下有期徒刑或者 2 000 万元以下罚金。以前款方法使他人收到财物的交付或者取得财产上利益的，处以前款之刑。"❷ 韩国刑法与日本刑法一样，在诈骗罪的罪状中，立法者以明文规定的形式将"交付"列于法条之中，以此证明在诈骗罪基本逻辑构造的因果链条中，处分行为是极其重要的一环。根据韩国大法院的判决可知，诈骗罪是行为人以虚构事实或隐瞒真相的方法欺骗他人，使他人陷入处分财产的错误认识，进而实施转移财产占有的行为。即使行为人是以隐瞒不动产销售用印鉴证明书和登记义务确认文件的真实使用意图的方式欺骗受骗人或被害人，并且利用上述文件到不动产登记管理部门进行不动产所有权变更登记，也无法认定受骗人或被害人存在处分不动产的行为。❸ 因此，韩国刑法理论通说与司法判例认为，诈骗罪中的处分行为，仅指处分财产的行为，即受骗人或被害人在主观具有排他性支配的意识下所实施的转移财产占有的行为。

4. 法国

相比于其他大陆法系国家，《法国刑法典》对诈骗罪的规定最为详尽。《法国刑法典》第 313 条第 1 款规定："使用假名、假身份，或者滥用真实身份，或者采取欺诈伎俩，欺骗自然人或者法人，致其上当受骗，损害其利益或者损害第三人利益，交付一笔资金、有价证券或者其他财物，或者提供服务或同意完成或解除某项义务之行为，是诈骗。"❹《法国刑法典》从实施欺诈的方式、欺诈的对象、错误认识、处分行为、处分的对象、取得财物或财产性利益与遭受的财产损失等方面对诈骗罪进行全方位的规制。从该法条中也可以清晰地看到"交付"字样，由此可知，法国刑法理论通说的观点是，处分行为是成立诈骗罪成文的必备的构成要件要素。

---

❶ 大谷实. 刑法讲义各论 [M]. 2 版. 黎宏，译. 北京：中国人民大学出版社，2008：243.
❷ 韩国侵犯财产罪判例 [M]. 吴昌植，译. 北京：清华大学出版社，2004：99.
❸ 韩国侵犯财产罪判例 [M]. 吴昌植，译. 北京：清华大学出版社，2004：111.
❹ 罗结珍. 法国新刑法典 [M]. 北京：中国法制出版社，2005：113.

（二）我国刑法理论之处分行为必要说

《中华人民共和国刑法》（以下简称我国《刑法》）第 266 条规定："诈骗公私财物，数额较大的"，即可构成诈骗罪。我国刑法对诈骗罪采取简明罪状的立法模式，未详细描述行为人的欺骗方式、欺骗行为，以及受骗人的处分行为、处分对象等相关内容，从而导致在我国刑法理论中对于诈骗罪构成要件要素的问题仍存有些许争议，形成"四要素说"❶ 与"五要素说"❷ 之争的局面。然而，我国刑法理论通说与司法实践的立场均认为，处分行为是成立诈骗罪不成文的必备的构成要件要素，同时处分行为还具有将盗窃罪与诈骗罪进行有效区分的重要功能。

我国大多数刑法学者均持有"处分行为必要说"的立场，其中比较有代表性的学者是王钢教授。王钢教授认为，处分行为是认定诈骗罪不可或缺的要件。他主要从诈骗罪的本体结构与本质特征的角度进行详细的论证。在诈骗罪的基本逻辑构造中，受骗人或被害人主观上陷入的处分财产的错误认识与行为人或第三人所获取财产的客观情况之间，需要处分财产行为将二者进行有效衔接，以此体现诈骗罪的本质特征，即"自我损害型"的财产犯罪。也就是说，只有当受骗人或被害人在处分财产意识的支配之下所实施的转移财产占有行为并且意识到该行为的性质与行为的后果时，才能将该转移占有行为认定为诈骗罪意义上的处分行为。由于处分行为的存在，才能够间接地将行为人的欺骗行为与被害人所遭受财产损失的后果联系起来，形成一个完整的因果链条。此外，王钢教授还指出，处分行为在成立诈骗罪的构成要件要素中具有必要性的原因为，在判断诈骗罪中的处分行为是否存在时，需要着重从以下三个方面进行判断：首先，要判断受骗人或被害人主观上的"自愿性要件"，也就是在实施转移占有时主观上的意思表示是否自愿主动；其次，要判断是否具备"直接性要件"，即被害人所遭受的财产损失是否直接由其自身行为所致；最后，要判断在实施处分行为时，受骗人或被害人在主观具有处分意识的支配下进行。只有三个要件同时齐备，才可以确定处分行为的成立，也才能够清晰区分盗窃罪与诈骗罪。❸

---

❶ 赵秉志，等. 侵犯财产罪研究 [M]. 北京：中国法制出版社，1998：227.
王晨. 诈骗罪的定罪与量刑 [M]. 北京：人民法院出版社，1999：28-32.
王作富，等. 刑法分则实务研究（下）[M]. 北京：中国方正出版社，2001：1128-1133.
❷ 张明楷. 刑法学（下）[M]. 5 版. 北京：法律出版社，2006：1000-1005.
❸ 王钢. 盗窃与诈骗的区分：围绕最高人民法院第 27 号指导案例的展开 [J]. 政治与法律，2015（4）：31-32.

　　为了能够将诈骗罪与盗窃罪（间接正犯）进行有效区分，具有处分意识的处分行为将起到至关重要的作用。换言之，当受骗人或被害人在客观上均具有主动交付财物的举动时，只有具有处分财产意识的行为才能够被认定为诈骗罪之处分行为；若被害人在无意识情形下将自己的财物"拱手相送"，那么该行为只能被视作被害人作为行为人的犯罪工具而实施的盗窃罪的间接正犯行为，而非诈骗罪之处分行为。根据上述分析论证可知，处分行为不仅是诈骗罪的不成文的构成要件要素，而且意味着该处分行为是在主观上具有处分意识的支配控制之下的转移占有行为。

　　对于处分行为要否的理论争议问题，王立志教授指出，诈骗罪作为典型的"交付型"财产犯罪，虽然大陆法系国家刑法理论与我国刑法理论在诈骗罪构成要件要素问题上并未达成完全一致的观点，但是我国刑法理论通说的立场是，在诈骗罪的基本逻辑构造中应当包含受骗人或被害人所实施的处分行为。王立志教授强调，处分行为不仅是诈骗罪不可或缺的构成要件要素，而且在诈骗罪中扮演着关键性的角色，具有其自身独特的存在价值。处分行为的核心内容为转移财产占有，即受骗人或被害人是否将财产转移给行为人或第三人占有，主要将从主观与客观两个方面进行判断，即根据社会一般观念来判断受骗人的行为是否属于转移财产占有的行为，在实施转移占有行为的同时受骗人主观上是否具有处分财产的意识。只有主观要件与客观要件同时满足才能够认定诈骗罪处分行为的存在。❶

　　除了从诈骗罪所具有的本质特征与本体结构角度来论证处分行为是成立诈骗罪必备的构成要件要素，还有的学者从处分行为具有能够有效区分盗窃罪与诈骗罪的功能角度来论证其存在的必要性与重要性。❷ 随着社会科技的飞速发展，在司法实践中盗窃行为与诈骗行为呈现越来越难以清晰并准确界定的复杂局面。因此，以处分行为为研究视角，对司法实践中出现的大量实则为实施盗窃行为却以诈骗为掩盖手段或者反之的犯罪行为进行准确定性，不仅能够有效贯彻罪刑法定的刑法基本原则，也会推动诈骗罪处分行为理论的向前发展，进而不断完善我国刑法财产犯罪的理论体系。

　　盗窃罪与诈骗罪均为"取得型"的财产犯罪。观察我国《刑法》第264条与第266条可知，盗窃罪与诈骗罪的法定量刑幅度相同，即"数额较大的"处三年以下有期徒刑、拘役或者管制，并处或者单处罚金；"数额巨大或者有

---

　　❶ 王立志. 认定诈骗罪必需"处分意识"：以"不知情交付"类型的欺诈性取财案件为例 ［J］. 政法论坛，2015（1）：125.

　　❷ 许浩. 盗窃与诈骗交织类犯罪的定性问题研究 ［J］. 法律适用，2019（1）：112-113.

其他严重情节的"处三年以上十年以下有期徒刑，并处罚金；"数额特别巨大或者有其他特别严重情节的"处十年以上有期徒刑或者无期徒刑，并处罚金或者没收财产。从盗窃罪与诈骗罪的刑法法条中并不能看出二者之间在法定量刑幅度上的差别，但立法者将二者分别进行规制的原因到底为何？盗窃罪与诈骗罪除具有不同的罪状之外，通过对最高人民法院、最高人民检察院颁布施行相关司法解释的解读还可以判断出二者在不法程度上所具有的差异性。

盗窃价值 1 000 元以上的公私财物即可达到盗窃罪的入罪门槛，而诈骗罪的最低入罪门槛则为 3 000 元。由此可以清晰地看出，盗窃罪的入罪门槛低于诈骗罪的入罪门槛，这就说明，前者的不法程度要高于后者。[1] 那么二者在不法程度方面存在高低差别的根本原因就需要通过对处分行为存在与否进行具体判断。虽然盗窃罪与诈骗罪均是"取得型"的财产犯罪，但盗窃罪是在违背被害人意志的情形下取得对方的财产，诈骗罪则是被害人主观"自愿"地将财产交付给行为人的过程，受骗人或被害人在处分自己的财产时主观上并未受到外界的强制与压迫，而是在基于自身的理性判断与衡量之后所作出的利己选择。因此，盗窃罪不法程度高于诈骗罪不法程度的根源也就在于此。

处分行为能够将盗窃罪与诈骗罪进行有效区分的观点为我国大部分学者所赞同，在此基础之上，有学者指出，应当将"处分行为"理解为一个刑法解释的问题，应将该行为在为社会一般观念所认可的范围内解释成"自愿处分"，尽量扩大诈骗罪的成立范围，以减轻对行为人的刑事处罚。徐光华教授指出，刑法设立诈骗罪的目的是保证公平交易，保护财产权利，受骗人或被害人基于错误认识而实施的处分财产行为是区分盗窃罪与诈骗罪的关键。[2] 在处分行为要否的理论争议问题中引入刑法解释方法固然值得提倡，但其目的是最大程度上将某犯罪行为定性为诈骗罪的表述与结论则难以令人信服。衡量一个行为是否构成犯罪的唯一标准就是该行为是否满足某罪名的犯罪构成要件，当主观要件与客观要件同时齐备时，自然成立相应的犯罪罪名。

三、本书立场

对于处分行为是否为成立诈骗罪必备的构成要件要素的问题，本书观点是，相较于处分行为能够有效区分盗窃罪与诈骗罪的重要功能而言，从诈骗

---

[1] 赵金伟. 诈骗罪处分意识的问题研究 [J]. 新疆大学学报：哲学·人文社会科学版，2017 (5)：54.

[2] 徐光华. 刑法解释视域下的"自愿处分"：以常见疑难盗窃与诈骗案件的区分为视角 [J]. 政治与法律，2010 (8)：49-51.

罪所具有的本质特征与本体结构的角度对该争议问题进行论证则更加具有说服力。对于处分行为要否的理论争议问题，笔者认为"处分行为必要说"的观点更具理论逻辑自洽性，也更加有助于对司法实践中疑难、复杂的诈骗案件进行妥善的处理与解决。

从诈骗罪所具有的本质特征，即"自我损害型"财产犯罪与"交往沟通型"财产犯罪的角度来看，其一，诈骗罪作为"自我损害型"的财产犯罪，其中"损害"应当特指被害人的财产遭受相应的损害，而非泛指被害人所遭受的一切物质性与非物质性的损失。"自我损害"中的"自我"则意味着该财产损失的后果是由被害人自己实施的行为所致，而非行为人的行为直接所致。根据刑法因果关系理论可知，导致发生的危害后果必有前因的存在。在诈骗罪基本逻辑构造中，能够体现"自我损害型"财产犯罪特征的构成要件要素则为处分行为。因此，笔者认为，诈骗罪中的"处分行为"是指受骗人或被害人由于受到行为人的欺骗而陷入处分财产的错误认识之中，进而在主观上具有处分财产意识的支配之下实施了转移财产占有的行为。根据对处分行为内涵的界定可知，受骗人或被害人在实施处分财产行为时具有选择的余地与空间，可以选择将财产转移给行为人或第三人占有，也可以作出相反的决定。然而，受骗人由于受到行为人的欺骗，对即将处分财产的基础交易信息产生了误判，误以为该财产处分行为将为自己带来某种预期利益，进而"自愿"地实施了转移财产占有的行为。从诈骗罪作为"自我损害型"财产犯罪的角度进行分析论证，处分行为应当作为成立诈骗罪不可或缺的构成要件要素而存在。

其二，诈骗罪作为"交往沟通型"的财产犯罪，其中"交往沟通"的特征体现在行为人以虚构事实或隐瞒真相的方法使受骗人陷入处分财产的错误认识，行为人与受骗人之间就相关的财产决策事项进行了互动与交流。在诈骗罪基本逻辑构造中，行为人实施的欺骗行为与受骗人陷入的错误认识作为因果链条中的第一环节与第二环节，二者作为前因共同引起该链条上的第三环节，也就是基于错误认识而实施的处分行为。前两个环节只是从形式上体现了"交往沟通型"财产犯罪的特征，而实施了财产处分行为才是该特征的本质体现。由于前文已经论证得出，处分行为的内涵中应当蕴含主观上的处分意识，受骗人陷入的错误认识与处分意识之间具有刑法上的直接因果关系，所以，处分行为必然应当作为成立诈骗罪必备的构成要件要素而存在。由此可以得出，诈骗罪所具有的两个本质特征彼此之间是具有内在逻辑关系的，即"交往沟通型"财产犯罪是前提基础，是表象特征；"自我损害型"财产犯罪则是必然结果，是本质特征。体现诈骗罪"交往沟通型"财产犯罪特征的环节为欺骗行为与陷入的错误认识，体现诈骗罪"自我损害型"财产犯罪特征的环节则是处分行为与财产损害。每个环节之间具有彼此相连、环环相扣的内在逻辑关系，陷入的错误认识与处分行为处于诈骗罪因果链条中的不同环节，不可将二者混为一谈，诈骗罪中的每个要件要素均具有其自身独特的价值作用。

其三，从诈骗罪本体结构，即诈骗罪的基本逻辑构造角度进行分析，刑法理论通说则认为，"五要素说"相较于"四要素说"与"三要素说"更能够清晰地体现诈骗罪所具有的本质特征，同时也能够突出处分行为在成立诈骗罪中的关键性作用。此处的"五要素说"内容与诈骗罪基本逻辑构造保持一致，具体内容为：行为人以虚构事实、隐瞒真相的方法实施的欺骗行为，行为人与受骗人就相关重要的财产决策事项进行沟通，受骗人由此而陷入错误认识之中，进而在主观具有处分财产意识支配下实施了处分行为，行为人取得财产，被害人遭受财产损失。上述五要素充分展现了成立诈骗罪所需的各个构成要件要素，后一要素作为前一要素的必然结果，推动诈骗犯罪案件的逐步完成。在处分行为要否的理论争议问题中，有部分学者持有否定观点的原因在于，他们认为在受骗人或被害人陷入了错误认识之后，基于该错误认识直接将财产交付给行为人或第三人即可成立诈骗罪，这也就意味着，持有该观点的学者将陷入的错误认识与处分行为中的处分意识进行混同理解，要么不承认意识性处分行为的存在，要么将陷入的错误认识来代替处分行为中的处分意识。然而，刑法理论通说所持有的"五要素说"恰恰能够充分论证处分行为在成立诈骗罪过程中的必要性与重要性。错误认识与处分行为中的处分意识在认识的具体内容方面具有一定程度的差异性，不能将错误认识中认识的内容完全取代处分意识的内容。具体来说，受骗人或被害人陷入的错误认识所认识到的内容包括对自己所有或合法占有的财产的具体属性方面的认知，即财产的价值、数量、重量、种类、性质等方面；而处分意识中的认知内容与错误认识中的认识内容有交叉重合部分，但二者并非包含与被包含的关系。处分意识的认识内容除了包括错误认识中的部分内容，还包括受骗人或被害人对于处分行为本身的性质与该行为所产生后果的认知。综上所述，从主观认识内容的角度来看，由于处分行为中蕴含着处分意识，处分意识并不完全等同于错误认识，有其自身独立存在的意义，因此，处分行为应当作为成立诈骗罪必备的构成要件要素而存在。

第三节 处分行为的机能

一、处分行为的要素定位

对于诈骗罪犯罪客观方面所包含的具体内容，我国刑法理论通说与司法判例的立场均认为，"五要素说"更具合理性，能够充分体现诈骗罪的本质特征。从诈骗罪的基本逻辑构造也可以看出，欺骗行为、错误认识、处分行为、取得财产、财产损失，五个构成要件要素形成一个完整且闭合的因果链条，前一构成要件要素依次为后一构成要件要素的原因，彼此之间具有刑法上的直接因果关系。

在"五要素说"中，受骗人或被害人所实施的处分行为处于整个因果链条的中间环节。从形式上来看，处分行为直接与错误认识、取得财产两个构成要件要素相连接。在这三个构成要件要素中，处分行为承担着桥梁作用。当受骗人陷入处分财产的错误认识时，受骗人只是对即将处分的财产的具体属性产生主观与客观上的认知偏差，具体来说，就是对财产的数量、重量、价格、种类、性质等方面产生了主客观认识不一致的情形。行为人或第三人欲实现自己的犯罪目的，顺利获取被害人的财产，仍须受骗人或被害人进一步实施处分财产的行为，将财产转移给行为人占有并且实现财产占有的终局性转移，将该财产从自己支配控制领域转移到行为人或者与行为人具有某种特殊关系的第三人的支配控制领域之内，此时才能够体现出处分行为的本质特征。

在错误认识、处分行为与取得财产这三个构成要件要素中，处分行为既是错误认识的结果，也是取得该财产的直接原因。若将处分行为放置在整个诈骗罪的因果链条中来研究其要素定位问题，处分行为与欺骗行为、财产损失两个构成要件要素究竟具有怎样的内在逻辑关系呢？由此引发了刑法学界对于处分行为要素定位问题的探讨，即处分行为在诈骗罪基本逻辑构造中属于行为要素还是结果要素，从而形成了"行为要素说"与"结果要素说"相对立的局面。❶

（一）行为要素说

"行为要素说"论者认为，财产处分行为属于诈骗罪构成要件要素中的行

---

❶ 邹兵建. 诈骗罪中处分行为的体系位置与内容构成 [J]. 政治与法律，2022 (4): 60.

为要素。由此可知，诈骗罪构成要件要素中的"行为要素"是由行为人的欺骗行为、受骗人或被害人陷入的错误认识以及财产处分行为三部分组合而成。正如日本刑法学者前田雅英教授所言："诈骗罪实行行为，从欺诈行为开始直到财产之处分的整个过程。"❶ 根据"五要素说"的观点，诈骗罪基本逻辑构造中的其余两个构成要件要素，即行为人或第三人取得财产、被害人遭受财产损失则属于诈骗罪构成要件要素中的结果要素。处分行为作为行为要素，其存在与否将直接影响诈骗罪行为要素齐备与否，同时也对行为人行为的定性产生极其重大的影响。

"行为要素说"从形式上来看具有一定的合理性，但持有"处分行为必要说"的学者对此观点提出了诘问：在刑法理论中，犯罪构成要件中的行为要素理应由行为人的行为来充当，为何在诈骗罪中，受骗人或被害人所实施的处分行为也可被视作构成要件中的行为要素？这一质疑难免对"行为要素说"提出了一定的挑战。下面将以前文所提及的"借打手机案"为例，运用"处分行为必要说"与"行为要素说"的观点分别对本案中行为人的行为性质进行深入的剖析。

"处分行为必要说"论者认为，在无处分意识支配之下的暂时将财物交给对方使用、试用等行为，均不属于诈骗罪意义上的处分行为，此时，财产权利人仅仅与自己的财产处于占有迟缓的状态，并未将自己的财产占有完全转移给对方，因此，行为人无法构成诈骗罪。根据"处分行为必要说"的观点，本案中被害人乙虽然具有将自己的手机主动递交给行为人甲的动作，但乙当时在主观上并不具有处分自己手机的意识，那么该举动也就无法被认定为诈骗罪意义上的处分行为。根据"行为要素说"的观点，由于诈骗罪中行为人的欺骗行为、受骗人或被害人陷入的错误认识与处分行为均属于客观构成要件要素中的行为要素，那么本案中行为人甲具有令被害人乙处分财产的欺骗行为，但乙在主观上并没有陷入处分财产的错误认识，更不存在处分行为，所以行为人的行为属于实行行为未终了的未遂，构成诈骗未遂。通过上述分析可知，根据不同的学说观点，针对行为人的同一行为，将得出不同的结论。"处分行为必要说"论者认为，行为人不构成诈骗罪；而"行为要素说"论者则认为，行为人构成诈骗罪，只是处于犯罪未遂形态。

（二）结果要素说

"结果要素说"论者认为，处分行为属于诈骗罪构成要件要素中的结果要

---

❶ 前田雅英. 日本刑法各论［M］. 董璠舆，译. 台北：五南图书出版公司，2000：233.

素。由此来看，在诈骗罪逻辑构造中的五个要件要素中，只有行为人的欺骗行为属于"行为要素"，而受骗人或被害人陷入的错误认识、处分行为、取得财产与财产损失均属于诈骗罪构成要件要素中的"结果要素"。我国有部分学者赞同"结果要素说"的观点，例如：陈兴良教授指出："诈骗罪的行为是采用虚构事实或隐瞒真相的方法，骗取公私财物的行为。"❶ 还有的日本刑法学者也赞同此观点，大谷实教授指出："诈骗罪的结果是被骗人对事实发生错误认识，基于这种错误认识而将本人的财物处分给他人。"❷ "结果要素说"论者强调，对于处分行为的要素定位问题，应当严格遵循刑法理论通说，即任何一种犯罪的成立必须由主观要件与客观要件共同组成。只有在所有犯罪构成要件均齐备的情形下才能构成相应的犯罪。❸ 根据刑法理论通说的观点，反观诈骗罪基本逻辑构造中的各个构成要件要素，只有行为人所实施的欺骗行为满足通说的理念，才能成为诈骗罪客观构成要件要素中的行为要素。然而，受骗人或被害人所实施的财产处分行为并不被划归到诈骗罪的主观要件之中，又不属于诈骗罪客观要件中的"行为要素"，因此，处分行为只能作为诈骗罪客观要件中的"结果要素"而存在于诈骗罪的因果链条之中。

按照"结果要素说"的思路进行分析，该学说看似并无不妥，实则无法达到理论逻辑自洽。从司法实践层面来看，对行为人的欺骗行为定性的结论也无法达到令社会一般人所信服的程度与效果。还是以"借打手机案"为例，根据"结果要素说"与"处分行为必要说"的观点，对相同案件中行为人的欺骗行为的定性将得出不同的结论。"处分行为必要说"论者认为，处分行为是诈骗罪既遂的直接性要件，"处分行为要素作为诈骗罪既遂标志是必需的"。❹ 根据此观点，由于本案中受骗人主观上并不具有处分手机的意识，因此其将自己的手机递交给行为人甲的行为无法被认定为诈骗罪意义上的处分行为，所以行为人不能构成诈骗罪，而应当以盗窃罪对其进行定罪处罚。根据"结果要素说"的观点进行分析，即只有行为人的欺骗行为属于诈骗罪构成要件要素中的"行为要素"，其余构成要件要素均属于"结果要素"，那么本案中行为人甲谎称自己手机没电欲借乙手机的行为已经达到了诈骗罪欺骗行为的程度与标准。因此，行为人甲实施了欺骗行为之后，诈骗罪即已成立，受骗人乙的行为是否属于诈骗罪意义上的处分行为则将在犯罪形态层面进行分

❶ 陈兴良. 规范刑法学（下）[M]. 3版. 北京：中国人民大学出版社，2013：857.
❷ 大谷实. 刑法各论 [M]. 2版. 黎宏，译. 北京：中国人民大学出版社，2008：245.
❸ 《刑法学》编写组. 刑法学（上册·总论）[M]. 北京：高等教育出版社，2019：95.
❹ 张明楷. 诈骗罪与金融诈骗罪研究 [M]. 北京：清华大学出版社，2006：126-128.

析与探讨。若受骗人乙的行为能够被认定为诈骗罪意义上的处分行为,则行为人甲的行为构成诈骗罪既遂;反之,则构成诈骗罪未遂。根据"处分行为必要说"的观点,"借打手机案"中受骗人乙递交手机的行为并不属于诈骗罪中的处分行为,行为人无法构成诈骗罪,而根据"结果要素说"所得出的结论却无法令人信服。

(三)独立要素说

"我国传统刑法理论所讨论的因果关系是危害行为与危害结果之间的一种引起与被引起的关系。其中引起者是危害原因,被引起者是危害结果。"● 诈骗罪的基本逻辑构造则是刑法因果关系理论在诈骗罪中的具体体现。在诈骗罪因果链条中,行为人的欺骗行为作为该链条中的第一环节,处于刑法因果关系理论中引起者的地位;而行为人或第三人取得财产、被害人遭受财产损失作为该因果链条中的最后两个环节,处于刑法因果关系理论中被引起者的地位,即危害行为所引起的危害结果。那么处于该因果链条中第二、三环节的错误认识与处分行为究竟应当是与欺骗行为处于同一阵营,还是应当与取得财产、遭受财产损失划归到同一阵营呢?由此形成了不同的学说观点。

笔者认为,对于处分行为要素的定位问题,与其将处分行为与其他构成要件要素结合起来进行判断,不如凸显其独立特征,使处分行为成为诈骗罪构成要件要素中具有关键性且独立性的构成要件要素。这样既可以避免"行为要素说"与"结果要素说"中存在的理论弊端,也更加便于司法审判人员处理相关犯罪案件。因此,笔者将对处分行为构成要件要素的定位问题进行独立判断而形成的学说称为"独立要素说"。具体论证如下:

作为诈骗罪中的关键性构成要件要素,处分行为处于基本逻辑构造中的中间环节,与错误认识、取得财产具有刑法上的直接因果关系,与欺骗行为、取得财产、财产损失具有刑法上的间接因果关系。为了强调处分行为所具有的桥梁作用,应当将其作为独立的构成要件要素进行判断。根据前文论证可知,处分行为中蕴含着受骗人或被害人的主观要素内容,即处分意识,因此,处分行为从外在表现形式上来看是以受骗人或被害人的行为举动为表象特征,但其内部同时也蕴含着主观方面的要素,即转移财产占有行为是在其主观上具有处分意识的支配控制之下进行的。故将同时具备客观性与主观性的处分行为归属于纯客观的行为要素或结果要素之中,未免不妥。

● 张明楷. 刑法学(上)[M]. 5版. 北京:法律出版社,2016:174.

根据"行为要素说"与"结果要素说"的观点进行判断可知，"借打手机案"中行为人的行为构成诈骗罪未遂，只不过"行为要素说"的观点认为，行为人的诈骗罪未遂属于未实行终了的诈骗罪未遂，而"结果要素说"的观点则认为，行为人的诈骗罪未遂属于实行终了的诈骗罪未遂。然而，根据"处分行为必要说"，行为人由于不具有诈骗罪意义上的处分行为，无法构成诈骗罪，若行为人的行为满足盗窃罪的构成要件，则应当以盗窃罪对其进行定罪处罚。由此可以得出，无论是采纳"行为要素说"的观点，还是"结果要素说"的观点，均无法与"处分行为必要说"的内容相兼容，得出的结论是与处分行为所具有的内涵与本质相违背的，将削弱处分行为在诈骗罪因果链条中的地位与作用。

二、处分行为的作用

（一）有效区分"夺取型"财产犯罪与"交付型"财产犯罪

在我国财产犯罪体系之中，根据转移财产占有的不同形式，可将财产犯罪罪名具体划分为"取得型"财产犯罪与"毁弃型"财产犯罪。其中，"取得型"财产犯罪又可以根据转移财产占有是否违背被害人的意志，将其细分为"夺取型"财产犯罪与"交付型"财产犯罪。"夺取型"财产犯罪的代表性罪名有盗窃罪、抢夺罪、抢劫罪；"交付型"财产犯罪的代表性罪名有诈骗罪、敲诈勒索罪。而"毁弃型"财产犯罪的代表性罪名为故意毁坏财物罪，由于故意毁坏财物罪在客观构成要件方面与"取得型"财产犯罪罪名的客观构成要件有较大差异，因此，不在本书的讨论范围之内。

我国有许多刑法学者均是以"处分行为"为切入点，对"夺取型"财产犯罪罪名与"交付型"财产犯罪罪名进行深入的比较研究。以盗窃罪和诈骗罪为例，盗窃罪是行为人在违背被害人意志的情形下，转移财产占有并建立自己对该财产新的占有的犯罪行为；诈骗罪则是受骗人或被害人由于受到行为人的欺骗而陷入处分财产的错误认识之中，基于主观具有瑕疵的意思表示"自愿"地将财产的占有转移给行为人或第三人，行为人或第三人由此而取得相应财产，被害人最终遭受财产损失。通过上述对盗窃罪与诈骗罪罪状的描述可知，两个罪名中的行为人均具有非法占有他人财产的犯罪目的。而且，从犯罪结果来看，被害人均遭受了相应的财产损失。最能体现两个罪名差异之处的就是犯罪的客观方面，即盗窃罪是行为人违背被害人的意志主动侵入被害人的财产领域转移占有的过程；诈骗罪则是受骗人或被害人由于受到行为人的欺骗而主动转移财产占有的过程。因此，转移财产占有的不同方式才是将二者有效进行区分的关键所在。

张志勇博士指出，处分行为构成要件要素的存在能够有效判断行为人在取得被害人财产时，受骗人或被害人主观上的意思表示内容，即基于有瑕疵的意思表示自愿将财产转移给行为人占有，还是违背被害人意志而转移财产占有。若为前者则可以确认处分行为的存在，若为后者则不能肯定处分行为的存在，从而对行为人的行为进行准确定性。❶ 我国刑法理论通说认为，狭义的财物与财产性利益均可以作为财产犯罪的对象加以刑法上的保护。因此，无论在骗取、窃取狭义财物的场合，还是在涉及财产性利益的场合，若满足诈骗罪或盗窃罪的犯罪构成要件，将分别以二罪对行为人进行相应的刑事处罚。❷

以"慌乱中丢失财产案"为例，行为人甲为了非法占有被害人乙的财产，遂谎称被害人乙的儿子在家门口突然遭遇车祸，被害人乙情急之下飞奔而去，离开前对行为人甲说："你帮我照看一下。"行为人甲则趁机拿走被害人乙家中的财物。在本案中，被害人乙所说的"你帮我照看一下"是否意味着将财产转移给行为人甲占有，行为人甲拿走被害人乙财物的行为是否属于诈骗罪意义上的财产处分行为呢？从诈骗罪基本逻辑结构上来分析，行为人甲谎称被害人乙的儿子遭遇车祸的虚假信息并非能够直接导致被害人乙陷入处分财产的错误认识并进而实施财产处分行为，因此该欺骗行为并不属于诈骗罪中的欺骗行为，因此，无法认定行为人甲的行为构成诈骗罪。本案中行为人甲的行为应当成立盗窃罪。❸ 行为人甲编造虚假信息是为了给自己后续的窃取行为创造便利条件，其获取财产并非被害人乙的主动交付，而是行为人甲在违背被害人乙意志的情形下侵入被害人乙的财产领域转移占有。由此可以得出，处分行为的有无能够将"夺取型"财产犯罪与"交付型"财产犯罪进行有效区分。

（二）与敲诈勒索罪、抢劫罪中的"交付行为"相区别

1928 年《中华民国刑法》与 1935 年《中华民国刑法》使用的均是"交付"一词。❹ 然而，我国刑法学界通常使用的是"处分行为"一词，❺ 有学者

❶ 张志勇. 诈骗罪研究 [M]. 北京：中国检察出版社，2008：60.
❷ 刘明祥. 财产罪比较研究 [M]. 北京：中国政法大学出版社，2001：223-224.
❸ 刘明祥. 论诈骗罪中的交付财产行为 [J]. 法学评论，2001（2）：67.
❹ 张志勇. 诈骗罪研究 [M]. 北京：中国检察出版社，2008：59-60.
❺ 陈兴良. 规范刑法学（下册）[M]. 2 版. 北京：中国人民大学出版社，2008：775.

认为，"交付行为"与"处分行为"并不存在本质上的区别，二者可以进行混同使用。❶ 但有的学者则认为，"处分行为"与"交付行为"在内涵上存在较大差异，诈骗罪中使用"处分行为"的表述更为适宜。例如：蒋铃博士的观点是，"交付行为"与"处分行为"的不同之处就在于，前者并不包含毁弃，而"处分行为"一词则含有毁弃的情形。❷ 车浩教授则指出，从内在逻辑关系来看，处分行为与交付行为之间具有包含与被包含的关系，换言之，交付行为的对象只能限定在动产的范围内，而处分行为的处分对象范围则更宽，不动产、债权等财产性利益均能够通过受骗人或被害人的处分行为发生转移占有的效果。❸ 大部分刑法学者均认为，"处分行为"所具有的内涵相较于"交付行为"更具有广泛性，因此，使用"处分行为"的表述则更加准确。❹ 但也有学者反对上述观点，在新型支付方式背景之下，司法实践中涌现出大量的无意识转移自己财产占有的案件，若依然使用"处分行为"一词，则无法将在无意识情形下"拱手相让"的行为囊括进来，因此，"交付行为"比"处分行为"更能适应当前诈骗犯罪的新趋势。❺

在我国财产犯罪中，由于狭义的财物与财产性利益均属于刑法所保护的对象，因此，笔者认为，使用"处分行为"一词更能够体现具有无形性的财产性利益之本质特征与财产属性。诈骗罪中的处分行为与敲诈勒索罪、抢劫罪中的"交付行为"的区别体现在，受骗人或被害人转移财产占有时的主观状态不同。在敲诈勒索罪与抢劫罪中，被害人是在受到行为人的暴力、胁迫等情形下而不得不将自己的财物交给行为人，该交付财产的行为是违背被害人意志的，是被害人在别无选择的情形下不得已而为之的举动。然而，在诈骗罪中，受骗人或被害人处分财产的行为是基于受到行为人的欺骗陷入了处分财产的错误认识而实施的处分行为，与敲诈勒索罪、抢劫罪中的被害人相比，其尚处于具有选择的空间与余地的情形，即受骗人或被害人可以选择实施处分行为，亦可以拒绝处分相应的财产。通过对比发现，虽然以上三个罪名从客观上来看，均具有将财产交给对方的行为举动，但支配该行为的主观状态完全不同，敲诈勒索罪与抢劫罪中的被害人主观上处于别无选择的被动交付状态，而诈骗罪中受骗人或被害人则是在主观上具有瑕疵的意思表示的情形下"自愿"主动地处分财产。因此，可以通过判断是否存在处分行为将

---

❶ 刘明祥. 论诈骗罪中的交付财产行为 [J]. 法学评论，2001（2）：66.
❷ 蒋铃. 论诈骗罪中的处分行为 [J]. 政治与法律，2012（8）：47.
❸ 陈兴良，周光权，车浩，等. 刑法各论精释 [M]. 北京：人民法院出版社，2015：433.
❹ 毛卓俊. 论诈骗罪中的"错误处分" [J]. 中国刑事法杂志，2006（6）：41.
❺ 秦新承. 支付方式的演进对诈骗犯罪的影响研究 [D]. 上海：华东政法大学，2012：150.

上述三个财产犯罪罪名进行有效区分。

（三）能够降低行为人的刑事违法性

"犯罪行为必须是实质上为法律所不允许的行为，即必须是违法行为。所谓违法就是指行为违反法律，即行为为法律所不允许，在法律上是无价值、反价值的。"❶ 那么具有刑事违法性的行为就意味着该行为为刑事法律所不允许，该行为对刑法所保护的法益是具有危害性的。如何判断犯罪行为对法益所产生的社会危害性大小，本文将通过对《刑法》第264条与第266条进行对比分析的方式加以详细论证。

我国《刑法》第264条明文规定："盗窃公私财物，数额较大的，或者多次盗窃、入户盗窃、携带凶器盗窃、扒窃的"，均可构成盗窃罪。第266条规定："诈骗公私财物，数额较大的"，即可构成诈骗罪。若要构成盗窃罪与诈骗罪，需要满足二罪的犯罪数额（特殊的盗窃类型除外）。通过对上述两个法条的观察可知，盗窃罪与诈骗罪中均具有三个相同的法定量刑幅度，即"数额较大""数额巨大"与"数额特别巨大"，分别对应的法定量刑幅度为三年以下有期徒刑、拘役或者管制，并处或者单处罚金；三年以上十年以下有期徒刑，并处罚金；十年以上有期徒刑或者无期徒刑，并处罚金或者没收财产。

从上述两个法条中并不能明显辨别出二罪在入罪门槛上的差异性，但中华人民共和国最高人民法院和最高人民检察院（以下简称两高）司法解释的相关规定则体现出诈骗罪处分行为在降低行为人刑事违法性方面所发挥的作用。❷ 两高司法解释明确规定，盗窃公私财物价值1 000元以上即可达到盗窃罪的入罪门槛，而诈骗公私财物价值3 000元以上才能够达到入罪门槛，由此可以得出盗窃罪的入罪门槛低于诈骗罪的入罪门槛，前者的刑事违法性高于后者的刑事违法性。❸ 两个罪名的刑事违法性存在高低之差的根本原因在于，诈骗罪中的受骗人是在主观上处分财产意识支配的情形下"自愿"地实施了财产处分行为，而非受到行为人行为的强制与压迫。受骗人或被害人在具有选择权的情形下，基于理性判断或基于侥幸投机心理依然选择实施转移

---

❶ 张明楷. 刑法学（上）[M]. 5版. 北京：法律出版社，2016：107.

❷ 马淑娟. 处分行为视野下盗骗交织案件定性的实证分析 [J]. 犯罪研究，2017（6）：110.

❸ 王钢. 德国刑法诈骗罪的客观构成要件：以德国司法判例为中心 [J]. 政治与法律，2014（10）：39-40.

王钢. 盗窃与诈骗的区分：围绕最高人民法院第27号指导案例的展开 [J]. 政治与法律，2015（4）：39-40.

财产占有的行为，受骗人或被害人自身也具有一定程度的过错，但导致受骗人或被害人最终遭受财产损失的不利后果不应完全归责于受骗人或被害人自身，其实施财产处分行为是由于受到行为人的欺骗，若不存在该欺骗行为，受骗人或被害人就能够避免遭受财产的损失。所以，行为人理应对该犯罪结果承担相应的刑事责任，但由于受骗人或被害人处分行为的存在，则将在一定程度上降低行为人的刑事违法性。❶

（四）体现诈骗罪的本质特征

诈骗罪作为一种"交付型"的财产犯罪，与"夺取型"财产犯罪最大的不同之处则在于转移财产占有的方式不同。由于处分行为的核心内容是转移财产占有，因此，处分行为成为诈骗罪中关键性的构成要件要素。诈骗罪的本质特征，即"自我损害型"财产犯罪与"交往沟通型"财产犯罪，其中"自我损害型"财产犯罪的本质特征需要通过受骗人或被害人所实施的处分行为加以体现。换言之，虽然受骗人实施处分行为是由于受到行为人的欺骗行为所致，但其转移财产占有的行为是在主观上具有处分意识的情形下而实施的，受骗人对于自身行为的性质及其将产生的后果具有清晰的认识。由此得知，诈骗罪中处分行为不仅指受骗人所实施的转移财产占有行为本身，还包含实施处分行为时的主观要素即处分意识的相关内容。

综上所述，"处分行为"作为成立诈骗罪不可或缺的构成要件要素，集中体现了诈骗罪"自我损害"的本质特征。此外，受骗人或被害人在主观具有处分财产意识的情形下实施转移占有的行为是由于受到了行为人的欺骗而陷入了处分财产的错误认识之中，该错误认识主要侧重于对财产具体属性方面所产生的主客观不一致的情形，处分财产意识是在陷入错误认识的基础上对处分行为本身的性质及其产生的后果的认识。通过对受骗人或被害人主观上所发生的动态变化可知，蕴含处分意识内容的处分行为本身能够充分体现出诈骗罪的另一本质特征，即"交往沟通型"财产犯罪。行为人与受骗人就相关的财产决策事项进行沟通交流，受骗人在行为人欺骗行为的影响下对财产的基础交易信息发生了误认，因而陷入了处分财产的错误认识，经过理性衡量与判断之后作出处分财产的行为，误以为能够获取行为人所承诺的利益，或者误以为该财产原本就应当归行为人占有或所有。综上可知，处分行为具有体现诈骗罪本质特征的重要作用。

---

❶ 马卫军. 刑法中自我答责的基本原理 [J]. 云南大学学报（法学版），2016（2）：45-46.
黎宏. 被害人怀疑对诈骗罪认定影响研究 [J]. 中国刑事法杂志，2015（6）：64-66.

第一节　处分行为之处分内涵的学说

在诈骗罪基本逻辑构造中，处分行为承担着连接错误认识与取得财产承上启下的作用。作为成立诈骗罪必备的构成要件要素，对处分行为中"处分"的内涵应当如何进行准确界定，刑法学界对该问题产生了较大争议，由此形成了三种不同的学说：所有权转移说、持有转移说、占有转移说。

一、所有权转移说

支持该学说的论者认为，只有在受骗人或被害人主观上具有将财产的所有权转移给对方的意思表示时，其客观上的行为才可以被视为诈骗罪意义上的处分行为，否则无法认定行为人的行为成立诈骗罪。该学说也为德国刑法学界的少数学者所赞同。该部分学者指出，如果受骗人或被害人在主观上不具有转移所有权的意思表示，则不属于诈骗罪中的处分行为，行为人的行为只能成立侵占脱离占有物罪。❶ 现将前文的"借打手机案"适当加以改编，行为人甲以非法占有被害人乙手机为目的，谎称自己的手机被摔坏了，欲借被害人乙价值 7 000 元的备用手机使用一个星期，被害人乙信以为真，便将自己的手机借给甲使用，甲拿到手机后便逃之夭夭。在本案中，被害人乙主观上并没有将自己手机赠送给甲的意思表示，只是欲借给甲用几天。根据"所有权转移说"的观点，被害人乙由于不具有转移手机所有权的意思表示，因此，该递交手机的行为并不属于诈骗罪意义上的处分行为，行为人甲不构成诈骗罪。

现代德国刑法理论认为："诈骗罪是针对被害人'净财富'（net wealth）所

---

❶ 张明楷. 诈骗罪与金融诈骗罪研究［M］. 北京：清华大学出版社，2006：148-149.

实施的犯罪。所谓'净财富'，是指法律上的利益减去债务之后的余额。"❶
由此可以看出，现代德国刑法理论的观点相对于传统少数说的观点发生了较
大转变。也就是说，由只有财产所有权才是值得被法律所保护的观点逐渐转
变为除了财产所有权之外还有一系列的法律利益应当受到保护，包括占有权
以及有可能受到行为人的欺骗而放弃的混合主张（incorporates claims）。

　　在英美刑法理论中，多数学者认为：处分行为是区分盗窃罪与诈骗罪的
重要标志，但其对处分行为中"处分"的判断标准也是按照"所有权转移
说"的观点进行认定的。换言之，处分行为中的"处分"仅指转移财产所有
权，而非占有或其他本权。❷ 此外，从英美刑法诈骗罪的基本逻辑结构中也可
以看出，其对转移的财产要求达到转移所有权的程度。❸ 英美刑法中诈骗罪的
基本逻辑构造包括：嫌疑人的虚假陈述、必须引诱了被害人、将财富转给嫌
疑人或另外的人、嫌疑人必须怀着使自己或他人受益的意图而行为。其中，
"转移财富"在英美刑法中意味着所有权的转移。❹ "所有权转移说"更加侧
重从民法的视角对财产权利本身进行法律保护，在一定程度上限缩了诈骗罪
的成立范围。

二、持有转移说

　　"持有转移说"的具体内容为，当受骗人或被害人基于行为人的欺骗行为
而陷入错误认识，进而达到将财物转移给行为人或第三人持有的程度与状态
时，就足以认定该转移财物持有的行为属于诈骗罪意义上的处分行为。在我
国，只有极少数学者持有该观点，例如：王栋强调，从司法实践层面来看，
坚持"持有转移说"的观点有助于解决实务中大量复杂疑难案件的行为定性
问题。❺

　　此外，蒋铃博士也提倡"持有转移说"的观点，他认为，不能够以民法
中的财产处分权能的判断标准作为衡量诈骗罪中处分行为是否成立的参照系，
后者范围远大于前者。因此，诈骗罪中处分行为的成立只要达到受骗人或被
害人基于错误认识将财物转移给对方持有的程度即可。❻ 蒋铃博士进一步从汉

---

❶　乔治·弗莱彻. 反思刑法 [M]. 邓子滨，译. 北京：华夏出版社，2008：39.

❷　刘士心. 美国刑法各论原理 [M]. 北京：人民出版社，2015：222-224.

❸　Black，Barbara. Fraud on the Market: A Criticism of Dispensing with Reliance Requirements in Certain
Open Market Transactions [J]. North Carolina Law Review，Vol. 62，Issue 3，pp. 435-439.

❹　乔治·弗莱彻. 反思刑法 [M]. 邓子滨，译. 北京：华夏出版社，2008：38.

❺　王栋. 诈骗罪与非罪的界限 [J]. 湖北警官学院学报，2013（11）：74.

❻　蒋铃. 论诈骗罪中的处分行为 [J]. 政治与法律，2012（8）：52.

语词语释义的角度对"持有"进行了解读,他强调,对于"持有"可以从广义与狭义两个维度进行诠释,广义的"持有"是指对财物的支配与控制;狭义的"持有"仅指对财物拿着、握着的一种状态。应当从狭义的角度对"持有转移说"中的"持有"是否具有诈骗罪中的处分行为进行判定。根据"持有转移说"的观点,此处的"持有"既不等同于民法上的占有,也不等同于刑法上的占有与持有。在罗马法时代,占有是一个介乎于所有权与持有之间的受到民事法律保护的一种事实状态,而作为一种自然的占有状态,持有并不受到法律的保护。❶ 此外,"持有"亦不同于刑法上的占有。刑法上的占有是从事实层面对占有状态的描述,包括占有的体素与占有的心素。占有的体素,即对财物现实地支配与控制,排除他人的占有;占有的心素,即主观上具有对财物支配控制的意思表示。只有同时具有占有的体素与占有的心素,才能够满足刑法占有的条件。❷

对于刑法中持有型犯罪的问题,我国刑法理论通说认为:"持有是以行为人对物的实力支配关系为内容的行为,换言之,人对物的实力支配即持有。"❸ "持有转移说"中的"持有"并非指人对财物实力的支配与控制,而是只要具有物理空间上拿着、握着的举动,即可认定该行为属于诈骗罪中的处分行为。"持有转移说"论者认为,诈骗罪中的处分行为不仅包括民法上的处分行为,还包括占有与持有的转移行为。❹ 例如:在"试衣案"中,行为人甲为了非法占有价值不菲的皮衣谎称想试穿一下,售货员乙将皮衣递给甲,随后甲以屋内光线不充足欲到店外试穿为由进而逃跑。在本案中,售货员乙将皮衣递交给行为人甲的同时,其主观上并不具有将皮衣的占有转移给甲的意思,更不具有转移所有权的意思表示。但根据"持有转移说"的观点,只要受骗人将财物转移给行为人持有即可,无论是暂时性持有还是永久地拿着、握着,均可以认定该行为是诈骗罪意义上的处分行为,即行为人的行为构成了诈骗罪。若按此标准来界定处分行为的存在与否,将不当扩大诈骗罪的成立范围。

三、占有转移说

对于处分行为中"处分"内涵的界定问题,我国刑法理论通说为"占有

❶ 彼得罗·彭梵得. 罗马法教科书 [M]. 黄风, 译. 北京:中国政法大学出版社,1992:275.
❷ 黎宏. 论财产犯中的占有 [J]. 中国法学,2009 (1):111-113.
❸ 张明楷. 刑法学 (上) [M]. 5 版. 北京:法律出版社,2016:161-162.
❹ 蒋铃. 论诈骗罪中的处分行为 [J]. 政治与法律,2012 (8):52-55.

转移说"。该学说认为，当受骗人或被害人陷入了处分财产的错误认识进而转移财产占有时，即可认定该转移财产占有的行为是诈骗罪意义上的处分行为。日本学者西田典之教授指出，判断诈骗罪中的处分行为是否存在，需要受骗人或被害人将财产占有从自己支配控制领域转移到对方支配控制范围内，该转移占有的过程需要在具有处分意识的支配之下进行即可判定处分行为存在。❶ 还有部分日本刑法学者则是从财产犯罪所保护的法益角度进行论证。他们认为，处分行为的核心内容是转移财产占有，但这并不是以占有为财产犯罪所保护的法益为前提而得出的结论。换言之，假设诈骗罪所保护的法益为财产的所有权及其他本权，当受骗人主观上并不具有转移财产所有权的意思表示时而处分了财产，从客观上来看，该处分行为依然侵害了财产的所有权及其他本权；反之，假设诈骗罪所保护的法益为财产的占有时，当受骗人不具有转移财产所有权的处分意识而实施了处分行为时，其行为依然侵害了财产的占有。所以，处分行为意味着转移财产占有与财产犯罪所保护的法益二者之间并不存在刑法上必然的因果关系。❷

张明楷教授强调，在涉及诈骗财物的场合，"占有转移说"完全能够实现逻辑自洽，但在涉及诈骗财产性利益的场合，他原则上赞同该学说的观点。换言之，在涉及诈骗财产性利益的场合，对于是否要考虑受骗人或被害人主观处分意识的存在与否问题需要分情况讨论。一般情况下，如果在没有受骗人或被害人明确的处分财产性利益的意识下，行为人也能够取得相应的财产性利益，则应当认定该行为是诈骗罪中的处分行为；在特殊情况下，如果在受骗人或被害人主观不具有处分意识的情形下，行为人就没有取得财产性利益的可能性，则需要判断受骗人在主观上是否具有处分财产性利益的意思表示。❸ 由于财产性利益不具有财物的外观属性特征，根据财产性利益的不同种类，认定处分行为存在与否的标准也将随之发生变化。还有的学者是从占有本身所蕴含的主客观方面进行的论证，如柏浪涛教授指出，诈骗罪中的"处分行为"是将财产占有转移给行为人的过程，其中包含三个方面的内容：首先，受骗人或被害人在主观上意识到自己对财产的占有；其次，要对转移财产占有行为本身具有认识；最后，对该处分行为的后果具有清晰的认识。因此，诈骗罪中的处分财产行为既包括静态的占有，也包括动态占有的改变。❹

❶ 西田典之. 日本刑法各论 [M]. 刘明祥，译. 北京：中国人民大学出版社，2007：152.
❷ 团藤重光. 刑法纲要各论 [M] //张明楷. 诈骗罪与金融诈骗罪研究. 北京：清华大学出版社，2006：147-150.
❸ 张明楷. 诈骗罪与金融诈骗罪研究 [M]. 北京：清华大学出版社，2006：151.
❹ 柏浪涛. 论诈骗罪中的"处分意识"[J]. 东方法学，2017（2）：99-100.

（一）刑法上的占有

"占有转移说"虽为刑法理论界的通说，但学者对于转移财产占有中"占有"内涵的理解却莫衷一是、众说纷纭。如何理解刑法上的占有，其与民法中的占有又有何区别与联系，二者之间是否存在包含与被包含的逻辑关系，刑法学界对此素有争议。其中较有代表性的观点有以下几种：

张明楷教授认为，刑法上的占有主要可以从两个维度进行探讨：一是从物理空间的维度对财产权利人是否占有财产进行判断；二是从社会一般人的维度来推断财产占有的具体情况。以上两个维度是从客观的角度进行分析。张明楷教授指出，对于刑法上的占有还应当从财产权利人主观方面进行考察，即财产权利人对该财产是否具有支配控制的意思表示，该意思表示可以是明确的也可以是潜在的。❶ 刑法上的占有不仅应当从社会一般观念的视角进行判断，也应当考察受骗人或被害人在主观上是否具有将财产转移给行为人或第三人占有的支配控制的意思表示。

车浩教授从财产犯罪所保护的客体角度对刑法上的占有所具有的内涵进行了理解。一般认为，占有必须具备占有的体素与占有的心素两方面内容。❷ 然而，车浩教授从占有所具有的事实性与规范性的动态关系角度进行了深入研究，他指出："事实控制力是占有成立的必要基础，规范认同度是占有归属的评判基准。在判断占有的有无时，当事实控制力为零时不可能成立占有，当规范认同度为零时则可以成立占有，但是在判断控制力的有无时，往往需要以社会一般观念为内容的规范性视角作为观察工具。"❸ 刘明祥教授的观点是，对于刑法上占有的判断，首先应当以事实上是否占有为判断标准，在此基础上再判断是否具有观念层面可以推知的占有。如果顺序颠倒，则不可以断定刑法上占有的成立。❹ 马寅翔副教授则强调："规范性的占有概念具有事实性的占有概念所无法比拟的优越性。刑法中的占有在本质上属于一种分配关系，它围绕着维护财物所处的平和状态这一财产罪的规范保护目的而存在。从这个意义上来说，规范性的占有概念并非创制，它只是忠实地还原了原本就已存在、却为事实性的占有概念无意中遮蔽的社会现实。"❺

此外，王世柱博士在其博士论文基础上著成的《论刑法上的占有》一书，

---

❶ 张明楷. 诈骗罪与金融诈骗罪研究 [M]. 北京：清华大学出版社，2006：169-171.
❷ 萨维尼. 论占有 [M]. 朱虎，刘智慧，译. 北京：法律出版社，2007：150-160.
❸ 车浩. 占有概念的二重性：事实与规范 [J]. 中外法学，2014 (5)：1187-1193.
❹ 刘明祥. 论刑法中的占有 [J]. 法商研究，2000 (3)：35-40.
❺ 马寅翔. 占有概念的规范本质及其展开 [J]. 中外法学，2015 (3)：746-754.

其中围绕刑法上占有的范畴、构造与价值进行了详细且深入的论述。他强调，刑法上占有的构成要素应当包括占有的心素与占有的体素。刑法上占有的体素要求对财物具有事实上的排他性控制，此种排他性控制并不必然是物理空间上的直接控制，但必须具备对物的支配可能性、排他独占性、即时性等特征；刑法上占有的心素仅要求认识到财物的存在并具有排他性保管的意思即可，并不要求具有民法上占有的意思内容。❶

刑法上的占有与民法上的占有制度具有不同的功能与价值。刑法上的占有制度设计的初衷并不是将其作为财产归属分配秩序中的内容，而是为了从事实层面确认财产的支配控制状态，从而能够更加准确地确认行为人的行为是否侵害到刑法所保护的法益。民法上的占有制度主要是从所发生的法律效果来确认财产权利人对财产所具有的权利与应当履行的义务范围，进而对相应财产的占有状态予以确认。❷ 占有制度虽发端于民事法律领域，但其对刑事法律的发展同样具有极大的意义与价值，尤其对构建和完善财产犯罪理论体系，以及司法实践中涌现的愈加复杂疑难的诈骗犯罪案件行为的准确定性，均具有积极的理论意义与实践价值。

（二）财产的占有转移与占有迟缓

根据前文论证可知，诈骗罪中处分行为的内涵应当从诈骗罪所具有的本质特征与本体结构的角度加以具体界定，换言之，处分行为是受骗人或被害人在主观具有处分意识的支配控制之下所实施的转移财产占有的行为。诈骗罪作为"交付型"财产犯罪，最能体现诈骗罪"自我损害"的本质特征的构成要件要素即为处分行为，而其中最能凸显"自我"损害特征的要素则是处分行为的主观要素处分意识。有关处分意识的理论争议等内容将在本书第三章中详细展开阐述与论证。所以，处分行为要件要素在客观上表现为转移财产的占有，同时在主观上体现为具有处分财产的意识。转移财产占有作为处分行为中的核心内容要素，学界对刑法上的"占有"进行了充分且激烈的讨论。例如：杨柳和熊伟认为，刑法上的占有涵盖的范围较宽泛，既包括民法上的占有，也包括其他事实性的占有状态。❸ 王钢教授认为，刑法上的占有并不等同于民法上的占有，二者有交叉的部分，但并不存在包含与被包含的内

---

❶ 王世柱. 论刑法上的占有 ［M］. 北京：中国法制出版社，2018：83-106.

❷ 周光权，李志强. 刑法上的财产占有概念 ［J］. 法律科学，2003（2）：39-47.

❸ 杨柳，熊伟. 试论诈骗罪的处分行为 ［J］. 云南大学学报：法学版，2008（6）：112-115.

在逻辑关系。❶ 此外，还有学者从占有的事实性与规范性的视角深入剖析刑法上占有的本质与机理，以此来判断财产犯罪中财产占有的归属问题。

在司法实践中，许多"盗骗交织型"财产犯罪案件出现受骗人或被害人将财物主动交付给行为人的举动，但其主观上并不具有处分财产的意识，或者说，只是暂时性地将财物交给行为人保管、使用等，刑法学界对该类案件中行为人行为的定性问题也产生了一定的争论。例如：在"试驾案"中，行为人甲为非法占有 4S 店中的汽车而佯装欲买车并试驾，经过销售人员乙的许可，行为人甲独自将车开出 4S 店，在店门口转了几圈后猛地加速开车逃跑。❷ 在本案中，刑法理论界对于行为人甲在销售人员乙同意其将车开出店外之后，该汽车归谁占有的问题产生了较大的争论。有学者认为，此时该辆汽车仍然归 4S 店占有并所有。虽然本案中销售人员乙允许行为人甲将汽车开出店外进行试驾，但是从社会一般人的视角来看，乙允许甲试驾的范围应当仅限于 4S 店附近，也就是在销售人员视线可及的范围之内。因此，无论从事实还是从规范的角度来看，均应当认为汽车此时仍然归 4S 店占有。然而，有学者认为，销售人员乙同意行为人甲进行试驾，则意味着甲在事实上能够对该辆汽车进行支配与控制，此时汽车的占有已经转移到行为人甲可以支配控制的领域范围之内。由此可以看出，针对同一行为，对财物占有的不同理解将直接导致对行为人行为的定性产生截然相反的结论。❸

在财产犯罪中，对于"占有迟缓"是否与"占有转移"一样作为诈骗罪处分行为要件中的核心行为要素问题，学界尚未形成统一意见。

首先，何谓"占有迟缓"。"占有迟缓"是指财物的权利人将财物暂时性地交给行为人进行保管或使用的一种状态。从社会一般人的视角来看，权利人并未将财物的占有转移给行为人，该财物的占有并未发生终局性的转移，权利人对其财物仍然具有控制支配的权利。❹ 通过对"占有迟缓"与"占有转移"进行对比可知，二者最大的差别就在于权利人在将财物交付给对方的过程中主观上是否具有处分财产的意识。"占有迟缓"中权利人并不存在处分财产的意识，更不欲将财产转移给对方占有；而"占有转移"作为处分行为

---

❶ 王钢. 盗窃与诈骗的区分：围绕最高人民法院第 27 号指导案例的展开 [J]. 政治与法律，2015（4）：33.

❷ Cornell, Bradford. Using Finance Theory to Measure Damages in Fraud on the Market Cases [J]. UCLA Law Review, Vol. 37, Issue 5 (June), pp. 885–895.

❸ 张志勇，等. 诈骗罪专题整理 [M]. 北京：中国人民公安大学出版社，2007：43–45.

❹ 王立志. 认定诈骗罪必需"处分意识"：以"不知情交付"类型的欺诈性取财案件为例 [J]. 政法论坛，2015（1）：123.

中的核心行为要素，权利人在主观上对转移财产占有的行为具有清晰的认识并理解该行为的性质与后果。

其次，对于"占有迟缓"是否能够发生与"占有转移"相同法律效果的问题，刑法学界对此亦存有争议。大部分学者均认为，由于处分行为中天然地蕴含处分意识的内容，则占有转移也应当体现权利人对财物支配控制的状态。然而，不含有处分财产意识的占有迟缓则无法起到转移财产占有的法律效果，二者不能混为一谈。❶ 还有部分学者从财产事实占有的角度进行论证，认为无须考虑财产权利人主观上是否具有处分意识，只要从客观事实的角度考察财物是否被转移占有即可。❷ 根据前文对处分行为内涵的界定可知，诈骗罪中的处分行为不仅表现为客观上的转移财产占有行为，也含有主观上的处分意识，二者具有一致性。因此，不具有处分财产意识的占有迟缓行为不应当被认定为诈骗罪中的财产处分行为。

四、本书立场

对于如何理解处分行为中"处分"内涵的理论争议问题，笔者赞同刑法理论通说的观点，即"占有转移说"。论证理由如下：

首先，"所有权转移说"不当地限缩了诈骗罪的成立范围。根据"所有权转移说"的观点，只有当受骗人或被害人在主观上具有转移财产所有权的意识时所实施的财产处分行为才能够被认定为诈骗罪意义上的处分行为，行为人的行为才能够以诈骗罪定罪处罚；反之，若受骗人或被害人只是将财物借给行为人暂时使用而并没有转移所有权时，其客观上所发生的身体举动并不能被认定为诈骗罪中的处分行为。然而，笔者认为，即使受骗人并非出于转移所有权的意思表示而交付财物，但从危害结果上来看，被害人也遭受到相应的财产损失。换言之，被害人所遭受的财产损失与其主观上是否具有转移财产所有权的意识并无刑法上的直接因果关系。

例如：行为人甲偶然得知被害人乙拥有一幅价值不菲的名画，遂产生非法占有该名画的目的，于是甲对乙说："我很喜欢这幅名画，能否将该画作借给我拿回家欣赏几日。"乙信以为真并欣然答应。甲拿到画之后便将其低价变卖，所得价款用于自己的日常消费。在本案中，被害人乙主观上只是具有将画借给行为人甲欣赏的意思表示，并无转移所有权的意思表示，但被害人乙最终也实际遭受了财产损失。从诈骗罪的基本逻辑构造来看，被害人乙遭受

---

❶　张红昌. 论诈骗罪中的处分意识 [J]. 湖北警官学院学报，2010 (1)：39-40.
❷　陈洪兵. 盗窃罪与诈骗罪的关系 [J]. 湖南大学学报：社会科学版，2013 (6)：136-137.

财产损失的直接原因是其主动将该画交给行为人甲的行为所导致，但引起该行为的真正原因则是行为人甲实施欺骗行为而导致被害人乙陷入了错误认识。因此，上述各构成要件要素共同形成了诈骗罪的整个因果链条，其中直接导致被害人财产遭受损失的交付画作的行为应当被认定是诈骗罪中的处分行为。但是，根据"所有权转移说"论者的观点，该案例中行为人的行为无法被认定为诈骗罪。因为此案件中无转移财产所有权的行为，故无法被视作诈骗罪意义上的处分行为，行为人的行为也就无法被认定为诈骗罪，直接导致了诈骗罪的成立范围被极大地压缩。此外，"所有权转移说"并未明确论证此类案件中行为人的行为将以何罪名进行定罪处罚，造成司法适用中的模糊与混乱。因此，笔者认为，以"所有权转移说"为理论依据判断诈骗罪处分行为的有无无法实现理论逻辑自洽，运用到司法实践中也不具有合理性，无法对被害人财产权利进行充分的刑法保护。

其次，"持有转移说"不当地扩大了诈骗罪的成立范围。根据"持有转移说"，只要受骗人或被害人将财物转移给行为人持有，即可认定该行为为诈骗罪中的处分行为。以"调包案"为例，行为人甲谎称自己拥有一个奇特的技能，能够将面值为10元的人民币变成面值为100元的人民币。被害人乙信以为真，将一百张10元人民币装在一个袋子里交给行为人甲，令其全部变成面值为100元的人民币。行为人甲对着袋子吹了口气并趁被害人乙不注意将自己事先准备好的袋子与乙的袋子进行了调换，随后对乙说袋子里所有的10元人民币全部变成了100元人民币，乙事后发现自己上当受骗。

若根据"持有转移说"的观点，本案中被害人乙将装有一百张10元人民币的袋子交给行为人甲持有的行为就足以被认定为诈骗罪中的处分行为，行为人甲可以构成诈骗罪。但根据前文对处分行为内涵的界定，对处分行为的判定必须结合受骗人或被害人的主观认知情况进行综合判定，也就是说，是否属于诈骗罪意义上的处分行为，除了要对客观上的转移财产占有行为进行判断，还要考察其主观上是否具有处分财产的意识，至少具有处分意识的可能性。当处分行为的主观面与客观面同时具备时，才可以被认定为诈骗罪中的处分行为。因此，笔者认为，对本案中行为人甲的调包行为应当以盗窃罪定罪处罚。被害人乙虽然具有将自己的财物主动交给行为人甲的举动，但其主观上并没有转移财物占有的意思表示。被害人乙最终遭受财产损失的原因并非自己转移占有的行为导致，而是由于行为人甲为了非法占有乙的财物而主动侵入被害人的财产领域，采取窃取的方式转移了财产占有并建立起自己对该财产新的占有，从而导致被害人乙遭受相应的财产损失。因此，行为人的行为满足盗窃罪的犯罪构成要件，应当以盗窃罪定罪处罚，而非诈骗罪。如果采纳"持有转移说"的观点，将本应认定为盗窃罪的犯罪行为均以诈骗罪定罪处罚，则在一定程度上不当地扩大了诈骗罪的成立范围，限缩了盗窃罪的成立范围。根据前文论证可知，盗窃罪的刑事违法性高于诈骗罪的刑事违法性，相应地，诈骗罪入罪门槛要高于盗窃罪的入罪门槛。如果将具有更高刑事违法性的盗窃行为认定为诈骗罪，则不利于司法实务部门精准打击财产犯罪行为，进而削弱对被害人财产权利的刑法保护力度。

最后，"占有转移说"作为刑法理论通说，能够最大限度地弥补"所有权转移说"不当缩小诈骗罪成立范围与"持有转移说"不当扩大诈骗罪成立范围所存在的不足之处，同时也能够与诈骗罪处分行为的内涵、本质特征保持一致。

其一，"占有转移说"是指受骗人或被害人将财产的占有转移给行为人或第三人，即可认定该行为是诈骗罪意义上的处分行为。采纳"占有转移说"的观点，不仅可以避免"所有权转移说"中对被害人主观上的过高苛求所带来的不利后果，也能够避免陷入对处分行为的认定标准过于宽松的窠臼之中。以"借打手机案"为例，行为人甲谎称自己的手机被摔坏正在修理当中，欲借被害人乙的备用手机（价值 7 000 元）使用一个星期，乙信以为真，就将自己的备用手机借给甲使用。一个星期后，当乙想要回自己的手机时，甲早已将手机变卖，所得价款挥霍一空。在本案中，被害人乙的行为是否属于诈骗罪意义上的处分行为？根据不同学说的观点将得出不同的结论。"所有权转移说"论者得出乙的行为不属于诈骗罪中处分行为的结论，甲不构成诈骗罪；"占有转移说"论者得出乙的行为属于诈骗罪意义上的处分行为，应当构成诈骗罪。

再如：行为人甲为了非法占有被害人乙的手机，谎称自己手机没电，欲借乙的电话一用。随后又谎称屋内信号不好，起身往外走，若干分钟之后，乙出去寻找，但甲早已不见了踪影。在本案中，被害人乙将自己手机递交给行为人甲的行为是否属于诈骗罪意义上的处分行为呢？根据"持有转移说"论者的观点，被害人乙将财物转移给行为人甲持有，即可认定该行为是诈骗罪中的处分行为，行为人甲成立诈骗罪；而根据"占有转移说"论者的观点，被害人乙虽然具有主动交付财物的行为，但其主观上不具有处分财产的意识，该行为并不属于诈骗罪中的处分行为，行为人甲不构成诈骗罪，而应当以盗窃罪定罪处罚。由于被害人遭受财产损失的直接原因并不是其在无意识状态下的转移财产占有行为，而是行为人甲的窃取行为，甲的行为满足盗窃罪的犯罪构成要件，当然应当以盗窃罪进行定罪处罚。

　　持有不同的学说观点将对行为人行为的定性得出不同的结论。随着社会经济水平的不断提高，财产权利类型也随之发生了较大变化。由单一的对财产拥有所有权逐渐演变为现代具有多元化的财产权利类型。在日常生活中，出现了财产本身与财产权利相分离的现象。因此，我国刑法中财产犯罪所保护法益的范围也应当随之适当扩大，不仅将财产所有权作为财产犯罪的保护法益，也将对财产的占有以及财产的其他本权作为财产犯罪的法益进行充分的刑法保护，唯有如此，才能够在最大限度上保护被害人的财产权利，实现刑法的根本目的。

　　以"修车案"为例来说明在财产所有权与财产占有事实本身相分离的情形下，应当如何对财产秩序和财产权利进行刑法保护。行为人甲将自己待修理的汽车开到汽车修理店进行修理，修理店的维修人员乙对该车进行修理，当天晚上，行为人甲趁店员不注意将自己的汽车开走。第二天，行为人甲佯装来取车，维修人员乙发现汽车不见了，甲随即要求汽车修理店赔偿自己的"损失"。在本案中，为了论证"占有转移说"的合理性，只需分析行为人甲偷偷开走自己汽车的行为即可。从行为人甲将自己待修的汽车开到修理店时起，修理店就对该辆汽车具有占有权，即使行为人甲对自己的汽车具有所有权，但此时行为人甲也无法利用自己所拥有的所有权来对抗修理店对汽车合法占有的事实，行为人甲在未经修理店同意且未支付修理费的情况下开走汽车的行为符合盗窃罪的犯罪构成要件，即行为人甲为了逃避支付修理费用，在违背修理厂意愿的情况下转移汽车的占有，该行为应当成立盗窃罪。在类似的财产犯罪案件中，若不将占有以及除所有权之外的其他本权也囊括进财产犯罪的法益之中，将使平稳的财产交易秩序变得混乱不堪，不利于经济与社会的稳定向前发展。

　　其二，将处分行为中"处分"的内涵理解为转移财产的占有，符合对处分行为概念界定的要求。根据对处分行为的内涵界定可知，处分行为中含有主观方面的要素即处分意识的内容，换言之，"占有转移说"论者的观点与主客观相统一的处分行为内涵的界定相契合，能够体现诈骗罪的本质特征。具体来说，"处分行为"与"占有转移"概念本身均具有主观与客观方面的要素内容。是否具有诈骗罪中的"处分行为"不仅应当从客观上判断受骗人或被害人是否具有将财产转移给行为人或第三人占有的行为，而且应当判断其主观上是否同时具备处分意识，只有主客观齐备才能认定处分行为的成立。"转移占有"中的"占有"同样需要从客观占有的事实与主观占有的意思表示两方面进行断定，两者缺一不可。刑法上的占有是由客观上对财产具有事实上的支配控制权与权利人主观上对财产的支配、控制的占有意思表示而共同组成。刑法上占有的概念并不是仅从事实的角度对占有状态进行判断，同时也要从社会一般人视角出发，结合权利人主观上是否具有占有的意思进行综合考量与判断。在此基础之上能够将司法实践中权利人所实施的占有转移行为与占有迟缓行为进行有效区分，只要具有转移财产占有意思表示即处分财产意识的行为，就能够被认定为诈骗罪意义上的处分行为；不具有该处分意识，只是暂时性将财物交给对方保管、试穿、试驾等行为，均不属于诈骗罪中的处分行为，行为人不构成诈骗罪。实际上，本节对于处分行为中"处分"的内涵学说的探讨论证与后文处分意识的相关内容紧密相连，所以，与其说诈骗罪中的处分行为具有有效区分盗窃罪与诈骗罪的重要作用，不如说是处分行为中的主观要素处分意识在其中发挥了至关重要的作用。

第二节　处分行为的具体表现形式

在诈骗罪基本逻辑构造中，作为成立诈骗罪必备的构成要件要素，处分行为内涵的界定对于准确判断行为人的行为是否成立诈骗罪起到至关重要的作用。随着新型支付方式的兴起与逐渐普及，司法实践中涌现了大量有别于传统类型的诈骗犯罪案件，如何对该类犯罪案件进行精准的定罪量刑将成为摆在司法工作人员面前新的挑战。妥善解决司法实践中出现的疑难复杂诈骗犯罪案件，厘清处分行为所具有的表现形式，将在很大程度上为案件的准确定性提供理论支撑。对于诈骗罪中处分行为的具体表现形式问题，刑法学界对该问题虽然未存有较大争议，但仍有些不同的观点。例如：从处分行为所具有的"直接性"角度来看，有学者认为，处分行为仅指直接交付，而不包括间接交付；从民法与刑法之间的关系来看，处分行为究竟是仅限于法律行为，还是也可以包括事实行为；从受骗人或被害人是否具有积极的身体举动的角度来看，不作为形式的处分行为是否属于诈骗罪中的处分行为。下面就上述存有争议的理论问题进行详细的阐述与论证。

一、直接交付与间接交付

在刑法理论中，一般认为，"直接交付"与"间接交付"的区分标准是从受骗人或被害人与行为人、第三人之间的关系角度进行具体划分。"直接交付"是指受骗人或被害人直接将财物交付给行为人或者第三人；"间接交付"

则是指受骗人或被害人未亲自将财物交付给行为人或第三人，而是将财物交给他人，由他人将该财物交付给行为人或第三人，但此处的"他人"并非泛指一切其他的人，而是与受骗人或被害人具有某种特殊关系，能够代替其实施交付财物行为的人。❶

然而，有学者从处分行为所具有的"直接性要件"角度出发来解读处分行为所具有的具体表现形式。德国刑法理论通说指出，"直接性要件"虽然未以成文的形式体现在诈骗罪刑法法条之中，但是该要件充分体现了处分行为与财产损害之间所具有的因果关系，同时也能够限定诈骗罪成立的合理范围。因此，具有"直接性"特征的处分行为才是诈骗罪中的处分行为。我国也有学者赞同上述观点，该学者之所以将处分行为理解为直接交付行为，理由主要有二：首先，他将抛弃行为排除出财产犯罪的范畴。在财产犯罪理论体系中，根据行为人的行为是否对被害人的财产进行破坏，将财产犯罪分为"毁弃型"财产犯罪与"领得型"财产犯罪。"毁弃型"财产犯罪以故意毁坏财物罪为代表，"领得型"财产犯罪又可以根据是否违背被害人的主观意愿而转移财产占有分为以盗窃罪、抢夺罪为代表的"夺取型"财产犯罪和以诈骗罪、敲诈勒索罪为代表的"交付型"财产犯罪。诈骗罪中处分行为的核心行为要素即为转移占有，而抛弃财物则意味着权利人同时对该财物丧失了占有，也就不存在转移财物占有的可能性；其次，虽然我国《刑法》第266条未详细描述诈骗罪之欺骗行为的方式，但根据我国台湾地区"刑法"第339条对诈骗罪罪状的描述可知，"交付"是指将相应的财物转移至行为人或第三人可以支配控制的领域范围之内。但抛弃行为发生之后，被害人从客观上已经无法实现财物占有的转移，其主观上也不具有处分财物的意识。将此抛弃行为解释为处分行为已经超出了该词所可能蕴含的文义。❷

张明楷教授指出，处分行为不仅可以表现为将财物直接交付给行为人或第三人，还可以表现为通过占有辅助人交付给对方占有，直接交付与间接交付均可以作为诈骗罪处分行为的表现形式。❸ 此外，我国台湾地区学者指出："交付，乃将物移转归于行为人实力支配之下，其属直接交付或间接交付，均无不可。但其交付之物，必属被害人或第三人所有，而由于被害人之自由意思，将之交付于行为人持有。"❹ "交付，指转移占有而言。……交付方法，

---

❶ 张明楷. 外国刑法纲要 [M]. 2版. 北京：清华大学出版社，2007：586.

❷ 杜文俊. 司法实践视阈下财产犯罪法益及相关理论研究 [M]. 上海：上海社会科学院出版社，2017：166.

❸ 张明楷. 诈骗罪与金融诈骗罪研究 [M]. 北京：清华大学出版社，2006：151.

❹ 褚剑鸿. 刑法分则释论 [M]. 2版. 台北：台湾商务印书馆，1995：1235.

不以被害人将物径交行为人之直接交付为限，其使被害人将物经由第三人之手交付行为人之间接交付亦属之。"❶

综上所述，笔者认为：首先，处分行为具体表现形式之直接交付与间接交付的讨论前提是在涉及财物的场合，由于财产性利益外在表现形态不同于财物，因此，对于转移财产性利益占有的行为不适宜以"交付"来加以表述；其次，上述学者对于处分行为具体表现形式是否仅包含直接交付而排除间接交付的表现形式的争论，笔者认为该理论问题的争议并非出于同一前提，因此，两种观点均具有合理性。

其一，第一种理论争议是从行为人与受骗人或被害人为主体的角度进行论证。具体而言，"直接交付"是受骗人或被害人直接将财物的占有转移给行为人或第三人，该直接交付行为当然符合诈骗罪之处分行为内涵的要求。"间接交付"是与受骗人或被害人具有某种特殊关系的辅助占有人代替其将财物交付给行为人或第三人。对于第三人应当进行一定程度的限定，"第三人的范围包括作为行为人的工具而活动的人，作为行为人的代理人，为了行为人的利益而接受财物的人，或行为人出于使第三人得利的目的而向第三人交付财物的场合等，仅限于和行为人之间存在特殊关系的人。"❷ 因此，间接交付也应当属于处分行为的一种具体表现形式，无论是受骗人或被害人亲自交付财物，还是占有辅助人代替其进行交付，所发生的法律效果即导致被害人遭受相应的财产损失的危害结果是相同的。诈骗罪的因果链条并未因财物交付主体的改变而发生断裂，因此，将间接交付也视为处分行为的具体表现形式是能够实现理论逻辑自洽的。

其二，第二种理论争议是从交付行为本身与被害人遭受财产损失的因果关系角度进行论证。此处学者们所强调的"直接"与第一种观点直接交付中的"直接"并不具有相同的内涵。此处的"直接"是特指只有转移财物占有的行为与被害人遭受财产损失之间具有刑法上的直接因果关系时，才能够将该转移占有行为认定为诈骗罪中的处分行为。因此，此处是将"直接交付"置于整个诈骗罪的因果链条之中进行考察，若能直接导致财产遭受相应损失，则可认定为诈骗罪中的处分行为；若是行为人采取进一步窃取方式转移财物占有的行为导致被害人遭受财产损失，则无法认定该转移占有行为为诈骗罪中的处分行为。

❶ 赵琛. 刑法分则实用（下册）[M]. 台北：梅川印刷有限公司，1979：912-913.
❷ 大谷实. 刑法各论 [M]. 2版. 黎宏，译. 北京：中国人民大学出版社，2008：243-244.

二、法律行为与事实行为

在刑法理论中，从行为所具有的具体属性的角度来看，处分行为的具体表现形式还包括法律行为与事实行为。刑法理论通说认为，处分行为不应仅局限于法律行为，还应包括事实行为。不应拘泥于在民法意义上对处分行为的内涵进行理解与认定，还应当将其范围适度拓宽，即无论在民事法律领域中该行为是否有效或是否可撤销，均不影响对诈骗罪意义上处分行为的判断与认定。❶"处分，是指对物进行物理性质的改造、毁损或转让其权利，根据不同方式，可分为事实上的处分与法律上的处分。"❷诈骗罪意义上的处分行为包括法律上的或事实上的一切能够直接使财产发生减损的作为、容忍与不作为。正如团藤重光教授所言，处分财产行为是受骗人或被害人基于主观瑕疵的意思表示而转移财产占有的过程。他主要将财产分为动产与不动产两类进行分析，在处分不动产的场合，受骗人或被害人仅在主观上具有处分意思还不够，需要进行不动产变更登记才算完成；在处分动产的场合，如受骗人或被害人在处分金钱时，只需要将对该金钱的支配控制范围从己方转移给对方即可认定对方对该金钱的占有。❸

由此可知，刑法上处分行为的概念不可与民法上财产处分行为的概念同日而语。民法上财产处分行为的概念侧重于从财产所具有的权利角度对该行为所发生的变更、撤销等是否发生法律效果的角度进行判断，而刑法上的财产处分行为则是能够引起财产减损的一切具有外部性的行为。

我国台湾地区民法学者王泽鉴教授将处分行为分为以下四种：最广义的处分、法律上的处分、广义的处分以及狭义的处分。民法中通常所说的处分行为是指广义的处分行为，即直接将某种既存权利予以变更、出让、设置负担或抛弃行为，包括物权行为与准物权行为。物权行为是发生物权法律效果的行为，而准物权行为是以债权或无体财产权为标的的处分行为。❹

对于民法中的财产处分与刑法中的财产处分之间的关系问题，有学者将

---

❶ 张明楷. 诈骗罪与金融诈骗罪研究 [M]. 北京：清华大学出版社，2006：152.
　张志勇. 诈骗罪研究 [M]. 北京：中国检察出版社，2008：63-64.
❷ 中国社会科学院法学研究所《法律辞典》编委会. 法律辞典 [M]. 北京：法律出版社，2003：158.
❸ 团藤重光. 刑法纲要各论 [M] //3 版. 游涛. 普通诈骗罪研究. 北京：中国人民公安大学出版社，2012：152.
❹ 王泽鉴. 民事学说与判例研究 [M]. 北京：中国政法大学出版社，1998：138.

其概括为两种学说，即"民法依存型"与"秩序维持型"。● "民法依存型"学说的内容是指行为人的行为在违反了民事权利义务关系的前提之下才有侵害刑法中财产犯罪所保护的法益的可能性，民事法律所设定的权利义务关系是刑法中财产犯罪成立的前提与基础。"秩序维持型"学说认为，刑法作为各个部门法的保障法，要遵循刑法谦抑性的基本原则，即在能够利用其他法律规范对行为进行有效规制的情况下就尽量不要动用国家刑罚权对该行为进行刑事处罚。针对民刑中财产处分行为的关系问题，由于二者在行为性质、产生原因与法律地位等方面均具有不同的特征，若将刑法中处分行为成立与否附属于民法中的财产处分行为，则会产生无法对被害人的财产权利进行充分保护的消极法律后果。

因此，笔者倾向于支持"秩序维持型"学说。在对财产权利的保护上，刑法中财产犯罪所保护的法益不应仅限于财产所有权一项权能，还应包括在事实上对财产的占有以及其他本权。正如车浩教授所言："刑法上的财产处分概念与民法上的财产处分概念是不一样的。前者并不限于买卖、借贷、担保、放弃请求权等行为，而是包括一切对财产发生影响的外部行为。概言之，这里的关键不在于规范性，而是在于事实性。"●

三、作为、容忍与不作为的处分行为

对于将处分行为划分为作为、容忍与不作为的具体表现形式，学界对此持有不同见解。有的学者认为，诈骗罪中的处分行为不应当包括不作为；有的学者认为容忍是不作为中的一种具体表现形式，对二者无须区分对待；还有的学者认为，不作为形式的处分行为中的作为义务应当与刑法总论中不作为犯的作为义务来源保持一致，但有些学者则持相反观点。

对该理论争议问题，我国刑法理论通说认为，处分行为作为诈骗罪的关键性构成要件要素，其包括受骗人或被害人一切的作为、容忍与不作为。● 德国刑法理论也将处分行为划分为作为、容忍与不作为的情形。我国台湾地区学者林东茂认为："财产处分行为是处分者依其自由决定，直接导致财产减损的任何作为、不作为或容忍。"● 柏浪涛教授指出，此处的作为与不作为的处

● 佐伯仁志，道垣内弘．刑法与民法的对话［M］．于改之，张小宁，译．北京：北京人民出版社，2012：183-185．

● 陈兴良，周光权，车浩，等．刑法各论精释［M］．北京：人民法院出版社，2015：464．

● 张明楷．诈骗罪与金融诈骗罪研究［M］．北京：清华大学出版社，2006：152-154．

● 林东茂．刑法综览［M］．5版．北京：中国人民大学出版社，2009：325．

分行为与作为犯、不作为犯中的作为或不作为并非具有相同的内涵，无须如同不作为犯一样对不作为的处分行为进行作为义务来源的具体考察。❶

在司法实践中，大部分诈骗犯罪案件中的财产处分行为均表现为受骗人或被害人所实施的积极的身体举动。学界对于处分行为表现为作为的形式并不存疑，具有较大争议的是容忍与不作为是否为诈骗罪中处分行为的具体表现形式。容忍形式的处分行为表现为行为人实施欺骗行为使受骗人或被害人陷入处分财产的错误认识进而取走被害人的财产时，受骗人或被害人在主观上明知却对此保持沉默的情形。❷ 不作为的处分行为则主要表现为由于受行为人的欺骗而主动放弃自己的请求权的情形。还有的学者将容忍划归到不作为的处分行为之中，认为凡是不阻止将财物或财产性利益转移给行为人、第三人占有的情形，都属于不作为的处分行为，将容忍视作不作为表现形式中的一部分。❸

首先，对于不作为可否成为处分行为的具体表现形式问题进行论证。车浩教授总结出不作为的几种常见情形，包括不主张权利、延期主张权利、任由权利届期失效、放弃强制执行程序等。❹ 此外，刑法学界对于以不作为的方式实施处分行为时，受骗人或被害人主观上是否具有处分意识的问题也存有一定的争议。日本刑法学者山口厚教授认为，即使受骗人或被害人对以不作为的形式实施了主动将自己财物交给行为人或第三人的行为不存在主观上的认识，但其对于该事态具有一般性的认识即可认定存在诈骗罪中的处分行为。若不存在行为人的欺骗行为，受骗人或被害人必然不会实施相应的行为而避免危害结果的发生。因此，可以将无意识的不作为视作诈骗罪处分行为的一种具体表现形式。❺

笔者并不赞同山口厚教授的观点，笔者认为，此处不作为形式的处分行为仅指受骗人或被害人在主观上具有处分意识而主动放弃所具有的债权请求权或免除对方债务的情形，不包括无意识的以不作为形式实施的处分行为。正如日本刑法学者大塚仁教授所言："在被欺骗者有意识地实施了不请求清偿债务等不作为时，也存在财产性处分行为。"❻ 由此可见，不作为处分行为中

---

❶ 柏浪涛. 论诈骗罪中的"处分意识"[J]. 东方法学，2017（2）：98.

❷ 张明楷. 武大刑事法论坛：第一卷 [M]. 北京：中国人民公安大学出版社，2005：17.

❸ 山口厚. 刑法各论 [M] // 张明楷. 诈骗罪与金融诈骗罪研究. 北京：清华大学出版社，2006：153.

❹ 陈兴良，周光权，车浩，等. 刑法各论精释 [M]. 北京：人民法院出版社，2015：434.

❺ 山口厚. 刑法各论 [M]. 2版. 王昭武，译. 北京：中国人民大学出版社，2011：290.

❻ 大塚仁. 刑法概说（各论）[M]. 3版. 冯军，译. 北京：中国人民大学出版社，2003：295.

依然应当考量被欺骗者主观是否存在处分财产的意识。此外，从处分行为本身所具有的内涵也能够得出相同的结论。通过前文论证可知，处分行为的核心行为要素为转移财产的占有，而刑法上的占有包含事实与规范两个层面，即刑法中的占有不仅包含权利人对于财产支配控制的事实状态，也包含权利人对于财产占有的意思表示。因此，处分行为概念中应当含有受骗人或被害人主观上的处分意识。作为处分行为中的一种表现形式，此处不作为是否为处分行为的具体表现形式的问题也应当在被欺骗者是否存在处分意识的前提下进行具体判断。

　　此处着重论述在诈骗财产性利益的场合，若受骗人或被害人具有不作为形式的处分行为该如何认定的问题。由于财产性利益与狭义的财物在外形特征等方面具有一定的差异性，因此，在处分行为的认定上也存在某些特殊之处。在以债权为处分对象的场合，受骗人或被害人实施的处分行为以对债权请求权的放弃或转让为标志。以"无钱住宿案"为例，本案可以分为两种情形：一是"犯意先行型"，即行为人在住宿前明知自己没钱支付住宿费而办理入住，其非法获取的是店家提供的住宿服务，该有偿服务作为一种财产性利益应当受到刑法的保护。刑法理论通说认为，该行为人的行为构成诈骗罪；二是"住宿先行型"，即行为人在办理入住时并不具有骗免住宿费的意愿，而是在入住的房间快到期时才发现无钱支付，遂产生骗免住宿费的想法，欺骗店家"自己出去送朋友，一会儿回来支付住宿费"的情形。在"住宿先行型"案例中，笔者认为，本案中的受骗人具有以不作为的形式放弃或转让债权请求权的处分行为，行为人可以构成诈骗罪。此处不作为的处分行为是店家在主观上明知行为人以所谓的"送朋友"为借口有可能回来也有可能逃走的情形下而允许其离开，没有阻止行为人离开就会发生诈骗罪处分行为所具有的法律效果。对于无钱食宿行为的定性问题，将在第五章展开详细论述。因此，债权人放弃债权请求权或者说债权人免除债务人的债务属于不作为形式的处分行为。以债务为处分对象的场合，受骗人或被害人所实施的处分行为的成立是以免除行为人的债务为标志的。例如：大陆法系国家的逃账罪、成果诈骗罪，英美法系国家的骗取服务罪、骗逃责任罪等，都是以欺骗的方式使他人免除其或他人享受饮食、加油、租车服务后费用的支出。❶ 综上所述，有意识的不作为是处分行为的具体表现形式之一。

　　其次，对于容忍能否成为处分行为的一种具体表现形式的问题，有学者

---

❶　游涛. 普通诈骗罪研究［M］. 北京：中国人民公安大学出版社，2012：191–192.

认为，可将其视作一种单独处分行为的表现形式；而有学者则认为，容忍实质上就是不作为中的一部分内容，将其归入不作为的表现形式即可。日本刑法学者山口厚教授指出："忍受或者容忍形式的处分行为，一般表现为行为人实施欺骗行为取走被害人财物时，被害人知道对方取走财物但保持沉默。"❶我国学者车浩教授则认为，容忍的常见情形主要包括：受骗人或被害人由于受到行为人的欺骗而陷入错误认识，进而同意行为人将财物取走的情形。❷ 容忍形式的处分行为是受骗人或被害人在主观上意识到行为人取走自己财物行为的性质与后果，同时在客观上没有实施积极举动加以阻止而是默认行为人取走财物的行为。

以最高人民法院编著的《刑事审判参考》一书中的一则具有代表性的司法案例为例，分析容忍形式的处分行为在诈骗犯罪案件中是如何认定的。行为人甲与行为人乙商议一起"搞"一辆摩托车，乙雇来有摩托车的被害人丙，以等人为由让丙停车，在丙下车还未拔掉摩托车钥匙之际，行为人乙开走了被害人丙的摩托车，丙起身欲追赶，此时行为人甲对丙说，乙只是去找人一会儿就会回来，以此谎话"稳住"了丙。后来，甲趁机也逃跑了。此摩托车价值近5 000元。❸ 对于本案中乙骑走丙的摩托车后，甲哄骗丙而致使丙不去追赶乙的行为该如何定性的问题，学界存有两种不同的观点：一种意见是认为该行为构成诈骗罪。甲乙均以非法占有摩托车的目的而欺骗丙，最终骗取了被害人丙数额较大的财物，符合诈骗罪的犯罪构成要件。另一种意见是该行为构成抢夺罪。甲和乙获取摩托车占有的方式并非丙基于错误认识而主动交付，而是乙的公然抢夺行为起到了关键性的作用。因此，应当以抢夺罪对甲和乙进行定罪量刑。法院最终对甲、乙的行为按照诈骗罪论处。笔者同意法院最终的判决结果。本案中行为人乙骑走摩托车的举动看似是公然抢夺，但被害人丙在有时间也有能力追赶的情况下放弃追赶的真正原因是，丙受到甲的欺骗而陷入处分财物的错误认识之中，相信乙骑走自己摩托车的行为并非要非法占有，而是有其合理正当的理由。丙是以默认或者说容忍的方式转移了摩托车的占有。因此，容忍也应当属于诈骗罪处分行为的具体表现形式之一。

最后，有学者认为不应当将不作为与容忍作为处分行为的两种具体表现

❶ 山口厚. 刑法各论 [M] //张明楷. 诈骗罪与金融诈骗罪研究. 北京：清华大学出版社，2006：153.

❷ 陈兴良，周光权，车浩，等. 刑法各论精释 [M]. 北京：人民法院出版社，2015：434.

❸ 中华人民共和国最高人民法院刑事审判第一、二庭. 刑事审判参考（2001年第12辑，总第23辑）[M]. 北京：法律出版社，2002：34-37.

形式，而应当将容忍归入不作为的处分行为之中，二者是包含与被包含的关系。但笔者认为，容忍与不作为的表现形式还是存在区别的，二者有交叉之处，但并不存在包含与被包含的关系。二者的相同点表现在，无论是容忍还是不作为的表现形式，受骗人或被害人主观上均具有处分财产的意识，只是客观上的处分形式并不相同。容忍表现为在受骗人或被害人允许的前提之下，行为人主动进入被害人财产领域转移财产占有的情形；不作为的处分行为则表现为受骗人或被害人由于受到欺骗而误以为自己不享有债权或行为人不负有债务，进而放弃债权请求权或免除行为人债务的情形。二者在实施转移占有的主体上存在一定的差别。因此，不作为与容忍的具体表现形式在认定处分行为的过程中具有各自独立的价值与意义，应当将二者同时作为处分行为独立的具体表现形式。

第三节　处分行为的处分对象

对于诈骗罪中处分行为的处分对象问题，大陆法系国家刑法对此规定并非完全一致。有的国家采取概括的方式，将财物与财产性利益规定在同一条款之中，例如：韩国刑法与《俄罗斯联邦刑法典》均将诈骗罪的对象财物与财产性利益规定在同一条款之中。然而，有的国家则采取将财物与财产性利益分别规定的方式，例如：日本刑法与英国《1968 年盗窃罪法》，将处分对象为财物与财产性利益的情形分别规定在不同的条款之中。

本节主要阐述的是以德国、日本为代表的大陆法系国家，其刑法理论是如何对诈骗罪处分行为的处分对象问题进行相关的规定，进而与我国刑法理论中对这一问题的规定进行对比分析。

一、大陆法系国家刑法中诈骗罪处分行为的处分对象

对大陆法系国家刑法中诈骗罪的处分行为的处分对象问题进行详细研究，原因有二：首先，准确界定诈骗罪处分对象所具有的内涵与外延将有助于厘清刑法财产犯罪的对象问题，进而为司法工作人员对财产犯罪案件中行为人行为的准确定性提供刑法理论支撑；其次，诈骗罪与盗窃罪作为两个古老而又崭新的财产犯罪罪名，在司法实践过程中不断地涌现出新型的诈骗案件、盗窃案件与"盗骗交织型"财产犯罪案件，其中的"新型"则体现在犯罪手段更加智能化、犯罪行为更具隐蔽性、犯罪对象更具新颖性等方面。与传统的财产犯罪案件相比较，出现以"虚拟财产"为代表的新型财产犯罪对象，

对该"虚拟财产"的财产属性应当如何界定,是否属于刑法上财物的范畴,是否能够将其视作财产犯罪对象加以刑法保护,学界对此存有较大争议。根据前文论证可知,诈骗罪中的处分行为具有有效区分盗窃罪与诈骗罪的重要功能,因此,厘清处分行为中的处分对象问题将有助于充分发挥处分行为所应具有的功能与作用。此外,大陆法系国家中部分国家的刑法规定诈骗罪的犯罪对象与盗窃罪的犯罪对象并不一致,因此,对于大陆法系中具有代表性国家刑法的规定进行梳理与分析,将有助于厘清该犯罪行为是构成诈骗罪,还是盗窃罪。

(一) 德国刑法中诈骗罪处分行为的处分对象

根据《德国刑法典》第 263 条的规定可知,诈骗罪的对象包括财物与财产性利益。德国刑法条文中对于财产犯罪的对象主要采取的是"物"与"财产"的表述。李强博士指出,德国刑法中"财产"的概念是从整体价值的角度进行考量,泛指一切具有财产价值内容的东西。❶ 此外,对于电力的属性问题,德国帝国裁判所从"有体性说"的立场出发,认为电力并不具有财物属性,对盗用电的行为应该另外立法,不能按照盗窃罪进行定罪处罚。❷

(二) 日本刑法中诈骗罪处分行为的处分对象

《日本刑法典》第 246 条第 1 项规定:"欺骗他人并使之交付财物的,处 10 年以下惩役。"第 246 条第 2 项规定:"以前项方法,取得财产性利益,或者使他人取得该利益的,与前项同。"❸ 按照日本刑法学者的惯例,将第 246 条第 1 项称作"第一项诈骗罪",将第 246 条第 2 项称为"第二项诈骗罪"。由此可见,日本刑法将财物与财产性利益均作为诈骗罪的对象并且采取分别规定的方式列于不同的款项之中。

1. 财物

在日本刑法理论中,一般认为,诈骗罪中的财物与盗窃罪中的财物并不相同,前者既包括动产也包括不动产,后者则不包括不动产。二者存在不同的原因就在于,其在犯罪客观方面存在较大差异。在诈骗罪中,行为人通过实施欺骗行为使受骗人或被害人陷入处分财产的错误认识,进而使后者主动

---

❶ 李强. 财产性利益犯罪的基本问题 [M]. 北京:法律出版社,2020:21.

❷ 大塚仁,等. 刑法解释大全(第 9 卷)[M] //刘明祥. 财产罪比较研究. 北京:中国政法大学出版社,2001:22.

❸ 西田典之. 日本刑法各论 [M]. 刘明祥,王昭武,译. 北京:中国人民大学出版社,2007:147.

实施转移财物占有的行为。在涉及诈骗不动产的情形中，受骗人或被害人的处分行为则表现为将该不动产登记到行为人或第三人的名下，此时不动产的占有发生转移。然而，在盗窃的场合中，行为人是在违背被害人意志的情形下主动侵入其财产领域转移财产占有并建立起自己新的占有的过程。由于取得不动产所有权的方式为变更产权登记，因此，在违背被害人意志的情形下是无法实现不动产的变更登记的，行为人也就无法真正取得该不动产。

根据《日本刑法典》第 251 条、第 245 条之规定，电力也被视作财物。❶关于电力是否能够成为刑法中的财物，学界对此产生了较大的争论。持有"有体性说"的学者认为，电力并不具有财物的本质特征，若将其划归到财物的范畴内，该法条将被视作法律拟制（特别规定）。也就是说，电力本来并不属于财物，只是法律强行规定令其成为刑法上的财物而已。持有"管理可能性说"的学者则认为，电力作为无体物本就应当属于刑法中财物的范畴，该法条应当属于注意规定，而非特别规定。然而，日本新刑法对于电力是否属于财物的问题进行探讨时强调，"电力不是财物，为了处罚窃电行为，有必要设立本法案"。❷因此，将电力视作刑法上的财物是为了解决司法实践中出现的大量窃电行为。大谷实教授指出，"成为诈骗罪对象的财物是他人（自然人、法人）占有的动产或不动产。即便是自己的财物，在被他人占有的时候，或者根据公务机关的命令由他人看管的时候，也看作他人的财物。"❸综上所述，日本刑法中诈骗罪的处分对象之财物既包括动产也包括不动产，同时，电力被视作财物受到刑法的保护。

2. 财产性利益

根据《日本刑法典》第 246 条第 2 项的规定可知，与狭义的财物一样，财产性利益作为诈骗罪的对象得到刑法保护。从外形来看，财产性利益虽不具有财物的外在形态，但究其本质，二者是具有一致性的。财产性利益是指除狭义财物之外，一切能够使积极财产增加的利益，如债权的增加、消极财产减少、免除债务、延期履行债务等。西田典之教授强调，在免除债务、暂缓履行或偿还债务的场合，为了确认被害人所遭受的财产损失，受骗人或被害人所实施的免除行为人债务或暂缓其履行偿还债务的处分行为需要与处分财物的场合具有同等的明确性与具体性，唯有如此，才能达到诈骗罪中处分

---

❶　大塚仁. 刑法概说（各论）[M]. 3 版. 冯军, 译. 北京：中国人民大学出版社, 2003：275.

❷　松宫孝明. 刑法各论讲义 [M] //杜文俊. 司法实践视阈下财产犯罪法益及相关理论研究. 上海：上海社会科学院出版社, 2017：107.

❸　大谷实. 刑法各论 [M]. 2 版. 黎宏, 译. 北京：中国人民大学出版社, 2008：236.

行为所具有的法律效果。❶

此外,日本刑法理论通说认为,劳务与服务也应当属于财产性利益的范畴。但作为诈骗罪处分对象的财产性利益,此处的劳务与服务必须是有偿性的劳务与服务。有学者指出,日本刑法规定的诈骗罪第 2 项中说,得到财产上不法的利益或者使他人得到财产上不法的利益。其中"不法"并非指该财产性利益的法律性质是无效的,而是指行为人或第三人获取该财产性利益的欺骗行为本身是违反刑事法律规定的。❷

清晰界定财物与财产性利益的内涵与外延之根本原因在于,日本刑法对诈骗罪与盗窃罪的对象规定并非完全一致。根据日本刑法对盗窃罪的规定可知,盗窃罪的对象仅限于狭义的财物,而不包括财产性利益。换言之,盗窃财产性利益的行为不可罚。然而,根据上文论述可知,日本刑法中诈骗罪的对象包括财物与财产性利益。在涉及财产性利益的场合,利益盗窃的行为不可罚,是否能够按照诈骗罪定罪处罚,需要判断该行为是否满足诈骗罪的犯罪构成要件,是否符合诈骗罪的基本逻辑构造。若无法按照诈骗财产性利益进行定罪处罚,则行为人的行为只能按照无罪处理,那么就有可能违反刑法罪责刑相一致的基本原则,不利于对被害人的财产权利进行保护。如何处理该理论困境,则涉及对于处分行为的主观要素处分意识要否的判断问题,关于处分意识的理论争议问题将在第三章详细展开论证。

二、英美法系国家刑法中诈骗罪处分行为的处分对象

英美法系国家和地区的刑法对于诈骗罪大多采取简明概括式的规定。❸然而,有些英美法系的国家和地区则采取将窃取与骗取行为结合起来进行定罪的方式,如:美国《模范刑法典》第 233 条第 3 款规定:"以欺骗行为蓄意取得他人之财物者,即犯窃取罪……"❹

我国刑法对诈骗罪处分行为中的"处分"理解为转移财产的占有,而在美国刑法中,其诈骗罪的成立需要被害人将自己的财产所有权转移给对方,

---

❶ 西田典之. 日本刑法各论 [M]. 刘明祥,王昭武,译. 北京:中国人民大学出版社,2007:148.

　松宫孝明. 刑法各论讲义 [M]. 4 版. 王昭武,张小宁,译. 北京:中国人民大学出版社,2018:205.

❷ 大塚仁. 刑法概说(各论)[M]. 3 版. 冯军,译. 北京:中国人民大学出版社,2003:294.

　大谷实. 刑法各论 [M]. 2 版. 黎宏,译. 北京:中国人民大学出版社,2008:249.

❸ Podgor, Ellen S. Criminal Fraud [J]. American University Law Review, 1999(4):736-740.

❹ 赵秉志,谢望原,李希慧,等. 英美刑法学 [M]. 北京:中国人民大学出版社,2004:371.

只是转移财产的占有权并不能满足诈骗罪的犯罪构成要件。❶ 如何判断被害人转移的是财产的占有权还是所有权，需要结合被害人的主观意图进行综合判断。在大部分案件中可以根据被害人的主观意图进行判断，然而在某些案件中则需要结合被害人所处分的对象来判断被害人的主观意图，判断的标准主要有两个：

其一，若被害人处分的是除金钱以外的财物，被害人与行为人签订书面合同或者口头约定将该财物出售给行为人，则可以认定被害人存在诈骗罪意义上的处分行为；反之，若被害人只是将该财物借给行为人使用，则客观上交付财物的行为无法成立诈骗罪中的处分行为，行为人只能构成盗窃罪。❷ 在美国加利福尼亚州发生过类似的案例，行为人甲欺骗 4S 店的销售人员乙，说欲将车开回家给妻子看一看再决定是否购买，销售人员乙令甲交纳 20 美元押金后同意其将车开回，此后，行为人甲逃之夭夭。美国法院认为，行为人甲的行为构成盗窃罪，而非诈骗罪。由于乙并不具有转移汽车所有权的主观意图，因此不满足诈骗罪的犯罪构成要件。❸ 然而，按照我国刑法对诈骗罪的相关规定，该案件中行为人甲的行为应当构成诈骗罪。我国刑法中诈骗罪的处分行为的"处分"内涵是转移财产占有，不要求受骗人或被害人在主观上具有转移财产所有权的意图。

其二，如果被害人处分的是金钱本身，在判断标准上则与其他财物有所不同。由于金钱作为一般等价物，并不具有特定性，一般认为只要被害人将金钱主动交给行为人，就可以认定行为人构成诈骗罪，无须判断被害人在转移金钱时主观上是否具有转移占有还是转移所有的意思表示。但是如若被害人为了完成特定目的而将金钱交付给行为人，此时，在行为人未按照约定完成任务之前，行为人对该笔金钱只是占有，并不具有所有权。❹

对于诈骗罪的对象，美国早期法律中只包括一些有形动产，然而，目前美国有些州增加了该范围，将不动产与劳动、服务也涵盖其中。❺ 英国《1968 年盗窃罪法》将诈骗财物与诈骗财产性利益分别进行规定，第 15 条规定的是

---

❶ Dunbar, Frederick C. Fraud on the Market Meets Behavioral Finance [J]. Delaware Journal of Corporate Law, 2006 (2)：465-472.

❷ Roger J, Smith. Property Law (Eighth Edition) [M]. Pearson, 2014：12-16.

❸ Sanford H. Kadish, Stephen J. Schulhofer and Rachel E. Barkow. Criminal Law and Its Process: Cases and Materials [J]. Wolters Kluwer Law & Business, 2012：1059.

❹ 刘士心. 美国刑法各论原理 [M]. 北京：人民出版社，2015：233-235.

❺ 赵秉志，谢望原，李希慧，等. 英美刑法学 [M]. 北京：中国人民大学出版社，2004：376.

诈骗财物的犯罪，第 16 条规定的是诈骗财产性利益的犯罪。❶

三、我国刑法中诈骗罪处分行为的处分对象

诈骗罪作为一个重要的财产犯罪罪名被规定在我国《刑法》第五章侵犯财产罪之中，由此我国刑法学界对诈骗罪的处分对象问题产生了较大争议，即诈骗罪中的"财物"与侵犯财产罪中的"财产"是否具有相同的内涵；诈骗罪中的财物是否包含财产性利益。为厘清上述理论争议问题，需要准确地界定何为"财物"，何为"财产性利益"，二者是否能够同时成为诈骗罪处分行为的处分对象，其理论依据何在。

（一）"财物"内涵的界定

从文义的角度对"财物"进行解释，即财产与物资的简称。"财"是金钱和物资的总称；"物"是质量的空间分布，必具质量与体积。❷ 从外在表现形态上来看，财物是具有客观实在性的有形物体，然而，此问题在刑法理论界引起了较大的争议，即财物的范围是否仅限于有体物，是否包含其他的物质形态。由此，学界产生了以下三种具有代表性的学说观点：第一，主张财物仅限于有形物体的"有体性说"；第二，主张除包含有体物之外，还应当包含从物理范畴上能够对其进行管理的财物的"物理管理可能性说"，该学说在"有体性说"的基础上拓宽了财物的涵盖范围；第三，主张对其能够进行事务性管理的一切物体都囊括进财物范畴的"事务管理可能性说"，该学说在"物理管理可能性说"的基础上进一步丰富了"财物"的内涵。❸

在我国刑法理论中，对财物的理解，大多数学者均赞同财物既包括有体物也包括无体物的观点。❹ "有体性说"的观点过于限缩了刑法中财物所应当囊括的范围，因此，极少有学者赞同该学说。大部分学者均赞同"管理可能性说"的观点，如我国刑法学者陈洪兵教授指出，财产的客观价值与主观价值是其所具有的本质特征，具有价值并且能够为人所支配管理的有体物与无

---

❶ 张明楷. 诈骗罪与金融诈骗罪研究［M］. 北京：清华大学出版社，2006：18.

❷ 杜文俊. 司法实践视阈下财产犯罪法益及相关理论研究［M］. 上海：上海社会科学院出版社，2017：106.

❸ 西田典之. 刑法各论［M］//张明楷. 诈骗罪与金融诈骗罪研究. 北京：清华大学出版社，2006：13.

❹ 张明楷. 刑法学（下）［M］. 5 版. 北京：法律出版社，2016：932.
　高铭暄，马克昌，等. 刑法学［M］. 北京：北京大学出版社，高等教育出版社，2011：505.
　王作富，等. 刑法分则实务研究（中）［M］. 北京：中国方正出版社，2013：930.

体物，均应当属于刑法财产犯罪中的对象。过去，在日本刑法学界处于通说地位的是"物理管理可能性说"，但该学说乃至"事务管理可能性说"受到越来越多学者的质疑，他们认为"管理可能性说"将导致财物的范围难以被准确界定，具有违反刑法罪刑法定原则之嫌。因此，为了克服"管理可能性说"中所存在的缺陷，如今，日本刑法学界普遍赞同"有体性说"的观点。

在日本刑法中，利益盗窃行为不可罚，如果采纳"管理可能性说"的观点，财产犯罪对象的范围被拓宽，则有可能导致利益盗窃行为成为具有刑事可罚性的犯罪行为，从而造成刑法理论与司法实践不一致的混乱局面。但是，我国刑法对于财产犯罪的对象问题采取统一立法模式，并未单独规定利益盗窃的行为不可罚，即无论该犯罪行为侵犯的是狭义的财物还是财产性利益，均应当以相应的财产犯罪罪名进行刑事处罚。所以，我国刑法理论采纳"管理可能性说"的观点并不存在刑事立法上的障碍。

此外，陈洪兵教授强调，财物对于主体具有客观经济价值固然重要，但其所具有的主观情感价值也不容忽视。当某物对某人具有特殊的纪念意义或情感方面的满足时，刑法应当对该财物进行相应的保护。"刑法中的'财物'，是指存在一定客观价值或者主观价值，具有管理可能性的财产，包括有形物、无形物以及财产性利益。"❶

张志勇博士大体上赞同陈洪兵教授的观点，即对于诈骗罪所侵犯的对象应当从广义的角度进行理解，包括生活资料和生产资料、自然物和劳动产物、动产、不动产，还包括无主物、无体财物、违禁品、祭葬物、人的身体以及财产凭证。他的观点为，刑法上的财物应当仅仅限定在客观上具有经济价值之物，而当行为人侵犯其所具有的其他方面的价值时不应当以财产犯罪的罪名对其进行规制，不应当将该物作为刑法上的财物来进行保护。❷ 更有学者从界定财产犯罪中财物所具有的本质特征角度出发，认为"物理管理可能性说"相较于"有体性说"与"事务管理可能性说"，更能体现刑法对公民财产权利进行保护的刑事立法目的，同时也较为恰当地限定了刑法中财物的范围。❸

张明楷教授倾向于赞同"管理可能性说"的观点，他指出，刑法上的财物应当包括有体物与无体物。首先，随着社会的飞速发展，所有权对象的范

❶ 陈洪兵. 财产犯罪之间的界限与竞合研究 [M]. 北京：中国政法大学出版社，2014：51-53.
❷ 张志勇. 诈骗罪研究 [M]. 北京：中国检察出版社，2008：36-38.
❸ 杜文俊. 司法实践视阈下财产犯罪法益及相关理论研究 [M]. 上海：上海社会科学院出版社，2017：108-109.

围在逐渐拓宽,商标权、专利权、著作权等具有经济价值的无体物也能够成为所有权的对象,也应当受到刑法的保护;此外,根据我国《刑法》第265条以及《最高人民法院关于审理盗窃案件具体应用法律若干问题的解释》第1条的规定,电力属于盗窃罪中的犯罪对象,受到刑法的保护,那么诈骗罪的处分对象中的财物当然也应当包括无体物。❶ 与上述学者观点不同的是,刘明祥教授认为界定财物范围最恰当的标准是,运用"原则+例外"的方式加以界定。具体来说,在一般情形下,应当以"有体性说"为判断标准对处分对象加以认定;与此同时,刑事立法部门应当将被"有体性说"排除在外的无体物进行明文规定,只要法律有明文规定,即可认定为刑法中的财物,否则无法被视作财物加以刑法保护。❷ 在刑法理论层面,可以使财物的范围得到最精细化的规定,但瞬息万变的司法实践将导致该观点难以得到充分的贯彻与实现。

(二)"财产性利益"内涵的界定

从广义角度来看,"财产性利益"包含财物以及除了财物以外的其他财产性利益;从刑法理论角度来看,一般认为"财产性利益"是除了财物以外的其他一切具有价值的利益。对于财产性利益是否可以成为诈骗罪处分对象以及若将财产性利益作为诈骗罪处分对象是否有违刑法罪刑法定原则之嫌的问题,学界产生了较大的争议。

我国刑法理论通说一般认为,财产性利益是指普通财物以外的无形的财产上的利益,包括积极利益的增加(获得债权)与消极利益的减少(减少或免除债务)。该财产性利益可以是永久性的利益,也可以是一时性的利益。❸

反对将财产性利益囊括进诈骗罪处分行为之处分对象的学者认为,我国刑法之所以不将财产性利益与狭义的财物一样作为诈骗罪的处分对象,是因为我国与日本在刑事立法上存在根本差别,即日本刑法将犯罪对象为财产性利益的行为单独进行规制,而我国刑法并未采取此种方式。因此,从盗窃罪中窃取行为的性质来看,财产性利益无法成为此罪的犯罪对象。❹ 此外,还有学者指出,若将财产性利益作为盗窃罪的犯罪对象,那么该罪名的犯罪构成

❶ 张明楷. 诈骗罪与金融诈骗罪研究 [M]. 北京:清华大学出版社,2006:14-16.
　张涛. 普通诈骗罪研究 [M]. 北京:中国人民公安大学出版社,2012:103.
❷ 刘明祥. 财产罪比较研究 [M]. 北京:中国政法大学出版社,2001:24.
❸ 张明楷. 诈骗罪与金融诈骗罪研究 [M]. 北京:清华大学出版社,2006:34.
❹ 徐岱,刘余敏,王军明. 论虚拟财产刑法保护的现状及其出路 [J]. 法制与社会发展,2007(5):122.

要件的定型性将受到破坏，同时也有可能出现将不应当处罚的行为按照犯罪行为处罚的不利后果。❶ 此外，我国传统刑法理论认为，从一般意义上来讲，财物并不包含财产性利益。❷

"肯定说"论者的主张是，随着经济社会财产形态的日益多元化，财产性利益在社会经济生活中所占的比重越来越大，从而导致社会对财产性利益进行刑法保护的呼声也愈加高涨。"肯定说"论者认为，诈骗罪处分对象应当包括财物与财产性利益。❸ 具体论证理由如下：首先，诈骗罪被规定在我国刑法第五章"侵犯财产罪"之中，如何理解"财产"所具有的内涵成为准确界定诈骗罪处分对象的前提和关键。根据我国《刑法》第92条对公民私人所有财产的规定："本法所称公民私人所有的财产，是指下列财产：（一）公民的合法收入、储蓄、房屋和其他生活资料；（二）依法归个人、家庭所有的生产资料；（三）个体户和私营企业的合法财产；（四）依法归个人所有的股份、股票、债券和其他财产。"从该条文可以得出，"财产"不仅包括有客观实在性与经济价值性的财物，也包括如股票、债券在内的具有财产价值并且能够满足人们需求的财产性利益。该法条虽然未规定在我国《刑法》第五章"侵犯财产罪"中，但从刑法体系解释的视角来看，该法条中对财产内涵的界定也应当适用于财产犯罪。其次，从外观特征上来看，虽然财产性利益不具有财物的客观实在性，但财产性利益存在的本身就是财产价值的体现，同时能够满足主体的利益需求，将财产性利益作为诈骗罪处分对象具有理论逻辑自洽性与司法实践的妥当性。

例如：行为人甲伪造借条欺骗被害人乙，并对乙说："我欠你的1万元已经于上个月通过银行转账还给你了。"被害人乙由于公务繁忙无暇顾及，便对甲说的话信以为真，并撕毁了留在自己手中的借条。在本案中，行为人甲通过伪造借条的方式欺骗被害人乙，进而使乙陷入处分财产性利益的错误认识之中，最终遭受了1万元的财产损失，即丧失价值1万元的债权。被害人乙本来对行为人甲享有1万元的债权请求权，但由于受到甲的欺骗而主动放弃

---

❶ 童伟华. 论盗窃罪的对象 [J]. 东南大学学报：哲学社会科学版，2009（4）：71.

❷ 赵秉志. 侵犯财产罪 [M]. 北京：中国人民公安大学出版社，2003：12-13.
高铭暄，马克昌. 刑法学 [M]. 北京：北京大学出版社、高等教育出版社，2011：505.

❸ 张明楷. 刑法学（下）[M]. 5版. 北京：法律出版社，2016：932-933.
黎宏. 刑法学各论 [M]. 北京：法律出版社，2016：289-291.
周光权. 刑法各论 [M]. 北京：中国人民大学出版社，2016：89.
王俊. 刑法中的"财物价值"与"财产性利益" [J]. 清华法学，2016（3）：39-56.
陈兴良. 虚拟财产的刑法属性及其保护路径 [J]. 中国法学，2017（2）：146-172.

该请求权，行为人甲由此获取相应的财产性利益。如果将财产性利益排除在诈骗罪的处分对象之外，被害人乙自愿放弃 1 万元债权请求权的行为将无法被认定为诈骗罪中的处分行为，因此，对行为人甲也无法以诈骗罪进行定罪量刑。与此同时，在本案中，由于被害人乙主动对自己的财产性利益进行处分，并不存在行为人违背被害人意志转移占有的行为，因此，行为人甲的行为并不满足盗窃罪的犯罪构成要件。如此看来，若不将财产性利益作为处分对象，行为人将既不构成诈骗罪也无法构成盗窃罪，被害人所遭受的财产损失将无法得到刑法的保护。❶

（三）财物与财产性利益的关系

通过上述对"财物"与"财产性利益"的内涵界定可知，从狭义的角度来看，财产性利益是除了狭义的财物之外的一切具有经济价值的利益。根据不同学说的观点，将得出"财物"所包含的不同内容。对于财物与财产性利益的关系问题，我国刑法理论通说的观点是，"财物"与"财产"二者并无明显区分，在一般情况下，将二者在相同的意义上使用，"财物"既包括有体物、无体物，也包括财产性利益，财产性利益为我国财产犯罪的对象，二者之间具有包含与被包含的内在逻辑关系。笔者同意刑法理论通说的结论，具体论证理由如下：

首先，从刑法的具体规定来看，财产犯罪被规定在我国刑法第五章"侵犯财产罪"之中，其中的"财产"意味着财产性利益也被涵盖其中。纵观我国《刑法》第 91 条有关对公共财产的具体规定以及第 92 条对公民私人所有财产的规定可以得出，此处的"财产"不仅将公共财产涵盖其中，也包括公民私人所有财产。由此可见，我国刑法对"财产"具体内涵的界定不仅包括具有客观实在性与经济价值性的金钱、房屋等生产和生活资料，同时也将具有经济价值的股票、债权等财产性利益涵盖其中。由此可以得出，我国财产犯罪中的对象是包含财产性利益在内的，而且该财产性利益与狭义的财物处于同等的法律地位，具有同等价值。我国大部分刑法学者均赞同将财产性利益作为财产犯罪的对象加以保护的观点，❷ 只是其中有部分学者强调，将财产性利益作为财产犯罪对象应当受到某些条件的限制。❸ 仅有少数学者认为，若

---

❶ 陈洪兵. 财产犯罪之间的界限与竞合研究 [M]. 北京：中国政法大学出版社，2014：54.
❷ 陈兴良. 虚拟财产的刑法属性及其保护路径 [J]. 中国法学，2017（2）：166-171.
   黎宏. 论盗窃财产性利益 [J]. 清华法学，2013（6）：127-130.
❸ 马寅翔. 限缩与扩张：财产性利益盗窃与诈骗的界分之道 [J]. 法学，2018（3）：47-52.
   王骏. 刑法中的"财物价值"与"财产性利益" [J]. 清华法学，2016（3）：54-56.

将财产性利益作为财产犯罪的对象对"财产"概念本身进行扩张解释，将有违刑法罪刑法定原则的嫌疑，所以对此问题应当采取谨慎保守的态度。[1]

其次，从狭义财物所具有的客观实在性角度来看，财产性利益并不具有与财物一样的外部特征，其经济价值需要通过一定的物质载体予以体现，二者仅仅在表现形式上具有差异性，其本质是相通的。[2] 例如：所有权人所持有的股票、债券等财产性利益，虽然该财产性利益本身并不具有客观实在性，但其经济价值是通过股票、债权等权利凭证予以体现的，该凭证具有客观实在性。因此，以财产性利益不具有客观实在性为由而否定其作为财产犯罪的对象并不成立。此外，该财产性利益同时兼具使用价值与交换价值，其交换价值在市场流通过程中得以充分体现，所以，财产性利益与财物一样具有经济价值性，应当受到刑法的充分保护。

---

[1] 姚万勤，陈鹤. 盗窃财产性利益之否定：兼与黎宏教授商榷 [J]. 法学，2015（1）：53-65.

[2] 李佩遥. 侵犯网络虚拟财产行为之定性研究：以 73 份判决书为样本的分析 [J]. 大连理工大学学报：社会科学版，2020（7）：87.

第三章
诈骗罪处分行为的主观要素

关于诈骗罪处分行为的相关理论争议问题，国内外刑法学界争论的焦点为诈骗罪处分行为的主观要素即处分意识的理论争议问题。关于处分意识的理论争议大致存在以下几个方面：第一，处分意识是否为认定处分行为时必须考虑的主观构成要件要素，换言之，处分意识的要否问题；第二，以何为判断标准来界定处分意识的内容。传统刑法理论认为，"处分意识必要说"处于通说的地位，该学说更加具有逻辑自洽性。然而，随着新型支付方式的代际演变，司法实践中涌现出大量在无意识情形下"拱手相让"自己财物或财产性利益的犯罪案件。因此，学者们赞同"处分意识不要说"的呼声则越来越高，"处分意识必要说"的通说地位受到了来自"处分意识不要说"的挑战、质疑与撼动。除了处分意识要否之争，处分意识内容的界定问题同样引起刑法学界与司法实务界的热议。处分意识内容界定范围的不同将直接影响司法实践中对于相关案件的定性。所以，准确且合理地界定处分意识所应具有的内容不仅有助于构建更加完善的财产犯罪理论体系，还有助于为司法实践部门指明具体的操作方向。

第一节　处分意识的概述

处分意识是处分行为的主观要素，在探讨处分意识的相关理论争议问题之前，需要界定清楚何谓"处分意识"，对于处分意识能力的判断标准问题是否与民法上的判断标准保持一致。处于诈骗罪基本逻辑构造第二环节的错误认识同样是受骗人或被害人主观方面的要件要素，该错误认识与处分意识在逻辑关系或者主观认识内容上存在哪些区别与联系，本节内容将对上述疑问进行详细的阐述与论证。

一、处分意识的概念

对于何谓"处分意识"的问题，日本刑法学者前田雅英教授认为，作为处分行为的主观面的处分意思，是指认识到财产的占有或者利益的转移及其所引起的结果。❶ 我国刑法学者指出，处分意识作为处分行为的主观要素，代表着受骗人或被害人在进行财产转移占有过程中主观上对该行为性质及其可能产生的结果的认知。❷ 车浩教授指出，处分意识，是指在财产处分过程中，处分人主观上认识到财产状态会发生改变。❸ 虽然国内外刑法学者对于"处分意识"的具体表述并非完全一致，但表述的本质内容是相同的，均着重强调对处分财产行为所产生的结果的认识。

此外，我国还有学者从以下三个视角对处分意识进行了详细的考察：首先，需要对处分行为的本质有明确的认识，具体来说，受骗人或被害人需要对自己转移占有的行为本身具有认知；其次，从处分对象的角度对处分意识加以理解，即受骗人或被害人需要对即将处分的财产的各方面属性有清晰的认识；最后，需要对处分财产的权利归属具有一定的认知，即对该财产是否具有所有权、是否合法占有该财物等。然而，该学者认为，对于处分意识所应当具有的内涵，从上述第二个视角进行理解即可。❹ 笔者赞同该学者对处分意识进行全方位考察的视角，但无法赞同他所得出的结论。该学者强调，对于处分意识应当从上述第二个视角即从处分对象的角度对处分意识进行理解，笔者的观点是，该结论并不能全面展现处分意识在诈骗罪中所具有的重要功能与作用。处分意识作为处分行为的主观要素，具有限缩处分行为成立范围的效用。因此，在界定何谓"处分意识"时也应当结合处分行为所具有的本质特征对其进行综合考量。

综上所述，笔者认为，"处分意识"是指受骗人或被害人由于受到行为人的欺骗而陷入处分财物或财产性利益的错误认识，进而实施转移财产占有的行为，受骗人或被害人对于该处分行为本身以及该行为所产生的后果的认识。处分意识不仅包含错误认识中对具体财物或财产性利益的属性所产生的主客观不一致的情形，还应当涵盖受骗人或被害人对于处分行为本身以及该行为所产生后果的认识。

---

❶ 前田雅英. 刑法讲义各论［M］//张明楷. 诈骗罪与金融诈骗罪研究. 北京：清华大学出版社，2006：158.

❷ 刘明祥. 论诈骗罪中的交付财产行为［J］. 法学评论，2001（2）：68.
　秦新承. 认定诈骗罪无需处分意识：以利用新型支付方式实施的诈骗案为例［J］. 法学，2012（3）：156.

❸ 陈兴良，周光权，车浩，等. 刑法各论精释［M］. 北京：人民法院出版社，2015：441.

❹ 张鹏，厉文华. 诈骗罪处分意识的类型化解释［J］. 人民司法，2011（13）：72.

二、处分意识能力的判断标准

在刑法理论中，关于处分意识能力的判断标准问题，学界也存在一定的争议。由此形成了两种对立的观点，即"处分意识能力的刑法理论说"与"处分意识能力的民法理论说"。

（一）处分意识能力的刑法理论说

持有"处分意识能力的刑法理论说"的论者认为，虽然刑法作为各个部门法的保障法，需要充分体现刑法所具有的谦抑性，但在处分意识能力的判断标准问题上，刑法不应当处于附属性的地位，而应具有其自身相对的独立性。对于受骗人或被害人是否具有诈骗罪意义上的处分意识能力问题，不应当按照民法中对行为人的行为能力判断标准进行衡量，而应当以刑事责任能力的判断标准为前提对受骗人或被害人在事实上是否能够认识并理解该转移占有的行为及其后果进行判断。如果能够理解，则认为受骗人或被害人具有处分意识能力，反之，则不具有处分意识能力。例如：行为人甲与乙（年满14周岁）的父母是朋友，行为人甲编造谎言欺骗乙说："你爸爸让我来取你的自行车骑一个星期。"乙信以为真并将自己的自行车交给甲。如果按照"刑法理论说"的观点进行判断，在刑法中，对于是否具有处分意识能力的判断与民法上的民事行为能力的判断标准无关，不应当按照民法对行为人行为能力的判断标准来衡量受骗人或被害人是否具有刑法上的处分意识能力。因此，本案中，如果乙对于自己的财物本身以及处分财物的行为与后果具有认识，则可以认定乙是具有处分意识能力的，因此，行为人甲可以构成诈骗罪。

该学说在德国刑法理论中处于通说地位，与此同时，在日本、韩国的刑法理论中也受到大多数学者的赞同。例如：日本刑法学者西原春夫教授指出："有效同意的能力与民法上的行为能力或刑法上的责任能力，其范围是不同的。"[1] 韩国学者李在祥认为：被害人的同意能力与民法上的行为能力相区别，并由刑法的独立标准来决定。故这以被害人具有认识法益意义与其侵害结果，并能理性判断的自然的洞察能力和判断能力就足够。[2] 上述学说均强调，对于处分意识能力有无的判断应当根据案件的具体情况进行综合考量，其判断标准具有独立性，不应以是否满足民事行为能力的判断标准为前提条件。

---

[1] 西原春夫. 我的刑法研究 [M]. 曹菲，译. 北京：北京大学出版社，2016：125.
[2] 李在祥. 韩国刑法总论 [M]. 韩相敦，译. 北京：中国人民大学出版社，2005：240.

（二）处分意识能力的民法理论说

与"刑法理论说"持相反观点的"民法理论说"则认为，对于刑法中的处分意识能力的判断标准问题，应当以民法中对行为人行为能力的判断为基准，若行为人不具有民法上的民事行为能力，则当然也不具有刑法中的处分意识能力。"民法理论说"论者强调，如果不按照民法中民事行为能力的标准进行判断，将会导致法秩序的混乱与冲突。"民法理论说"在德国刑法理论中处于少数说地位，但在我国刑法理论中，有相当一部分学者赞同该学说的观点。例如：有学者指出，刑法与民法对于财产权利均进行一定程度的保护，只是两者对财产权的保护方式与力度不同而已。财产权相对于人身权而言，在保护力度上要相对弱一些。刑法作为各个部门法的保障法，需要遵循刑法的谦抑性原则，即在能够利用其他部门法解决的情况下就不动用刑法解决。因此，在保护财产权益方面，适用民事法律对其进行保护就能够达到预期的立法目的，适用民事法律的相关规定对处分意识能力的有无进行判断也无不可。❶ 王政勋教授强调，对于处分意识能力有无的判断标准问题，主要涉及对受骗人或被害人年龄的判断。对年龄的判断标准，原则上遵循刑法上的明文规定，如果刑法无相关规定，则需要依据民法上对民事行为能力的具体划分标准中的年龄为准。❷ 由此可以看出，在判断处分意识能力存在与否的问题上，民事法律中的民事行为能力判断标准起到了至关重要的作用。

对于处分意识能力的判断标准问题，笔者认为，不应当以民法的民事行为能力判断标准为必要前提。虽然刑法作为各个部门法的保障法，是保护公民权利的最后一道屏障，但在某些具体问题的判断上应根据实际情况作出相应的调整。我国刑法对诈骗罪进行刑事立法的目的不仅是保护被害人的财产权利，更是为了能够预防并减少诈骗罪的发生。刑法与民法的立法目的与任务并不相同，不能够以民法所具有的促进双方公平交易与形成稳定的市场秩序的立法目的来约束限定刑法的目的与任务。如果按照"民法理论说"的观点，在上述案例中，由于14周岁的乙不符合民法中对具有完全民事行为能力人的年龄要求，因此，乙主动交付自己自行车的行为并不能表明其具有处分意识能力，进而该举动在客观上无法被认定为诈骗罪意义上的处分行为，行为人甲不构成诈骗罪。由于诈骗罪与盗窃罪均是数额犯，只有达到一定的犯罪数额才能构成犯罪。该案中，如果该辆自行车的价值达到了盗窃罪的犯罪

---

❶ 徐岱，凌萍萍. 被害人承诺之刑法评价［J］. 吉林大学社会科学学报，2004（6）：109.

❷ 王政勋. 正当行为论［M］. 北京：法律出版社，2000：459-460.

数额，则对行为人将以盗窃罪进行定罪处罚。由此可以推知，此类案件中，由于受骗人或被害人年龄未达到完全民事行为能力人的标准，行为人的行为均无法按照诈骗罪对其定罪处罚。这就在一定范围内限缩了诈骗罪的成立范围，不当地扩大了盗窃罪的处罚范围。是否有违刑法之罪刑法定的基本原则，不免令人产生疑问。

此外，即使在侵权法领域中，对于被害人同意的有效性判断问题，也并非以民事行为能力为判断标准。正如我国台湾地区学者王泽鉴教授所言："基于法律行为能力制度主要在于维护交易安全，而允诺系被害人对自己权益的'处分'，故不能完全适用民法关于行为能力的规定，原则上应不以有行为能力为要件，而应以个别的识别能力为判定标准。"[1] 因此，无论在涉及财物还是财产性利益的场合，对于受骗人或被害人的处分意识能力的判断问题，均应当对受骗人或被害人进行个别的实质性的判断，而并非以年龄为唯一标准采取"一刀切"的方式认定其是否具有处分意识能力。车浩教授则强调，对于处分意识能力有无的判断，既不应当完全依照刑法的规定，也不应完全按照民法上规定的内容进行断定。应当按照具体问题具体分析的原则，针对每个诈骗犯罪案件中的不同情况来认定受骗人或被害人是否具有处分能力。具体而言，不应当将受骗人或被害人的年龄因素作为判断该问题的桎梏，而是根据其对转移财产行为本身，以及该行为可能产生的后果是否具有明晰的认知来决定是否具有处分能力。[2]

三、错误认识与处分意识的关系

厘清错误认识与处分意识的关系问题将有助于对处分意识的内容进行准确界定。我国刑法理论通说一般认为，诈骗罪中的"错误认识"并非泛指一切主客观不一致的情形，而是特指与处分财产有关的错误认识。[3]

对于错误认识与处分意识的关系问题，刑法学界主要存在以下几种观点：第一，受骗人或被害人由于受到欺骗而陷入的错误认识侧重于强调对财物本身属性所产生的错误认识，如对财物的价格、数量、重量、种类与性质等方面存在主客观不一致的情形。如果行为人是通过掩盖、夹带等方式导致受骗人或被害人未认识到财物的具体属性，则不属于诈骗罪中错误认识的范畴，

---

[1] 王泽鉴. 侵权行为法 [M]. 北京：中国政法大学出版社，2001：240-241.
[2] 陈兴良，周光权，车浩，等. 刑法各论精释 [M]. 北京：人民法院出版社，2015：459-460.
[3] 张明楷. 诈骗罪与金融诈骗罪研究 [M]. 北京：清华大学出版社，2006：113.

因为受骗人或被害人在主观上根本没有产生错误认识的可能性。❶ 例如：在
"邮票案"中，行为人甲为了非法获取被害人乙书中的珍贵邮票，在被害人乙
不具有陷入错误认识可能性的情况下采取掩盖的方式转移邮票的占有，行为
人甲的行为符合盗窃罪的犯罪构成要件，应当以盗窃罪进行定罪处罚；第二，
错误认识与处分意识具有不同的内涵，在讨论处分意识的内容时无须考虑受
骗人或被害人是否对处分财产的具体属性存在错误认识，二者之间并无内在
关联；❷ 第三，错误认识与处分意识之间具有刑法上的直接因果关系。❸ 错误
认识与处分意识处于诈骗罪因果链条的不同环节，二者紧密相连，具有引起
与被引起的因果关系。从主观认识的内容角度来分析，错误认识中所发生主
客观不一致的内容主要体现在对财物的具体属性出现偏差，即价值种类、性
质等方面；然而，处分意识中的认识内容仅包括从自己对财物的支配控制领
域转移到对方支配领域的认识，二者的内容不可混淆。错误认识中的很多内
容对于处分意识来说是一种多余的要素。❹

　　在诈骗罪的基本逻辑构造中，错误认识处于整个因果链条的第二环节，
其与第三环节的处分行为中所蕴含的处分意识的关系，笔者认为可以从两个
角度分析：首先，从外在形式的角度来看，处于诈骗罪因果链条中第二环节
的错误认识与第三环节的处分意识之间具有刑法上的直接因果关系。在一般
情形下，如果受骗人或被害人陷入了处分财产的错误认识必将实施转移财产
占有的行为，其中的处分财产行为是被害人最终遭受财产损失的关键性要件
要素；其次，从受骗人或被害人主观认识内容的角度来看，处分意识的内容
包含错误认识中一部分的认识内容，二者是交叉的关系。"处分意识不要说"
论者指出，只要受骗人对财物的整体外观具有认识，即可认定其在主观上是
具有处分意识的，无须对财物的价值、数量、种类等具体属性具有全面和准
确的认识。"处分意识不要说"论者的观点与"处分意识必要说"中"极端
缓和说"的观点不谋而合，此观点将会不当拓宽处分意识所应包含的内容，
从而扩大诈骗罪的成立范围。因此，笔者认为，错误认识与处分意识在认识
内容上是具有内在关联的，有必要从财物所具有的属性出发，分情况具体论
证受骗人或被害人是否存在处分意识。

　　❶ 张亚平. 认定诈骗罪不需要处分意识 [J]. 法律科学：西北政法大学学报, 2020 (3)：174.
　　❷ 赵金伟. 诈骗罪处分意识的问题研究 [J]. 新疆大学学报：哲学·人文社会科学版, 2017
(5)：56.
　　❸ 张红昌. 诈骗罪处分意识的构造 [J]. 海南大学学报：人文社会科学版, 2011 (3)：40.
　　❹ 柏浪涛. 论诈骗罪中的"处分意识" [J]. 东方法学, 2017 (2)：104.

第二节　处分意识要否之争

在诈骗罪处分行为所有具有理论争议的问题中，主观要素处分意识的要否是刑法学界争论最为激烈的问题。该理论争议问题的焦点则在于处分意识是否为认定处分行为必要的主观要素。由此，大致形成了三种不同的理论学说，即"处分意识必要说""处分意识不要说"与"处分意识区分说"。

一、处分意识必要说

"处分意识必要说"日本、韩国以及我国刑法理论的通说，同时也是判例所持有的立场。在德国刑法理论中，"处分意识必要说"处于少数说地位。该学说的内容为，认定处分行为是否成立，除了要从客观上判断受骗人或被害人是否将财产从自己支配控制领域转移至对方，还需要判断其主观上是否具有处分相应财产的认识，二者同时具备，才可以认定处分行为的存在。

（一）国外

对于处分意识要否的问题，日本刑法理论与判例均持有"处分意识必要说"的立场。前田雅英教授指出，处分意识作为处分行为的主观要素，需要受骗人或被害人在主观上意识到该转移财产占有行为本身的性质及其产生的后果，处分行为需要在主观具有处分意识的支配之下才能完成。他还强调，如果受骗人为不具有处分意思能力的精神障碍者或者无法理解自己行为性质与后果的幼儿，行为人从其手中获取财物的，不能认定该行为为处分行为，只能按照盗窃罪进行定罪处罚。❶ 同时，前田雅英教授还指出了两个不可承认无意识的处分行为的原因：第一，仅凭客观方面无法将诈骗与盗窃有效区分开来；第二，若承认无意识的处分行为，则将扩大对利益盗窃行为的处罚范围。所以，为了限定处分行为的成立范围以及有效区分盗窃罪与诈骗罪的界限，处分行为只能包括有意识的处分行为，而不包括无意识的处分行为。

此外，福田平教授指出，处分财产行为需要在主观具有处分意识的支配之下实施才属于诈骗罪中的处分行为。❷ 由此可以看出，处分意识作为处分行

---

❶ 前田雅英. 刑法讲义各论［M］//张明楷. 诈骗罪与金融诈骗罪研究. 北京：清华大学出版社，2006：158.

❷ 福田平. 刑法各论［M］//秦新承. 认定诈骗罪无需处分意识：以利用新型支付方式实施的诈骗案为例. 法学，2012（3）：156.

为的主观要素，在判断是否具有诈骗罪意义上的处分行为时，必须同时判断受骗人或被害人在主观上是否具有处分财产的意识。正如松宫孝明教授所言："典型的诈骗罪，是使对方陷入'动机错误'以处分财物或者财产性利益，当时，被害人对于处分该财物是存在认识的，仅仅是存在'赚钱'等动机上的错误。从当时的具体情况、行动的前因后果来看，也可以从'处分行为'中读出处分意思，因此，也有可能存在'默示的处分行为'。"❶

　　日本判例也持有"处分意识必要说"的立场。例如：日本最高裁判所认为，在涉及诈骗财产性利益的场合中，行为人为了逃避支付费用，需要使受骗人在主观上具有明确表示免除其债务的意思表示而处分财产性利益才可以，否则无法认定处分行为的存在。❷ 以"无钱食宿案"为例，行为人甲明知自己没有能力支付高昂的住宿费用而办理入住手续，在入住的房间到期后甲却偷偷溜走。根据日本最高裁判所的观点，行为人甲非法获取住宿服务后溜走的行为，构成利益盗窃，而非诈骗利益罪。由于行为人甲不存在诈骗罪中的欺骗行为使对方作出免除住宿费用的意思表示，只是单纯偷偷溜走，因此，该行为并不符合"处分意识必要说"论者所持有的观点，无法以诈骗利益罪对其进行定罪处罚。

　　对于处分意识要否的理论争议问题，韩国大法院判例同样持有"处分意识必要说"的立场，认为诈骗罪中处分行为的实施必须在主观具有处分财产意识的支配下完成才可以，从而间接体现了诈骗罪的基本逻辑构造，即行为人的欺骗行为使受骗人陷入错误认识，进而处分自己财产的过程。❸ 由此可见，韩国判例所持有的"处分意识必要说"，是从诈骗罪处分行为的内涵本质出发，以此论证处分意识是天然蕴含于处分行为之中的。因此，判断受骗人或被害人的客观行为是否属于诈骗罪意义上的处分行为，必将同时对其主观要素处分意识进行判断。只有二者齐备，才能认定处分行为的成立。

（二）国内

　　我国台湾地区学者甘添贵教授赞同"处分意识必要说"的观点。❹ 以"无钱食宿案"为例，有学者指出："店主准许行为人暂时离开，并非免除其

---

❶ 松宫孝明. 刑法各论讲义［M］. 4 版. 王昭武，张小宁，译. 北京：中国人民大学出版社，2018：213-214.

❷ 西田典之. 日本刑法各论［M］. 3 版. 刘明祥，王昭武，译. 北京：中国人民大学出版社，2007：159.

❸ 吴昌植. 韩国侵犯财产罪判例［M］. 北京：清华大学出版社，2004：112.

❹ 甘添贵. 体系刑法各论［M］. 台北：瑞兴图书股份有限公司，2000：294.

支付食宿之对价，行为人亦无取得财产上利益之可言，无从成立诈欺得利罪，仅属于民事债务之不履行问题。"❶ 由此可知，处分意识的存在与否需要从受骗人或被害人主观上是否具有明确的处分财产的意思表示加以判断。

我国刑法理论通说认为，处分意识是成立诈骗罪必备的不成文的构成要件要素。❷ 张明楷教授也更加倾向于持有"处分意识必要说"的立场，他阐述了"处分意识必要说"更具合理性的五点理由：

第一，处分行为可以准确地将盗窃罪与诈骗罪进行区分，实质上是处分行为的主观要素处分意识将二罪有效区分开来。例如：在"加湿器案"中，被害人甲和乙是夫妻，丈夫甲坐在商店门口的椅子上等待妻子乙，乙将买来的加湿器放在甲的身旁就匆匆离开去买水，此时甲正在打电话，未注意到加湿器的存在。行为人丙利用甲的不知情，对甲说："这是我的东西，请递给我。"于是，甲按照丙的指示将加湿器递给了丙。甲的行为是否属于诈骗罪意义上的处分行为，就需要结合甲在将加湿器递给丙的时候主观上是否具有处分财产的意识来进行判断。在本案中，甲未意识到加湿器的存在，也就无法具有处分财产意识的可能性。根据"处分意识必要说"的观点，甲的行为不属于诈骗罪中的处分行为，行为人丙只能构成盗窃罪，而非诈骗罪。由此可知，处分意识存在与否，是将盗窃罪与诈骗罪有效区分的关键性要素。

第二，处分行为的具体表现形式有作为、容忍与不作为。如果承认无意识的处分行为，则将模糊容忍与不作为处分行为之间的界限。例如：行为人甲欺骗被害人乙令其转移注意力并趁机取走乙的财物。如果承认处分行为中包含无意识的处分行为，可以将乙的行为视作容忍或不作为的处分行为，甲可以构成诈骗罪。然而，笔者无法赞同该条理由所阐述的内容与得出的结论。容忍与不作为是处分行为的具体表现形式，是从客观上对处分行为进行的判断；而处分意识作为处分行为的主观要素，则是从主观层面对受骗人或被害人的行为进行判断，二者不可混为一谈。此外，甲转移乙的注意力趁机取财的行为并不涉及对被害人处分意识与处分行为存在与否的认定问题。因为在本案中被害人乙并没有因为行为人甲的欺骗而陷入处分财产的错误认识之中，诈骗罪的因果链条自此断裂，无须再对被害人是否具有处分行为进行后续的判断。

第三，判断受骗人或被害人是否具有处分意识的前提是其应当具有处分意识能力。虽然完全缺乏处分意识能力的幼儿或精神障碍者在客观上可以实

---

❶ 许玉秀，等. 当代刑法思潮 [M]. 北京：中国民主法制出版社，2003：570.
❷ 高铭暄，马克昌. 刑法学 [M]. 北京：北京大学出版社，2007：572.

施具有交付财物外观形态的行为，但由于其对该行为的性质与后果没有认识的能力，所以该行为无法被认定为诈骗罪意义上的处分行为。有关处分意识能力的判断标准问题在前文已经有所论述，此处不再赘述。

第四，刑法学上的犯罪类型与一般人心目中的犯罪类型并非完全一致。因此，不应当完全依照一般人内心的感受对行为人的行为进行定性，衡量是否构成犯罪的唯一标准应当是该行为是否满足该罪名的犯罪构成要件。

第五，如果承认无意识的处分行为，则将在一定程度上扩大诈骗罪的成立范围，不当地压缩盗窃罪的成立范围。❶

还有的学者从诈骗罪所蕴含的"自愿性"角度出发，论证处分意识存在的必要性。例如：张红昌教授认为："处分意识是在被骗者具有正常意识能力的前提下，基于因欺骗而陷入的错误对具有处分权限的财物所作的自愿性并且以占有转移为内容的认识。"❷周光权教授指出，受骗人或被害人实施的处分财产行为是在处分意识的支配下完成的，如若其未对即将被处分的财物产生或继续维持错误认识，则未有处分意识产生的可能性，诈骗罪中受骗人或被害人的"自愿性"特征也就未能得以体现。❸刘明祥教授侧重于从诈骗罪特征的角度进行剖析，诈骗罪之所以被称为"交付型"的财产犯罪，而不是如盗窃罪等罪名的"夺取型"财产犯罪的根本原因就在于，诈骗罪中的处分行为构成要件要素本身蕴含着处分意识的内容，即受骗人或被害人在转移占有时对该行为具有认识，否则不能将其行为称为诈骗罪中的处分行为。❹

更有学者从诈骗罪的关键性要件要素即处分行为所具有的内涵角度出发，认为相对于"处分意识不要说"，"处分意识必要说"更具逻辑自洽性。例如：柏浪涛副教授认为，无论是涉及诈骗财物还是财产性利益的场合，均应当持有"处分意识必要说"的立场。处分行为的核心要素是转移财产占有，刑法上的占有不同于民法中的占有，前者既包括客观上对财产支配控制的事实，也包括主观上的占有意思，二者需要同时具备才能认定权利人对该财产具有刑法上的占有。由此可知，诈骗罪中处分行为要件要素也应当包括客观的处分行为与主观的处分意识，主客观要素齐备才能认定该行为属于诈骗罪意义上的处分行为。柏浪涛副教授强调，应当从事物所具有的本体结构角度进行论证，如果排除对受骗人或被害人主观处分意识的判断，仅从客观上对

❶　张明楷. 诈骗罪与金融诈骗罪研究［M］. 北京：清华大学出版社，2006：160-162.

❷　张红昌. 诈骗罪处分意识的构造［J］. 海南大学学报：人文社会科学版，2011（3）：38.

❸　周光权. 刑法各论［M］. 北京：中国人民大学出版社，2008：131.

❹　刘明祥. 论诈骗罪中的交付财产行为［J］. 法学评论，2001（2）：69.

财物的占有进行事实性认定，不但混淆了刑法上的占有与民法上的占有所具有的差异，而且有可能将司法实践中本应定性为盗窃罪的犯罪案件认定为诈骗罪，不当地扩大了诈骗罪的犯罪范围，违反刑法之罪刑相适应的基本原则。❶

此外，张红昌教授指出，处分意识是财产处分行为必要的组成部分，具体理由如下：首先，处分意识能够将诈骗罪与盗窃罪准确区分开来；其次，处分意识是将特定的财产损害归因于欺骗行为的关键。此处陷入的错误认识仅指处分财产的错误认识，处分意识是在受到行为人的欺骗后所产生的处分财产的意识。最后，处分意识有助于避免不应有的处罚漏洞，减少不必要的处罚重叠。❷ 由于德国与日本刑法中不处罚利益盗窃行为，如果坚持"处分意识必要说"的观点，很有可能导致大量的无意识主动处分财产性利益的行为得不到刑事处罚，因此，在涉及财产性利益的场合，德国刑法理论将"处分意识不要说"作为刑法理论通说。但我国刑法中财产犯罪的对象，尤其是诈骗罪与盗窃罪的犯罪对象是具有一致性的，刑法理论通说认为，二罪的犯罪对象均为财物与财产性利益。因此，我国刑法并不会出现如某些学者所担心的处罚漏洞与处罚重叠的问题。

王钢教授从诈骗罪基本逻辑构造的角度阐释了处分意识存在的必然性。他坚持"处分意识必要说"的观点，即无论在涉及财物的场合还是财产性利益的场合，均应当适用该学说对受骗人或被害人是否具有处分意识与处分行为进行判断，进而对行为人的行为进行准确定性。行为人在实施欺骗行为时，只需要对受骗人决策动机施加影响，受骗人基于陷入的错误认识就会"自愿"实施处分行为进而导致自己财产减损的发生。❸ 诈骗罪中每个构成要件要素作为整个因果链条中必要的环节，均具有其独特的作用。处分意识作为处分行为的主观要素，具有限定处分行为成立范围与类型化处分行为的重要作用，因此，判断受骗人或被害人的客观行为是否属于诈骗罪意义中的处分行为，必然要同时对主观要素处分意识存在与否进行判断。正如游涛博士强调的，诈骗罪中的每个构成要件要素之间都是紧密相连、环环相扣的关系。如果受骗人或被害人实施的处分财产行为并不存在主观处分意识的支配，那么也就反向推论出受骗人或被害人有可能并未陷入处分财产的错误认识之中，若未

❶ 柏浪涛. 论诈骗罪中的"处分意识"[J]. 东方法学, 2017 (2): 98.
❷ 张红昌. 论诈骗罪中的处分意识 [J]. 湖北警官学院学报, 2010 (1): 37-38.
❸ 王钢. 盗窃与诈骗的区分：围绕最高人民法院第 27 号指导案例的展开 [J]. 政治与法律, 2015 (4): 35-36.

陷入错误认识，也就无法反向推出行为人实施的行为是诈骗罪意义上的欺骗行为。如果行为人实施的行为并非诈骗罪中的欺骗行为，行为人获取的财产与实施的行为之间的因果关系就无法加以证明。因此，无意识的处分行为应当被排除，诈骗罪处分行为中必然指的是主观具有处分意识的处分行为。❶ 由此可知，在诈骗罪逻辑构造中，处分行为是起着连接错误认识与取得财产的桥梁作用的关键性要件要素，处分意识作为处分行为的主观要素，具有证明欺骗行为与处分行为存在因果关系的关键性作用。

我国大部分学者均赞同处分意识具有将盗窃罪与诈骗罪进行区分的重要功能。换言之，正是处分意识的存在才体现了盗窃罪与诈骗罪二者在不法程度与不法类型方面的不同之处。❷ 根据我国《刑法》第 264 条与第 266 条关于盗窃罪与诈骗罪的规定可知，二者在法定刑幅度方面并不存在较大差异。但根据司法解释的相关规定可知，盗窃罪的入罪门槛低于诈骗罪的入罪门槛，也就表明了诈骗罪的不法程度低于盗窃罪的不法程度，此处不法程度的高低正是处分意识存在与否的体现。诈骗罪作为一种"交付型"的财产犯罪，处分行为中的处分意识体现了被害人的"自愿性"，即在具有选择的余地与空间的情况下依然选择转移财产占有，其自身存在一定的过错，由此降低了行为人行为的刑事违法性程度；而盗窃罪作为"夺取型"财产犯罪，行为人是在违背被害人主观意志的情况下转移财产占有，盗窃罪中行为人窃取行为的违法性远大于诈骗罪中行为人骗取行为的违法性。

综上所述，我国刑法理论通说认为，处分意识是认定诈骗罪中处分行为成立与否必备的主观要件要素。无论从诈骗罪的基本逻辑构造角度进行剖析，还是从处分行为所具有的本质内容方面进行分析，处分意识均具有其他构成要件要素无可替代的独特作用。因此，"处分意识必要说"更具理论自洽性与合理性。

二、处分意识不要说

在涉及财产性利益的场合，德国刑法理论通说持有"处分意识不要说"的立场。同时，该学说也是日本刑法理论的有力学说，韩国刑法理论的少数说。近年来，随着新型支付方式的发展与演变，司法实践中出现大量无意识的主动"拱手相让"自己财产的犯罪案件，如果按照"处分意识不要说"的

---

❶ 游涛. 普通诈骗罪研究［M］. 北京：中国人民公安大学出版社，2012：194.
❷ 赵金伟. 诈骗罪处分意识的问题研究［J］. 新疆大学学报：哲学·人文社会科学版，2017 (5)：55-58.

观点，此类行为则可以诈骗罪进行定罪处罚；如果按照"处分意识必要说"的观点，由于被害人主观上并无处分财产意识，"拱手相让"的行为并不属于诈骗罪意义上的处分行为，行为人无法构成诈骗罪。该类犯罪案件中行为人的行为究竟应当构成何罪，成为刑法理论界与司法实务界亟待解决的法律难题。因此，处于传统刑法理论通说地位的"处分意识必要说"遭到了来自"处分意识不要说"论者的质疑与挑战，赞同"处分意识不要说"的呼声愈加高涨，持有此学说的学者也越来越多。

（一）国外

"处分意识不要说"是指受骗人或被害人只需要具有客观上转移财产占有的行为，无须对其主观上是否具有处分意识另行进行判断，无意识的处分行为也属于诈骗罪中的处分行为。平野龙一教授持有该学说观点。❶ 西田典之教授也赞同"处分意识不要说"的观点，他指出，处分行为成立与否只需要从客观上判断受骗人或被害人是否基于陷入的错误认识将财产转移给对方占有，至于其主观上是否具有处分财产的意识则在所不问。❷ 笔者在前文错误认识与处分意识的关系部分已经阐述，虽然二者均作为受骗人或被害人主观方面的要素，但其所包含的具体内容并不相同，不能以错误认识来替代处分意识，因此，笔者并不赞同上述学者得出的结论。

高桥则夫教授也赞同"处分意识不要说"。他指出，如果处分行为存在的意义体现在连接错误认识与财产损害上面，那么无意识的处分行为本身也能够起到确认利益转移的作用，因此，无意识的处分行为也应当属于诈骗罪中的处分行为，而不应当将其排除出去。❸ 该观点是从客观方面对是否存在转移财产的占有进行判断，将处分行为看作行为人获取财产的过渡性、辅助性的要素，而非将其作为独立的构成要件要素看待。井田良教授持有相同的观点，他强调："处分行为只要认识到事实上将利益转移给对方就可以了。例如，被害人认识到行为人从该场所离开、事实上从'拘束'中得以解放就够了。"❹

---

❶ 平野龙一. 刑法概说 [M] //张明楷. 诈骗罪与金融诈骗罪研究. 北京：清华大学出版社，2006：159，162.

❷ 西田典之. 日本刑法各论 [M]. 刘明祥，王昭武，译. 北京：中国人民大学出版社，2007：153.

❸ 高桥则夫. 诈欺罪的基本问题（3）[J] //张红昌. 论诈骗罪中的处分意识. 湖北警官学院学报，2010（1）：37.

❹ 陈文昊. 切蛋糕的哲学：从无钱食宿的入罪化看刑法解释的机能导向 [J]. 四川民族学院学报，2016（6）：52.

正如前文所述，刑法上的占有强调从事实与规范两个层面对其进行认定，不仅包括事实上对财物的支配与控制状态，也应当包括从社会一般人与权利人的视角来看是否对该财产具有排他性的支配控制的意思表示。若只是从事实层面对刑法的占有进行判断，则将导致其成立的范围被不当地扩大，进而影响对行为人行为的准确定性。

日本判例也持有"处分意识不要说"的立场。以"回拨电表案"为例，行为人甲在自家的电表上安装了一个倒转的软线，该软线的作用就是能够使电表走的速度变慢，行为人甲本应支付 500 千瓦·时的电费，在工作人员检查电表时却显示只使用了 100 千瓦·时，因此，少缴了 400 千瓦·时的电费。❶ 根据"处分意识不要说"的观点，无意识的处分行为也属于诈骗罪中的处分行为。那么本案中工作人员在无处分意识的情况下转让其所具有的 400 千瓦·时的电费请求权的行为应当被认定为诈骗罪意义上的处分行为，行为人甲构成诈骗罪。然而，持有"处分意识必要说"论者则无法同意该结论，他们认为本案中行为人甲的行为应当构成盗窃罪。之所以对同一行为的定性产生截然不同的结论，是因为对盗窃罪与诈骗罪的对象规定不一致而导致的。❷ 例如：德国、日本刑法规定，盗窃罪的对象仅限于狭义的财物，利益盗窃行为不可罚；而诈骗罪的对象包括财物与财产性利益。按照"处分意识必要说"的观点，由于工作人员并不具有处分财产性利益的意识而无法将行为人的行为认定为诈骗罪，与此同时，利益盗窃的行为不可罚，这将造成具有社会危害性的犯罪行为无法受到刑法惩处的不利局面，出现处罚漏洞。为了避免出现处罚漏洞，德国刑法将"处分意识不要说"作为理论的通说。但笔者认为，关于处分意识要否的问题，应当从诈骗罪所具有的本质特征与本体结构的角度出发来论证"处分意识必要说"与"处分意识不要说"的相对合理性，而非将其仅仅作为避免出现处罚漏洞的权宜之计，可以通过借鉴日本与德国刑法对此问题的解决方式，以弥补出现处罚漏洞的现象。例如：日本刑法增设了第 246 条第 2 项的"使用电子计算机诈骗罪"；德国刑法增设了第 263a 条的"计算机诈骗罪"，通过增设专门罪名来规制利益盗窃的犯罪行为。

（二）国内

我国台湾地区学者洪增福教授认为，处分意识与处分行为并非统一的关系，主观上无处分意识而仅在客观上转移财产所有权的行为依然属于诈骗罪

❶ 张明楷. 外国刑法纲要 [M]. 北京：清华大学出版社，2007：586.
❷ 张明楷. 论盗窃罪财产性利益 [J]. 中外法学，2016 (6)：1405-1412.

中的处分行为。❶

随着科技的迅猛发展，支付方式发生了翻天覆地的变化，由传统的货币支付逐渐演变为利用手机软件扫码支付的方式。便捷、高效的支付方式不仅为人们的生产、生活带来便利，也为潜在犯罪行为人的犯罪行为培育了新鲜的土壤。为了预防、遏制此类犯罪行为的发生，越来越多的刑法学者转向赞同"处分意识不要说"的观点，"处分意识必要说"的通说地位受到一定程度的挑战。

在我国司法实务界，有学者认为，"处分意识必要说"是通过不完全归纳的方法推论出受骗人或被害人主观方面的特征，并非成立诈骗罪必不可少的构成要件要素。例如：秦新承检察官强调，在财物的占有以及处分意识能力的判断问题上，对于前者应当从事实层面判断财产权利人是否支配控制财产，对于后者应当按照民法中对民事行为能力的判断标准进行认定。因此，对于主观上并不具有处分意识的受骗人或被害人所实施的行为应当认定为诈骗罪中的处分行为。❷ 蔡桂生副教授也赞同秦检察官的观点，认为处分行为中并非必然存在对受骗人或被害人主观上处分意识存在与否的判断。此外，蔡桂生副教授还指出，诈骗罪是一种"自我损害型"的财产犯罪，但此处"自我损害"中的"自愿性"并非受骗人或被害人的真实意愿，徒具自愿表象。因此，诈骗罪"自我损害型"财产犯罪的特征只是帮助人们对该罪进行辅助性理解，不能够以"自愿性"的表象要求受骗人或被害人具有主观上的处分意识。❸

笔者对以上两位学者所得出的结论持保留意见。诈骗罪具有自身内在的逻辑构造，行为人以虚构事实、隐瞒真相的方法欺骗受骗人或被害人，使其陷入处分财产的错误认识之中，这两个环节恰好体现了诈骗罪"交往沟通型"财产犯罪的本质特征，也就是说，行为人与受骗人就财产决策的相关事项进行了沟通交流，进而受骗人基于该错误认识"自愿"地处分了自己的财物或财产性利益。此处的"自愿"虽然并非受骗人或被害人完全真实的意愿表达，但其在具有选择处分或不处分财产的情形下，基于自身的理性选择依然实施了转移财产占有的行为，该行为则体现了诈骗罪之"自我损害型"财产犯罪的特征，该特征正是通过处分行为的主观要素处分意识得以体现的，处分意

❶ 洪增福. 刑事法治基础与界限：洪增福教授纪念专辑 [M]. 台北：学林文化事业有限公司，2003：575.

❷ 秦新承. 认定诈骗罪无需"处分意识"：以利用新型支付方式实施的诈骗案为例 [J]. 法学，2012（3）：158.

❸ 蔡桂生. 新型支付方式下诈骗与盗窃的界限 [J]. 法学，2018（1）：171-172.

识的存在能够将诈骗罪与盗窃罪进行有效区分。因此，笔者认为，诈骗罪所具有的"自我损害"标签并非处于辅助性的判断地位，而应当与"交往沟通型"财产犯罪一样，共同作为诈骗罪的本质特征而存在。

对处分意识要否的理论争议问题，张亚平教授持有彻底的"处分意识不要说"的立场。他强调，无论在涉及财物的场合还是在涉及财产性利益的场合，"处分意识不要说"均具有合理性。无论是在传统支付方式背景之下还是在新型支付方式背景下，均应当将"处分意识不要说"的内容一以贯之。由于处分意识的内涵不明确、处分意识的内容不明晰，直接导致"处分意识必要说"无法对行为人的行为是否构成诈骗罪作出准确判定，然而，"处分意识不要说"则可以有效避免上述问题的发生。张亚平教授提出以下几点理由来论证"处分意识不要说"的合理之处：第一，处分意识无法将诈骗罪与盗窃罪的间接正犯区分开来；第二，基于有瑕疵的意思而转移占有，并不必然要求具有处分意识；第三，处分行为不要求处分意识，不会导致否认不作为与容忍类型的处分行为，也不会无限扩大处分行为的范围；第四，幼儿与精神障碍者的交付行为与处分意识无关；第五，为了避免将行为作为犯罪处理而否认无处分意识的处分行为是不妥当的。❶ 针对以上几点理由，笔者认为：

首先，关于处分意识能否区分诈骗罪与盗窃罪间接正犯的问题，可以具体分为两种情形：第一种情形是在二者诈骗中，行为人只是以转移被害人注意力为契机而趁机取财，这并非属于令被害人陷入处分财产错误认识的欺骗行为，而是窃取行为，应当直接以盗窃罪定罪处罚，这其中并不涉及对被害人是否存在处分意识的判断问题；第二种情形是在三角诈骗中，如果受骗人不具有处分被害人财产的权限与地位，那么受骗人只是作为行为人窃取被害人财产的犯罪工具，行为人应当构成盗窃罪的间接正犯；如果受骗人具有处分被害人财产的权限与地位，那么此时需要判断受骗人将财产的占有转移给行为人时是否具有处分意识，如果具有处分意识，则构成诈骗罪，反之，则构成盗窃罪。由此可知，应当根据案件具体情形来判断处分意识是否具有区分盗窃罪间接正犯与诈骗罪的功能，而非一概否定处分意识在认定诈骗罪成立过程中的作用。

其次，对于上述第三点理由的后半部分，即否认处分意识的存在并不会无限扩大处分行为的范围的表述，笔者不能完全赞同。处分意识作为处分行为的主观要素，具有限定处分行为成立范围的重要作用。如果认为无意识的

---

❶ 张亚平. 认定诈骗罪不需要处分意识 [J]. 法律科学：西北政法大学学报，2020 (3)：170-171，175-176.

处分行为也属于诈骗罪意义上的处分行为，则司法实践中大量的在无意识情形下将自己财产"拱手相让"的犯罪案件均可按照诈骗罪处理，这就不当地扩大了诈骗罪的成立范围，间接说明处分行为的成立范围也被扩大了。

再次，张亚平教授指出，幼儿与精神障碍者的交付行为与处分意识无关的观点意味着，幼儿与精神障碍者本身并无处分意识能力，无须对其主观是否具有处分意识进行判断。但根据上文对处分意识能力判断标准的论证可知，对处分意识能力的判断应当以刑事责任能力的判断标准为前提并且从个体出发进行实质性的判断。此外，需要根据受骗人或被害人实施处分行为时的地理环境、主观状态、财产价值的大小等因素综合进行判断，不应当完全依照民法中对行为人民事行为能力的判断标准来判定刑法中的处分意识能力存在与否。

最后，张亚平教授还指出，承认处分意识存在的必要性是为了减少犯罪的成立，笔者无法赞同此说法。判断某行为是否构成犯罪的唯一衡量标准就是该行为是否满足犯罪的构成要件。根据"处分意识必要说"的观点，虽然无意识地主动交付自己财产的行为无法被认定为诈骗罪中的处分行为，但若该行为齐备其他罪名的构成要件，依然可以对其进行罚当其罪的刑事处罚。

姜涛教授坚持更加彻底的"处分意识不要说"的立场，他强调，"处分意识不要说"的观点能够更好地适应当下司法实践的需求，此外，其内容也能够充分体现诈骗罪中"直接性要件"所具有的特征，因此，无意识地转移财产占有的行为也属于诈骗罪中的处分行为。❶ 虽然根据我国《刑法》第 266 条对诈骗罪的规定只能够从中读取出欺骗行为这一构成要件要素，但大陆法系国家刑法理论均认为，处分行为是成立诈骗罪必备的不成文的构成要件要素。此外，从诈骗罪的基本逻辑构造中也可以看出，处分行为在其中起着连接错误认识与取得财产的重要的桥梁作用。因此，倘若由于未明文规定处分行为这一构成要件要素而弱化其在成立诈骗罪中所发挥的关键性作用，是违背诈骗罪本质特征的。

首先，姜涛教授认为，处分行为与处分意识并非完全耦合的关系，诈骗罪中的"自愿"只是一种表象，并不是受骗人或被害人真实的意愿表达。只要能够实现最终的财产减损效果则可以判定该行为是诈骗罪中的处分行为。笔者认为，诈骗罪中受骗人或被害人基于有瑕疵的意思表示而处分财产，虽然并非自身完全真实的意思表示，但陷入处分财产的错误认识正是由于行为

---

❶ 姜涛. 新型支付手段下诈骗罪的处分意识再定义 [J]. 重庆大学学报：社会科学版，2020（1）：173-174.

人的欺骗行为所导致，因此，行为人需要为最终的财产损失承担相应的刑事责任。如果被害人出于真实意思表示，同意行为人获取自己的财物或财产性利益，则符合被害人同意理论的出罪条件，行为人将不构成任何犯罪。所以，以表象化的"自愿性"而否认处分意识存在的必要性是没有理论说服力的。

针对上述第三个理由，笔者认为，虽然从客观上来看被害人主动实施转移占有行为，但其主观并没有意识到该行为的性质与后果。诈骗罪作为"交往沟通型"财产犯罪，行为人与被害人需要就财产决策事项进行沟通，被害人未意识到处分的对象以及处分的后果。因此，此类案件并不符合诈骗罪的犯罪构成要件，可以考虑按照行为人利用被害人的自害行为将该类行为认定为盗窃罪的间接正犯，是否构成盗窃罪还需要具体判断该行为是否满足盗窃罪的犯罪构成要件。

对处分意识要否的理论争议问题，陈洪兵教授认为，"处分意识不要说"具有相对的合理性。他指出，受骗人对财物的具体属性，无论是表象的还是本质的属性，无须具有认识，更不需要存在主客观不一致的情形，只要对转移占有的财物整体外观具有一定的认识即可。❶ 从结论来看，陈洪兵教授赞同"处分意识不要说"，但从其阐述的具体理由来看，他认为，受骗人需要对财物整体外观的转移占有具有认识，此处的"认识"应当是指处分财产的意识，未免具有前后矛盾之嫌。正如张忆然博士所言，处分意识不要说与缓和的处分意识必要说对案件分析结论趋于一致。❷ 所以，以何标准来界定处分意识的具体内容将对案件行为定性产生较大的影响。有关处分意识的内容界定问题将在本章第三节展开具体论证。

持有"处分意识不要说"的论者一般均赞同，只要受骗人或被害人基于陷入的错误认识使其财产遭受损失则可以认定成立诈骗罪。换言之，"自愿性要件"与"直接性要件"同时存在即可判定诈骗罪的成立，无须单独判断主观上处分意识的存在与否。王明辉教授强调："从诈骗罪的本质出发无法先验地得出对处分意识的必然要求。处分意识不要说只要求诈骗罪的实行行为必须具有产生认识错误并带来财产处分效果的具体危险。不要说仅强调被害人因认识错误实施了能够直接产生客观自损效果的行为，而不需要其在行为时对处分财产的意义有明确认识。"❸

---

❶　陈洪兵. 盗窃罪与诈骗罪的关系 [J]. 湖南大学学报：社会科学版，2013 (6)：134-141.

❷　张忆然. 诈骗罪的"处分意识不要说"之提倡："处分意思"与"直接性要件"的功能厘定 [J]. 中国刑警学院学报，2019 (3)：30.

❸　王明辉. 也论盗窃罪与诈骗罪的界限：以欺诈行为对法益的危险状态为分析线索 [J]. 甘肃政法学院学报，2020 (1)：54-55.

综上所述，采纳"处分意识不要说"的观点能够快速地对司法实践中大量无意识处分财产的案件进行定罪处罚，对该类型案件中行为人的行为以诈骗罪进行定性也更加契合社会一般人心目中对此类行为的法律观念。然而，刑法中的犯罪类型并非与一般人心目中的犯罪类型完全一致，有时会出现截然相反的情形。衡量行为是否构罪，构成此罪还是彼罪，衡量的唯一标准就是该行为是否满足犯罪构成要件，因此，笔者认为"处分意识不要说"并非符合诈骗罪所具有的本质特征，更未突出处分行为在诈骗罪基本逻辑构造中所起的关键性作用。

三、处分意识区分说

对于处分意识要否的问题，除了"处分意识必要说"与"处分意识不要说"两个学说，国内外刑法学界还有学者认为"处分意识区分说"更具合理性，同时能够更好地满足司法实践的需求。"处分意识区分说"是指在一般情形下，判断是否存在诈骗罪处分行为的同时，还需要对处分意识存在与否进行相应的判断；但在某些特殊情形下，无须判断处分意识是否存在，可以通过对处分意识的具体内容进行宽缓化解释的方式将该行为认定为诈骗罪中的处分行为，从而成立诈骗罪。

（一）国外

德国刑法理论通说持有"处分意识区分说"的立场。德国刑法理论所持有的"区分说"立场，是从处分行为的处分对象角度进行的划分。换言之，在涉及财物的场合，应当对受骗人或被害人主观上是否存在处分意识进行判断，坚持"处分意识必要说"的观点；在涉及财产性利益的场合，无须对受骗人或被害人主观上的处分意识存在与否进行单独判断，坚持"处分意识不要说"的观点。❶

在日本刑法理论中，以大塚仁教授与大谷实教授为代表的"处分意识区分说"论者的观点被称作为"大塚仁说"与"大谷实说"。"大塚仁说"是以"处分意识必要说"为基础，将无意识的处分财产行为进行特殊对待，认为受骗人虽无具体的处分财产意识，但对该财产事态具有一般性的认识。大塚仁教授指出，如果受骗人或被害人并未实施积极的身体举动对于即将产生转移财产占有后果加以阻止，可以将其主观无意识的行为看作对处分财产行为本

---

❶ 王立志. 认定诈骗罪必须"处分意识"：以"不知情交付"类型的欺诈性取财案件为例 [J]. 政法论坛，2020（1）：54-55.

身及其产生的后果具有一般性的认识，因此，可以将该具有一般性认识的行为评价为以不作为形式实施的处分行为。❶

"大谷实说"认为，判断是否具有诈骗罪中的处分行为，关键在于受骗人是否基于陷入的错误认识而转移了财产。只要具有转移财产占有的客观行为，就意味着行为人的欺骗行为对其产生了影响，否则受骗人或被害人不会实施处分财产行为，令自己的财产发生减损的后果。因此，无意识的行为也应当认为是诈骗罪的处分行为。❷ 山口厚教授持有相同的观点，他指出："在财产性利益的场合，对于诈骗罪中的'利益'，只要是基于被骗者的有瑕疵的意思而将财产性利益转移到行为人方面就够了，在不实施欺骗行为对方就会做出必要的作为的场合，即便被骗者没有意识到法律上的效果，也应看作为处分行为。"❸

德国刑法理论之所以采纳"处分意识区分说"的观点，是由于其对财产犯罪的对象采取了分别规定的立法模式，即德国刑法中盗窃罪的对象仅包括财物，利益盗窃行为不可罚；而诈骗罪的对象既包括财物也包括财产性利益。因此，在涉及财物的场合，德国刑法理论坚持"处分意识必要说"的立场，处分意识的存在能够将骗取财物与窃取财物的行为进行有效区分；在涉及财产性利益的场合，由于利益盗窃行为不可罚，如果坚持"处分意识必要说"的立场将导致某些无意识交付财产的行为无法进行定性，从而造成放纵行为人犯罪行为的不利局面。为了避免出现处罚漏洞现象，德国刑法理论有了"处分意识区分说"的观点。

在日本刑法理论中，以大塚仁教授为代表的"大塚仁说"实质上是对不作为的处分行为进行一种特殊化的处理，将该不作为的表现形式视作一种无意识的处分行为，对处分意识的内容进行缓和理解，从而将该不作为也视作具有处分意识的处分行为。笔者认为，根据前文对处分行为内涵的界定可知，处分行为作为诈骗罪的关键性要件要素，处分行为存在的本身就体现了诈骗罪"交付型"财产犯罪的本质特征，因此，处分行为内涵中天然蕴含着主观要素处分意识的内容。作为处分行为的一种具体表现形式，不作为的处分行为虽然与作为的处分行为相比较并不具有积极身体举动的外在表现，但不作为的处分行为正是通过免除对方债务或转让自己债权等方式对财产性利益进行了处分，不作为的处分行为同样是在受骗人或被害人主观具有处分意识的

❶ 大塚仁. 刑法概说（各论）[M]. 3 版. 冯军，译. 北京：中国人民大学出版社，2003：295.
❷ 刘明祥. 论诈骗罪中的交付财产行为 [J]. 法学评论，2001（2）：69.
❸ 山口厚. 刑法各论 [M]. 2 版. 黎宏，译. 北京：中国人民大学出版社，2009：250.

情形下所实施的处分行为。无须如"大塚仁说"论者所述的将受骗人或被害人的不作为的处分行为视作对事态具有一般性认识的处分行为。此外,"大谷实说"论者提出只要受骗人陷入错误认识,就应当将基于该错误认识直接将自己的财产转移给对方占有的行为认定为诈骗罪的处分行为。该学说与"处分意识不要说"的观点并无二致,均赞同若行为人的行为符合"自愿性要件"与"直接性要件"即可被认定为处分行为。

(二) 国内

我国刑法学者中持有"处分意识区分说"立场的代表性学者为车浩教授,他强调,对于处分意识要否的理论争议问题,需要一分为二来进行分析。具体来说,在涉及诈骗狭义财物的场合,处分意识具有存在的必要性;在涉及财产性利益的场合,由于司法实践中出现了大量新型的债权诈骗案件,若依然固守"处分意识必要说"的观点,此类新型诈骗犯罪案件中行为人的行为将无法得到刑事处罚。因此,"处分意识区分说"观点能够最大限度满足司法实践的需要。❶ 车浩教授从处分对象为财物与财产性利益的不同场合出发,选择适用不同的学说。这一点同德国刑法理论一样,不同之处在于,德国刑法理论选择"处分意识区分说"的原因在于对处分对象的刑事立法模式不同,而车浩教授选择"处分意识区分说"的原因在于该学说更能因应司法实践的现实需要,妥当地解决司法实践中出现的大量"盗骗交织型"复杂疑难案件的定性问题。

在涉及财物诈骗的场合,车浩教授指出,处分意识并非作为处分行为要件要素中的必要条件而存在,其最为突出的存在意义就是为了与盗窃罪进行区分。诈骗罪是基于受骗人或被害人有瑕疵的意思而转移占有,而盗窃罪是在违背被害人意志的情形下转移占有,因此,在对财物的场合,只有通过对处分意识存在与否进行判断才能将二罪区分开来。例如:行为人甲欺骗被害人乙,令其转移注意力,趁机取财。被害人乙不具有转移财物占有的处分意识,如果按照"处分意识不要说"的观点,乙的行为有可能被认为是一种不作为的处分行为,行为人甲构成诈骗罪。笔者并不赞同该结论。在本案中,行为人甲欺骗被害人乙令其转移注意力的行为并不属于诈骗罪意义上的欺骗行为。因为该欺骗行为并没有使被害人乙陷入处分财产的错误认识之中,也就不存在对乙主观是否具有处分意识进行判断的必要性与可能性。行为人甲

---

❶ 陈兴良,周光权,车浩,等. 刑法各论精释(上)[M]. 北京:人民法院出版社,2015:442,448.

最终获取财物的行为是在违背被害人乙意志的情况下，进一步实施窃取财物的行为而实现的，并非被害人主动交付。因此，行为人甲应当构成盗窃罪，而非诈骗罪。车浩教授指出，可以将财物所具有的属性具体划分为易从外观上观察的基本特征与无法直观看出的特征，如果受骗人或被害人主观上对财物的基本特征无意识，则无法认定其存在处分意识；反之，若对财物的非直观可得的特征具有认知，可以认定其主观上具有处分意识。

在涉及财产性利益的场合，车浩教授强调，处分意识并非认定处分行为要件要素存在的必要条件，否则容易形成处罚漏洞。在司法实践中，出现很多客观上具有处分财产行为，但主观并无处分意识的案件，若将诈骗罪中的处分行为理解为具有处分意识的处分行为，这样的观点则是片面的。

综上所述，对于处分意识要否的问题，车浩教授坚持认为，"处分意识区分说"更具合理性。❶

从外在表现形式上来看，"处分意识区分说"似乎能够完美地规避"处分意识必要说"与"处分意识不要说"的不足之处，但从犯罪构成要件理论的角度来看，每个罪名均有其独一无二的犯罪构成要件，只要主客观要件齐备，即可成立相应的罪名。按照"处分意识区分说"论者的观点，在涉及财物的场合，处分行为中含有对处分意识存在与否的判断；然而，在涉及财产性利益的场合，处分意识并非认定处分行为存在的必要条件，无意识的处分也属于诈骗罪意义上的处分行为。那么，在诈骗罪中处分行为存在与否的判断问题上，由于处分行为处分对象的不同，就改变对处分行为存在与否的认定标准，是否有违反罪刑法定原则之嫌，不免会遭到犯罪构成要件理论的质疑与"处分意识必要说""处分意识不要说"论者的诘问。

第三节　处分意识的内容

如同处分意识要否的理论争议一样，对于处分意识内容的界定问题也引起了国内外刑法学界较大的争论。根据对处分的财产属性认识程度的不同，可以将处分意识的内容划分为两类，即"严格的处分意识论"与"缓和的处分意识论"，分别简称为"严格论"与"缓和论"。

---

❶ 陈兴良，周光权，车浩，等. 刑法各论精释（上）［M］. 北京：人民法院出版社，2015：442-456.

一、严格的处分意识论

"严格的处分意识论"简称为"严格论",该学说是指只有当受骗人或被害人对于转移占有的财产的具体属性,如价值、数量、种类、重量、性质等具有全面、准确、具体的认识时,才能够认定其主观上是具有处分财产意识的,否则无法确认处分意识的存在,受骗人或被害人客观上所实施的行为也无法被判定为诈骗罪意义上的处分行为。

由于"严格论"对受骗人或被害人主观处分意识存在与否的判断标准较为苛刻,因此,仅有少数学者赞同该学说的观点。我国刑法学者周光权教授为支持"严格论"的代表性学者,他认为:处分意思,必须具有明确性、具体性,处分者不仅要认识到自己在处分一定的财物,还必须对自己正在处分的对象的特殊性、具体性有较为清楚的认识。❶"严格论"不仅要求受骗人或被害人对转移财产占有的行为本身具有清晰的认识,还要求对处分的财物或财产性利益的具体属性具有全方位的了解与认知,否则无法认定主观上处分意识的存在。该学说对受骗人或被害人的主观方面提出过高的要求,会在一定程度上缩小诈骗罪成立的范围,不利于对被害人的财产权利进行充分的刑法保护。

二、缓和的处分意识论

"缓和的处分意识论"简称为"缓和论",该学说的内容是受骗人或被害人无须对处分对象的具体属性具有全面、准确的认知,只需要对转移占有的财产的某方面具有认识,即可认定受骗人或被害人主观上具有处分意识。在"缓和论"的内部,根据对处分财产具体属性认识程度的不同,可以划分为"质量区分说""极端缓和说""修正的极端缓和说"。

(一)质量区分说

该学说以张明楷教授为代表,他所提出的"质量区分说"是指当受骗人或被害人对财物的数量与价格存在错误认识时,并不会否认其主观处分意识的存在;但当受骗人或被害人对财物的种类与性质存在错误认识时,将否定其主观处分意识的存在。❷ 张明楷教授将财物的数量与价格属性划归为"量"的范畴,而将财物的种类与性质划归为"质"的范畴,此种划分方法具有一

---

❶ 周光权. 刑法各论 [M]. 北京:中国人民大学出版社,2016:12.
❷ 张明楷. 诈骗罪与金融诈骗罪研究 [M]. 北京:清华大学出版社,2006:166-168.

定的合理性，但将此划分方法适用到司法实践中会产生难以避免的逻辑矛盾与法律困境。

以"照相机案"❶ 与"方便面案"❷ 为例。在"照相机案"中，售货员乙并未认识到包装盒内本来应当具有一台照相机，而现在变为两台照相机的情况，属于对财物的数量存在错误认识的情形。根据"质量区分说"的观点，对于财物的数量存在错误认识并不会影响对处分意识的认定。因此，"照相机案"中的售货员乙是具有处分意识的，其扫码后交给行为人甲的行为属于诈骗罪意义上的处分行为，行为人甲构成诈骗罪。在"方便面案"中，行为人甲同样是将一台照相机偷偷塞入包装盒内，只不过塞入的是与照相机属于不同种类的方便面箱子中。根据"质量区分说"的观点，对于财物的种类存在错误认识，将无法认定处分意识的存在。因此，"方便面案"中售货员乙主观上并不具有处分财物的意识，行为人甲无法构成诈骗罪。

由此可以看出，在"照相机案"与"方便面案"中，对于商家来说均损失了一台照相机，财产损失的价值是相等的，但为何仅仅因为一台照相机被塞入照相机的包装盒中，另一台照相机被塞入方便面的箱子中就对行为人的行为定性产生如此之大的差别。如果仅仅从财物的数量能够被轻易地认识，而财物的种类不易被认知为由进行辩解，未免过于牵强，不具有充分的理论说服力。

张红昌教授大体上赞同张明楷教授的观点，但在对财物的数量存在错误认识的场合中，张红昌教授认为，应当引入"独立包装说"的判断标准对处分意识存在与否进行具体认定。如果财物具有独立的外包装，对于超出包装内本应具有的财物数量的部分，无法认定受骗人或被害人对超出部分具有处分意识；如果不具有独立外包装，在受骗人或被害人稍加注意即可看到财物内部数量的情形而未加以注意导致发生误认的，则应当认定其主观上具有处分意识。❸

蒋铃博士也持有与"质量区分说"相类似的观点，他指出，当受骗人或被害人对财物的质量与价格存在错误认识时，并不否认其处分意识的存在；当对财物的种类与数量存在错误认识时，无法认定主观上具有处分意识。❹ 由

---

❶ "照相机案"：行为人甲将包装盒中的泡沫取出，偷偷塞入另外一台型号相同的照相机。在收银台扫码支付时，售货员乙并不知道包装盒中藏了另一台照相机，便只收了一台照相机的价款。

❷ "方便面案"：行为人甲将方便面箱子打开，偷偷向其中装入一台照相机。在收银台扫码支付时，售货员乙并不知道其中还藏有一台照相机，只收了甲一箱方便面的价款。

❸ 张红昌. 论诈骗罪中的处分意识 [J]. 湖北警官学院学报，2010（1）：39.

❹ 蒋铃. 论诈骗罪中的处分行为 [J]. 政治与法律，2012（8）：47.

于上述两位学者对财物所具有的"质"与"量"的范畴进行了不同层次的划分，因而得出了上述不同的结论。蒋铃博士所持有的观点是否更具合理性，笔者仍以前述的"照相机案"与"方便面案"为例进行详细论证。按照蒋铃博士的观点，即对财物的种类与数量应当具有严格的认识，否则无法认定处分意识的存在。在这两个案件当中，前者是对财物的数量存在错误认识，后者是对财物的种类存在错误认识，那么受骗人主观上均不具有处分财物的意识，行为人均不构成诈骗罪。但笔者认为，在此类财物具有独立外包装的场合中，不应当苛求受骗人或被害人对其中财物的具体数量或种类等情形具有清晰的认识。因此，从实际来看，受骗人在主观上并不具有处分财物的意识，甚至不具有处分意识的可能性。

（二）极端缓和说

"极端缓和说"的观点为较多刑法学者所赞同，该学说认为，受骗人或被害人无须对转移占有财产的具体属性有全面、具体、准确的认识，只要对转移占有的财产的整体外观具有一定的认识即可认定其主观上是具有处分意识的。

在日本刑法学界，山口厚教授赞同"极端缓和说"的观点，他指出，在对某物的整体具有转移意识的情况下，即使对其中的具体财物、财产性利益的转移没有认识，也应认定为具有处分意识。[1] 井田良教授指出，在涉及诈骗财物的场合，受骗人或被害人对财物整体进行转移具有一定的认识即可；在涉及诈骗财产性利益的场合，该财产性利益在事实上转移给对方即可认定该行为为诈骗罪中的处分行为。[2] 林干人教授则通过对处分意识进行缓和理解将受骗人或被害人所实施的行为认定为处分行为，他指出："即便占有人完全没有认识到移转的犯罪对象的存在，只要能够肯定物的转移是'基于占有人的意思'这一个方面，就可以将行为认定为处分行为。"[3] 上述三位学者均持有"极端缓和说"的立场，认为受骗人或被害人主观上处分财产的意识与陷入的错误认识并不完全重合，前者是对财产整体外观的认识，后者则是对财产具体属性的认知。对于处分意识存在与否的判断问题，只需要在前者的层面上具有认识即可。笔者赞同错误认识的内容并不与处分意识的内容完全吻合的

[1] 山口厚. 刑法各论 [M]. 2版. 王昭武, 译. 北京：中国人民大学出版社, 2011：260.
[2] 西田典之, 山口厚, 等. 刑法的争点 [M] //张明楷. 诈骗罪与金融诈骗罪研究. 北京：清华大学出版社, 2006：165.
[3] 山口厚. 从新判例看刑法 [M]. 3版. 付立庆, 刘隽, 陈少青, 译. 北京：中国人民大学出版社, 2019：218.

结论，但并不赞同以是否应当对财产整体外观具有认知为衡量标准来判断处分行为的主观要素处分意识的存在与否，笔者认为还应当结合财物所具有的属性对受骗人或被害人的处分意识存在与否分别进行具体判断。

在我国刑法学界，有部分学者持有"极端缓和说"的立场。❶ 刘明祥教授指出，受骗人无须对财产的具体属性具有全面了解与认识，只要其认识到该财产的整体外观转移给行为人或第三人占有即可。❷ 其中的"财产"侧重于该财产的整体外观，而非财产的具体属性。与"质量区分说"相比，"极端缓和说"在对受骗人或被害人主观处分意识的判断标准方面有了大幅度的降低，只需要对财产整体具有认识就足以认定其存在处分意识。

上述两种学说如同处在天平的两端，一个对处分意识的认定标准极为苛刻，另一个则在最大限度上放宽了认定标准。"极端缓和说"虽然降低了对处分意识的认定标准，但将其适用到司法实践中依然会出现难以自圆其说的窘境。以"邮票案"为例，行为人甲为了非法获取被害人乙夹在书中的珍贵邮票，谎称欲借此书，乙对于夹在书中的邮票并不知情，欣然同意将书借给甲使用。根据"极端缓和说"的观点，本案中被害人乙具有将书转移给行为人甲占有的意识即可认定其具有处分财物的意识，行为人甲可以构成诈骗罪。但是诈骗罪作为一种"交付型"的财产犯罪，被害人需要对转移占有的财产具有认识，进而实施处分行为，该处分行为将直接导致被害人遭受财产损失。在"邮票案"中，被害人乙所遭受的财产损失为价值不菲的邮票，其在主观上根本不具有处分邮票的意识或者说处分意识的可能性，那么被害人乙客观上交付书本的行为并不意味着是对邮票的处分行为，未体现诈骗罪的本质特征。针对"邮票案"，笔者认为，行为人甲为了非法获取被害人乙的珍贵邮票，采取以书本为掩盖、夹带的方式而窃取被害人乙的邮票，该行为符合盗窃罪的犯罪构成要件，应当以盗窃罪对行为人进行惩处。由此可见，"极端缓和说"也难以实现理论逻辑自洽性。

此外，还有学者从诈骗罪的本体结构出发，对处分意识的内容进行界定。柏浪涛教授认为，诈骗罪中处分行为所产生的法律效果是使财产占有的状态发生了改变，只要受骗人或被害人将财产的占有由自己支配控制的领域转移到行为人或第三人支配领域之内，即可认定其存在处分财产的意识，不再需

❶ 许浩. 盗窃与诈骗交织类犯罪的定性问题研究［J］. 法律适用, 2019（1）: 116.
　陈洪兵. 盗窃罪与诈骗罪的关系［J］. 湖南大学学报: 社会科学版, 2013（6）: 136.
❷ 刘明祥. 财产罪比较研究［M］. 北京: 中国政法大学出版社, 2001: 231.

要对财产的数量、种类、价值等方面是否具有意识进行判断。❶ 因此，根据柏浪涛教授的观点，上述的"照相机案"与"方便面案"均应当构成诈骗罪。

（三）修正的极端缓和说

对于处分意识内容的界定问题，除了"严格论"与"极端缓和说"，有部分学者则是从被害人同意的角度或者从财产所具有的表象与本质特征层面提出不同的界定处分意识内容的标准。

赵金伟博士从被害人同意的角度对处分意识的内容进行探讨，他指出，处分意识的本质就是被害人同意，二者是一体两面的关系。被害人在具有处分意识的情形下处分财产，就意味着被害人是在具有瑕疵的意思表示的情形下实施了转移财产的占有，否则将避免该财产损失的发生。赵金伟博士将处分意识的内容进行了静态与动态的划分，并由此提出"双层次处分意识说"的理论模型。该理论模型的具体内容包括：第一层次，受骗人或被害人对财产占有本身是具有认识的，此为静态方面的内容；第二层次，受骗人或被害人需要对财产的占有发生转移具有意识，此为动态方面的内容。第一层次与第二层次之间是依次递进的关系。同时，他还强调，在涉及狭义财物的场合，只需要财物的占有发生转移即可；在涉及财产性利益的场合，被害人的债权遭到实质性的损害即可认定其主观是具有处分意识的。❷ 该学者所提出的"双层次处分意识说"的理论模型着重从财产所具有的静态与动态属性方面揭示了处分意识的本质，对于准确界定处分意识的内容具有极大的启发意义。然而，在界定处分意识的内容问题上，该理论模型仍未具体阐明具有可操作性的判断标准，仅仅表述为发生财物占有的转移与财产性利益的实质性损失。由此看来，该理论模型的内核与"极端缓和说"的内容具有一致性。

付凡胜则从处分对象所具有的自然属性与社会属性角度对处分意识的内容进行界定。对于处分对象自然属性的认识属于表象认识，对于处分对象社会属性的认识属于本质认识。表象认识是对处分对象自然属性的认识、直观的认识，如颜色、形状、体积、数量的认识；本质认识是对处分对象社会属性的认识、深层的认识，如价值大小、种类的认识。❸

付凡胜强调，第一种情形，当受骗人或被害人对财物的表象与本质均具

---

❶ 柏浪涛. 论诈骗罪中的"处分意识"[J]. 东方法学，2017（2）：103.

❷ 赵金伟. 诈骗罪处分意识的问题研究 [J]. 新疆大学学报：哲学·人文社会科学版，2017（5）：56-58.

❸ 付凡胜. 诈骗罪中处分行为的界定 [J]. 理论观察，2018（5）：98.

有正确认识的时候，并不存在陷入处分财产的错误认识的可能性，诈骗罪的因果链条自此断裂。第二种情形，当受骗人或被害人对财物的表象与本质均存在错误认识的时候，行为人也无法构成诈骗罪。例如：在"邮票案"中，被害人对于邮票的存在并不知情，也就不具有处分邮票意识的可能性。换言之，被害人对于邮票的表象与本质均不具有认识，在此情形下将夹有邮票的书籍主动交付给行为人的行为并非诈骗罪意义上的处分行为，行为人应当构成盗窃罪，而非诈骗罪。第三种情形，当受骗人或被害人对处分对象具有表象认识，而缺乏本质认识时，行为人应当构成诈骗罪。以"更换商品价签案"为例，行为人将便宜商品的价签贴在价格高昂的商品上，售货员只按照便宜商品价签的价格进行结算。由于售货员并未认识到财物的真实价格而进行了处分，属于对处分对象的本质缺乏认识，应当构成诈骗罪。第四种情形，当受骗人或被害人对处分对象具有本质认识但缺乏重要的表象认识时，构成诈骗罪更加合理。他以"藏同种物案"与"藏异种物案"为例进行论证，认为两者在本质上并非具有一致性。"藏同种物案"中受骗人对于财物的数量等表象并非完全无认识，只是由于不谨慎地处分了财物；而在"藏异种物案"中行为人是将贵重的物品塞入较便宜的商品中，不易引起受骗人的注意。针对上述两案例，前者要么为价值不大的商品，不易被发现，要么价值很大，行为人难以达到犯罪目的；后者一般所藏之物为价值较大的商品。为了预防打击此类犯罪行为，应当将藏有同种物与异种物的行为按照不同的罪名分别定罪处罚。也就是说，将前者行为人的行为认定为刑事违法性较小的罪名，而将后者行为人的行为认定为刑事违法性较大的罪名。

　　笔者对于上述前三种情形所得出的结论表示赞同，但对第四种情形持保留意见。该学者将对处分对象的认识划分为表象认识与本质认识，认为对种类、价值等的认识属于对处分对象社会属性方面的认识，但并未阐明为何表象认识包括对处分对象的颜色、形状、体积的认识，而本质认识则包括对种类、价值的认识，为何不可以将处分对象的种类划归到自然属性里面而成为表象认识的内容呢？此种划分方式虽然在司法实践中具有一定的可操作性，但其逻辑自洽性与合理性不免令人产生疑问。

第四节　处分意识必要说新论

一、处分意识要否学说的反思

目前，在我国刑法理论界，对于诈骗罪中处分行为的理论争议问题，学者们争论最为激烈的部分是处分意识的要否问题，由此形成针锋相对的两方阵营，即"处分意识必要说"与"处分意识不要说"。随着新型支付方式的演变与发展，处于传统刑法理论通说地位的"处分意识必要说"的观点遭到了"处分意识不要说"论者的质疑与挑战。究竟哪个学说更具理论逻辑自洽性，更具司法实践的可操作性，刑法学者均阐述了详尽的理由。

（一）处分意识必要说的反思

在我国刑法学界，虽然学者们赞同"处分意识不要说"的呼声越来越高涨，但"处分意识必要说"依然处于刑法理论通说的地位。传统刑法理论中的"处分意识必要说"认为，判断诈骗罪之处分行为的存在与否，除了要对客观上是否存在转移财产占有的行为进行判断，还需要对受骗人或被害人主观上是否具有处分财产的意识进行具体判断。传统的"处分意识必要说"论者主要从以下几个方面论证处分意识存在的必要性。

首先，传统的"处分意识必要说"论者认为，处分意识具有将盗窃罪与诈骗罪进行有效区分的重要作用。❶盗窃罪作为"夺取型"的财产犯罪，行为人是在违背被害人意志的情形下主动侵入被害人的财产领域转移占有并建立自己对财物新的占有的过程。相对于被害人来说，此处的转移财产占有是不符合其主观意志的，并不具有自愿主动性；诈骗罪作为"交付型"的财产犯罪，受骗人或被害人由于受到行为人的欺骗陷入或继续维持错误认识，基于该处分财产的错误认识而"自愿"转移财产占有。由此可以看出，盗窃罪与诈骗罪最为突出的差异在于，转移财产占有时受骗人或被害人主观上对于该处分行为本身以及所产生的后果是否具有认识。盗窃罪中的被害人对于该转移占有行为完全无认识，因此被害人获取相应财产是违背其主观意志的；诈骗罪中的受骗人或被害人基于具有瑕疵的意思表示而"自愿"地转移财产占有，该处分财产行为并不违背其主观意愿，受骗人或被害人甚至希望通过该处分行为为自己获取相应的利益。

传统刑法理论的"处分意识必要说"认为，处分行为是成立诈骗罪不成文的构成要件要素，处分意识作为处分行为的主观要素，对于成立诈骗罪来说同样具有不可或缺性。处分行为具有区分盗窃罪与诈骗罪的重要作用，实质上是处分行为中的主观要素处分意识具有将二罪进行有效区分的功能。笔

---

❶ 张明楷. 诈骗罪与金融诈骗罪研究 [M]. 北京：清华大学出版社，2006：123-128.
刘明祥. 财产罪比较研究 [M]. 北京：中国政法大学出版社，2001：222-225.
游涛. 普通诈骗罪研究 [M]. 北京：中国人民公安大学出版社，2012：194-196.

者赞同传统的"处分意识必要说"的观点，认为处分意识作为处分行为的主观要素具有区分二罪的功能，但具体论证时应当从诈骗罪的本体结构与本质特征的角度出发，充分阐述处分行为与处分意识在成立诈骗罪过程中所发挥的独特作用，以此增强该观点在学理方面的说服力。如何从诈骗罪的本体结构与本质特征角度来论证处分意识存在的必要性问题将在后文详细展开论述。

其次，传统的"处分意识必要说"论者还认为，处分意识具有将占有转移与占有迟缓进行区分的作用。❶ 大部分赞同"处分意识必要说"的论者均是从刑法上的占有所包含的客观体素与主观心素的角度论证占有转移与占有迟缓所存在的差别。刑法上的占有与民法上的占有不同，前者更加侧重从事实层面对占有状态的有无进行判断，后者则更加侧重从法律规范层面对权利人是否具有占有的权利进行认定。由于刑法上的占有是由权利人客观上对财物支配控制的占有事实与主观上排他性支配控制的占有意思表示组合而成，那么转移占有作为处分行为中的核心内容要素，应当由客观的处分财产行为与主观的处分意识共同构成。

持有传统"处分意识必要说"立场的论者经常举出下面的案例以辅证其观点。行为人甲为了非法占有被害人乙的财物而谎称乙的孩子出了车祸，乙在极度慌张的情形下对甲说："你帮我照看一下家。"随即推门而出，行为人甲趁机取得被害人乙家中的财物。在该案中，行为人甲的欺骗行为是否属于诈骗罪意义上的欺骗行为。此外，被害人乙所说的"你帮我照看一下家"是否意味着将自己家中所有财产的占有转移给行为人甲，将成为对行为人的行为进行准确定性的关键要素。

诈骗罪中的欺骗行为并非泛指一切以虚构事实、隐瞒真相的方法而实施的犯罪行为，而是仅指能够使受骗人或被害人陷入处分财产的错误认识的实行行为才可以称为诈骗罪中的欺骗行为。反观该案中行为人甲是以虚构事实的方式欺骗被害人乙，但该欺骗行为并未使被害人乙陷入处分财产的错误认识中，更不具有将自己财产转移给行为人甲占有的举动与意思表示。因此，从诈骗罪的基本逻辑构造来看，由于行为人的欺骗并未使被害人陷入错误认识，因此，该行为并不属于诈骗罪意义上的欺骗行为，诈骗罪的因果链条自始未建立起来，行为人的行为当然不构成诈骗罪，应当以盗窃罪对其定罪

❶ 刘明祥. 论诈骗罪中的交付财产行为 [J]. 法学评论，2001（2）：69-70.
王立志. 认定诈骗罪必需"处分意识"：以"不知情交付"类型的欺诈性取财案件为例 [J]. 政法论坛，2015（1）：123-124.
柏浪涛. 论诈骗罪中的"处分意识"[J]. 东方法学，2017（2）：98-102.

处罚。

从占有转移与占有迟缓相区分的角度来看,本案中被害人乙并未陷入处分财产的错误认识,也就不具有实施财产处分行为的可能性,其主观上必然不具有处分财产的意识。因此,当被害人乙对行为人甲说让甲帮忙看家并冲出家门后,被害人乙对其财产处于占有迟缓状态,而并非将其财产转移给行为人甲占有。由此可知,处分意识的有无在区分占有转移与占有迟缓中发挥了至关重要的作用。传统的"处分意识必要说"论者大多从刑法上占有所具有的结构特征角度来论证处分意识存在的必要性,他们认为处分意识的存在能够将占有转移与占有迟缓区分开来。笔者对该结论表示赞同,但若能够从诈骗罪的基本逻辑构造与所具有的本质特征角度对处分意识存在的必要性与重要性进行阐述和论证,则更能够体现"处分意识必要说"在刑法理论与司法实践方面的合理性与可行性。

(二)处分意识不要说的反思

"处分意识不要说"论者认为,是否具有诈骗罪意义上的处分行为只需要从客观上对受骗人或被害人的行为进行判断即可。换言之,受骗人或被害人只要具有基于错误认识转移财产占有的行为即可认定处分行为的存在,而无须另行判断其主观上是否具有处分意识。"处分意识不要说"论者指出,诈骗罪中的处分行为包含无处分意识的处分行为,处分意识与处分行为之间并不具有一致性。❶ 蔡桂生副教授认为,"处分意识不要说"更能够适应不断发展变化的社会实际情况,最大限度上满足司法实践的需求。❷ 张亚平教授则认为,从刑法理论层面来看,"处分意识必要说"本身存在难以自圆其说之处,例如,处分意识的内涵界定不清晰、处分意识的内容界定不明确等方面的理论障碍。❸ 因此,两学说相比较,"处分意识不要说"更加能够因应社会现实的需要,还能够避免"处分意识必要说"中所存在的理论争议问题。

"处分意识不要说"论者强调,只要受骗人或被害人基于陷入的错误认识转移财产的占有并直接导致被害人遭受财产损失即可认定该行为为诈骗罪意

---

❶ 张忆然. 诈骗罪的"处分意思不要说"之提倡:"处分意思"与"直接性要件"的功能厘定 [J]. 中国刑警学院学报, 2019 (3): 30-35.

　　张亚平. 认定诈骗罪不需要处分意识 [J]. 法律科学:西北政法大学学报, 2020 (3): 175-177.

❷ 蔡桂生. 新型支付方式下诈骗与盗窃的界限 [J]. 法学, 2018 (1): 171-175.

❸ 张亚平. 认定诈骗罪不需要处分意识 [J]. 法律科学:西北政法大学学报, 2020 (3): 170-173.

义上的处分行为，主观上是否具有处分财产的意识则在所不问。换言之，只要满足"自愿性要件"与"直接性要件"即可认定处分行为的成立，行为人构成诈骗罪。"自愿性要件"体现在行为人欺骗受骗人致使后者陷入处分财产的错误认识之中，基于该主观上的瑕疵意思表示"自愿"地实施转移财物占有的行为；"直接性要件"则体现在被害人财产遭受损失的后果是由被害人自身所实施的转移财产占有的行为直接导致的，并没有介入行为人转移财产占有的行为。

"处分意识不要说"着重从事后对处分行为的存在与否进行判断，即如果被害人遭受的财产损失是由其自身行为所导致，那么就认定处分行为是存在的；如果被害人的财产损失并非由其自身行为所导致，而是介入了行为人的窃取行为，则无法认定诈骗罪处分行为的成立，行为人也就无法构成诈骗罪。持有"处分意识不要说"的观点确实能够有效解决司法实践中出现的大量无意识"拱手相让"类型的犯罪案件，将犯罪行为人的行为以诈骗罪进行定罪处罚。但笔者认为，"处分意识不要说"论者忽视了此理论争议问题中最为关键的两个前提条件：第一，处分行为作为成立诈骗罪的关键性要件要素，它体现了诈骗罪的本质特征即"交付型"财产犯罪与"自我损害型"财产犯罪；第二，诈骗罪基本逻辑构造中陷入错误认识中的认识内容与处分行为中处分意识的认识内容并不相同，因此，"处分意识不要说"论者认为基于陷入的错误认识直接导致财产损失的行为即可判定为诈骗罪中处分行为存在的观点是站不住脚的。

二、处分意识必要说的证成

关于处分意识要否的问题，笔者倾向于"处分意识必要说"，并且认为应当从诈骗罪的本体结构与本质特征的角度进行理解，既要考虑处分意识本身存在的必要性，又要将其置于诈骗罪基本逻辑构造中进行体系化的认知与考量。为了正确解决处分意识要否的理论争议问题，不仅要准确界定处分意识所具有的内涵与外延以及处分意识与错误认识的内在逻辑关系，还要从诈骗罪所具有的基本逻辑构造与本质特征的角度出发，进一步揭示"处分意识必要说"的合理之处。

关于处分意识内涵的界定问题，在本章第一节已经进行了较为详细的论述，此处不再赘述。"处分意识"是在受骗人或被害人陷入错误认识的前提之下，对转移财产占有行为本身的性质以及该行为所产生的后果的认识。"处分意识不要说"论者将错误认识与处分意识进行混同理解，或者弱化处分意识在判断处分行为过程中所发挥的界分作用。笔者认为，处分意识不仅具有存在的必要性，而且在限缩处分行为的成立范围与类型化处分行为方面均具有诈骗罪中其他构成要件要素无法替代的重要作用。

（一）错误认识与处分意识的逻辑关系

从诈骗罪逻辑构造上来看，"错误认识"具有连接行为人所实施的欺骗行为与受骗人或被害人转移财物占有的处分行为的桥梁作用。因此，厘清在诈骗罪意义上错误认识的内涵与外延，不仅能够与刑法理论中的错误论区分开来，更重要的是可以将错误认识与处分行为的主观要素处分意识进行准确划分，以此解决刑法理论界争论已久的处分意识要否的问题。

1. 错误认识的内涵与本质

诈骗罪意义上"错误认识"中的"错误"与刑法错误论中的"错误"不可等同。从文义解释的角度来看，"错误"指的是主观与客观的不一致。正如有学者指出："错误就是对于客体的一种虚假认识，或者说是一个人对客体所形成的印象与事实之间出现偏差，这个印象包括人脑中所形成的对于这个被塑造的性质和特性。简言之，错误就是认识与现实之间的矛盾。"❶ 但诈骗罪中的错误认识作为犯罪构成要件要素，需要从刑法体系化的角度来解释其所具有的独特内涵。在诈骗罪的基本逻辑构造中，错误认识处于其中的第二环节，需要将错误认识与第一环节的行为人以虚构事实、隐瞒真相的犯罪手段所实施的欺骗行为结合起来对错误认识的内涵进行深入剖析。错误认识并非包含一切由于欺骗而使受骗人或被害人陷入的错误认识，而是特指由于受到行为人的欺骗而使其陷入了处分财物或财产性利益的错误认识。从诈骗罪所具有的本质特征来看，该罪名作为"自我损害型"与"交往沟通型"财产犯罪，受骗人或被害人需要就相关财产事项与行为人进行沟通交流，在受到欺骗的基础之上主观陷入了处分自己具有所有权或合法占有的财物的错误认识进而"自愿"地转移财物占有。因此，错误认识中的"错误"仅指对处分自己所有或占有的财物、财产性利益本身产生了主客观的不一致，并非泛指受骗人或被害人对所发生的一切主客观不一致的情形。

错误认识作为诈骗罪不可或缺的构成要件要素，在德国、意大利、法国等国家的刑法典中均以成文形式将其规定出来。行为人的欺骗行为引起受骗人或被害人陷入错误认识进而处分财产，三者之间形成一个密不可分的因果

---

❶ 陈兴良，周光权，车浩，等. 刑法各论精释（上）[M]. 北京：人民法院出版社，2015：418.

链条，前者作为后者的前提条件而存在，具有刑法意义上的直接因果关系。❶ 因此，在阐述诈骗罪意义上的错误认识的内涵时需要与行为人的欺骗行为结合起来对受骗人或被害人所遭受的财物或财产性利益损失的危险来源进行深入探究。❷ 周光权教授则从财物具有的所有权与占有的角度出发，认为使受骗人或被害人陷入认识错误的情形包括：一是自己所有或合法占有的财物应当归行为人所有、占有；二是受骗人或被害人主观认识到该财物或财产性利益归自己所有与占有，但基于行为人的欺骗而"自愿"将其所有、占有的财产转移给行为人占有，以期获取更大回报。❸ 姜涛教授则指出："'错误认识'的定义应当是被害人对影响其处分行为做出的事实性的客观要素产生的错误认识，且这种客观因素存在正确认识的可能性。"❹ 笔者认为，"错误认识"作为成立诈骗罪中不可或缺的构成要件要素，与处分行为的主观要素处分意识具有不同的内涵，"错误认识"更加侧重对财物本身所具有的属性产生主客观不一致的情形，例如，对转移占有的财产数量、重量、价值、种类、性质等方面产生的错误认识。

通过上述对错误认识内涵的论述可知，错误认识的内容并非对全部事实或价值存在不一致的认识，而是对与处分财产相关的一部分事实或价值存在动机上的错误即可认定受骗人或被害人存在错误认识。❺ 作为诈骗罪中关键且独立的构成要件要素，判断受骗人或被害人是否陷入了错误认识，除了通过对是否存在行为人的欺骗行为进行认定，还可以从财产法益保护的角度进行辨别。换言之，错误认识是对与处分财产相关的事项存在主客观不一致的情形，若行为人的欺骗行为使受骗人或被害人陷入并非将直接导致其遭受财产损失的错误认识，那么就无法将其认定为诈骗罪构成要件要素中的错误认识，进而导致认定诈骗罪的因果链条断裂。因此，要将对错误认识的判断始终与财产犯罪所保护的法益紧密联系起来，适度限缩错误认识的成立范围，这有助于司法实践中对诈骗犯罪行为进行准确定罪量刑。

2. 错误认识与处分意识的内在逻辑关系

通过对处分意识内涵的界定以及错误认识的内涵与本质的深入剖析可知，受骗人或被害人陷入的错误认识与转移财产占有时主观上的处分意识，分别

---

❶ 刘明祥. 财产罪比较研究 [M]. 北京：中国政法大学出版社，2001：219.

❷ 马卫军. 论诈骗罪中的被害人错误认识 [J]. 当代法学，2016 (6)：64.

❸ 周光权. 刑法各论 [M]. 北京：中国人民大学出版社，2008：130.

❹ 姜涛. 新型支付手段下诈骗罪的处分意识再定义 [J]. 重庆大学学报：社会科学版，2020 (1)：180.

❺ 黎宏. 被害人怀疑对诈骗罪认定影响研究 [J]. 中国刑事法杂志，2015 (6)：60.

从不同的维度对受骗人或被害人的心理状况进行考察，不可将二者混为一谈。"处分意识不要说"论者认为，通过"自愿性要件"+"直接性要件"的判断标准即可认定是否存在诈骗罪中的处分行为。"处分意识不要说"论者倾向于认为，处分意识与处分行为并非完全统一的关系，无意识的转移财物占有的行为也应当被认定为诈骗罪意义上的处分行为。处分行为既包括有意识的处分行为，也包括无意识的处分行为，二者并不存在天然的耦合性。然而，"处分意识必要说"论者则认为，错误认识与处分意识的内在逻辑关系为，错误认识是处分意识的前提，先有错误认识，后有处分意识。受骗人或被害人陷入的错误认识与处分意识在内容上并不相同。❶笔者赞同"处分意识必要说"，并且下面将从外部逻辑构造与主观认识内容层面对错误认识与处分意识的逻辑关系加以论证。

（1）外部逻辑构造：直接因果关系

"因果关系"实际上是哲学的一个重要范畴，它是指在一定条件下，一种现象与另一种现象之间的引起与被引起的关系。所谓"刑法上的因果关系"是指人的危害行为合乎规律性地引起某种危害结果的内在联系。❷反观诈骗罪的基本逻辑构造，行为人实施的欺骗行为作为该逻辑构造的起点具有引起受骗人或被害人陷入错误认识的法律效果，受骗人或被害人基于对财物或财产性利益本身的错误认识进而转移财产占有，直接导致受骗人或被害人遭受财产损失的不利后果。诈骗罪逻辑构造中的每个构成要件要素均发挥着自身独特的效用，前一构成要件要素依次作为后一构成要件要素的起因，共同形成一个完整闭合的因果链条。因此，在判断"错误认识"与"处分意识"之间的逻辑关系问题时，不仅应当将视角聚焦在上述两个构成要件要素上，更应当以体系化的视角来审视二者之间的内在逻辑关系以及二者在整个因果链条体系中所发挥的作用。

关于错误认识与处分意识之间的逻辑关系问题，张红昌副教授指出，受骗人在主观上具有处分意识的情形下实施处分行为的直接原因，是由于受到行为人的欺骗而陷入了错误认识，因此，二者之间必须具有刑法上的直接因果关系。❸从错误认识与处分意识所认识的内容上进行分析可知，错误认识中"认识"的内容主要包括：对财产本身权利归属的认识，即该财产归谁所有或占有；对财产所具有的外部属性的认识，例如，对财物数量、重量、价格的

---

❶ 柏浪涛. 论诈骗罪中的"处分意识"[J]. 东方法学，2017（2）：104.

❷ 刑法学编写组. 刑法学（上册·总论）[M]. 北京：高等教育出版社，2019：125-126.

❸ 张红昌. 诈骗罪处分意识的构造 [J]. 海南大学学报：人文社会科学版，2011（3）：40.

认识；对财产内在属性的认知，例如，对财物的种类、性质等方面的认知。作为处分行为的主观要素，受骗人或被害人所具有的处分意识所包含的内容是与转移财产占有这一事实本身相关的认识，即受骗人或被害人对于客观上处分自己所有或占有的财产行为的属性及其将产生的法律后果的认识。由此得出，错误认识作为诈骗罪因果链条上的起因，必然合乎逻辑与规律地引起具有处分意识的处分行为的发生。

此外，从刑法体系化的角度进行观察，要想论证"错误认识"与"处分意识"之间的逻辑关系，需要将其置于诈骗罪整个逻辑构造之中进行审视，而不能将其与前后的构成要件要素割裂开来。首先，在判断受骗人或被害人是否陷入处分财产的错误认识之前，需要运用成立诈骗罪的构成要件理论对行为人的行为是属于诈骗罪意义上的欺骗行为或只是民法上的欺诈行为进行区分。若行为人以虚构事实、隐瞒真相的方式所实施的行为并未达到构成诈骗罪欺骗行为要件要素所规定的程度，此因果链条自始并未开启，也就没有判断受骗人或被害人是否陷入错误认识的必要性与可能性；若行为人所实施的行为在方式、内容与程度上均达到诈骗罪中欺骗行为的标准，那么此时开启对受骗人或被害人是否陷入错误认识的具体判断。其次，还可以采用以后一要件要素是否满足成立诈骗罪必备的构成要件要素反向论证前一构成要件要素是否成立的方法来验证"错误认识"与"处分意识"的逻辑关系。此时，以行为人所获取的财产为判断基点，分析其所获取的财产是由于受骗人或被害人在具有处分意识支配的情形下所实施的处分行为而取得，还是由于行为人主动侵入受骗人或被害人的财产领域转移财产占有而获得。进而可以得出，当受骗人或被害人在客观外在行为上均具有主动将财物递交给对方的行为时，如何辨别该行为的性质究竟是属于诈骗罪意义上的处分行为还是盗窃罪中的窃取行为。因此，判断"错误认识"与"处分意识"的逻辑关系时不可仅拘泥于两者之间，更应当将其与因果链条上的其他要件要素结合起来加以综合判断考量。

（2）主观认识内容

根据前文论述可知，错误认识的认识内容侧重于强调对财物的具体属性存在主客观不一致的情形，例如，受骗人或被害人对财物的价值、数量、重量、种类、性质等方面具有错误认识；而处分意识中的认识内容更加侧重于强调对处分行为本身以及该行为所产生的后果的认识，但并不完全排除对处分对象具体属性的认识。换言之，处分意识的内容既不是"严格论"中所指出的需要对处分对象的各方面属性具有全面、具体、准确的认识，也不像

"极端缓和说"中所提倡的只需要对转移占有的财产整体外观具有认识即可的程度。错误认识与处分意识在认识内容上既有重合的部分，也有不一致的地方。若从逻辑关系的角度进行定义，则将错误认识与处分意识具有部分重合的关系称为交叉关系。[1] 准确界定二者的逻辑关系，将有助于厘清处分意识中所包含的具体内容。关于处分意识内容的界定问题，笔者提出"有限度的极端缓和说"观点，后文将从处分对象的具体属性，即价值、数量、重量、种类、性质等方面依次展开详细论证。

(二) 诈骗罪的本体结构与本质特征

1. 诈骗罪的本体结构

我国《刑法》第266条规定："诈骗公私财物，数额较大的"，即可构成诈骗罪。从该法律条文中并不能清晰地看出诈骗罪所具有的内在逻辑构造，但从学理角度进行分析，我国刑法理论界对诈骗罪的犯罪客观方面的界定主要存在三种观点："三要素说""四要素说"与"五要素说"。"三要素说"是指诈骗罪的客观方面是由欺骗行为、错误认识与财产损失构成；[2] "四要素说"的具体内容包括：欺骗行为、错误认识、处分行为与获取财产；[3] "五要素说"的具体内容包括：欺骗行为、错误认识、处分行为、获取财产与财产损失。[4] 我国刑法理论通说认为"五要素说"更具合理性，虽然有部分构成要件要素未在法律条文中明文列出，但刑法理论将其作为成立诈骗罪的不成文的构成要件要素。通过对"五要素说"内容的具体阐释，诈骗罪的本体结构即诈骗罪的基本逻辑构造可以清晰地展现出来。

诈骗罪的基本逻辑构造表现为：欺骗行为—陷入或继续维持错误认识—处分行为—取得财产—财产损失。为了正确把握处分行为的主观要素处分意识在判断诈骗罪成立的过程中是否具有必要性的理论争议问题，可以借助诈骗罪的基本逻辑构造对该问题进行深入剖析。

"处分意识不要说"论者认为，只要受骗人或被害人基于主观具有瑕疵的意思表示直接将财产转移给对方占有即可认定诈骗罪的成立。根据诈骗罪的

---

❶ 雍琦. 法律逻辑学 [M]. 北京：法律出版社，2004：157-160.

❷ 张明楷. 外国刑法纲要 [M]. 2版. 北京：清华大学出版社，2007：574.

❸ 赵秉志. 侵犯财产罪研究 [M]. 北京：中国法制出版社，1998：227.

　王晨. 诈骗罪的定罪与量刑 [M]. 北京：人民法院出版社，1999：28-32.

　王作富，等. 刑法分则实务研究（下）[M]. 北京：中国方正出版社，2001：1128-1133.

❹ 张明楷. 刑法学 [M]. 5版. 北京：法律出版社，2016：1000.

　刘明祥. 财产罪比较研究 [M]. 北京：中国政法大学出版社，2001：209.

基本逻辑构造可知，陷入的错误认识处于因果链条的第二个环节，处分意识作为处分行为的主观要素处于因果链条的第三个环节，二者之间具有刑法上引起与被引起的直接因果关系。此外，从主观认识内容的角度来看，错误认识与处分意识所认知的内容并不一致，前者是对处分财产的具体属性的认识，后者是对处分行为本身、处分行为产生的后果以及部分财产的具体属性方面的认知。可得，"处分意识不要说"论者有将错误认识与处分意识相混淆之嫌，并不具有较强的学理上的说服力。

我国刑法理论通说认为，处分行为是成立诈骗罪不成文的且不可或缺的关键性要件要素。根据前文对处分行为内涵界定的论证可知，处分行为构成要件要素中必然蕴含处分意识的相关内容。之所以称诈骗罪中转移财产占有的行为为"处分行为"，就是为了强调将财产的支配控制权转移给对方的过程需要在财产权利人主观具有认知的情况下进行，否则该举动将有可能被认定为利用被害人为犯罪工具的盗窃罪的间接正犯行为。笔者认为，处分行为中天然地含有主观要素方面的内容即处分意识，因此，处分意识在判断诈骗罪是否成立的过程中当然具有存在的必要性，需要对其单独进行判断。

此外，处分意识的存在对于合理限定处分行为的成立范围，清晰划定诈骗罪的犯罪圈具有极为重要的作用，此为处分意识存在的重要性。正如"处分意识必要说"论者所言，处分意识具有限缩处分行为的成立范围与类型化处分行为的重要作用，处分意识能够将占有转移与占有迟缓进行有效区分。❶如在"试衣案"中，行为人甲以试衣为幌子欺骗店员乙，乙将衣服递交给行为人甲后，甲谎称店内光线不好穿着衣服就往外走，随即逃跑。传统的"处分意识必要说"论者认为，店员乙交付衣服时主观并无处分意识，行为人甲无法构成诈骗罪。但笔者认为，在该案中并不涉及对处分意识存在与否的判断问题。由于行为人甲的欺骗行为并未使店员乙陷入处分财产的错误认识之中，店员乙将衣服递交给行为人甲的行为并不属于转移财产占有的处分财产行为，财产的占有并未发生终局性转移，只是暂时性地丧失实际控制，从事实与规范层面来看，该衣服依然处在店员乙或者说商店的支配控制领域之内。由于店员乙并未陷入处分财产的错误认识中，诈骗罪的因果链条自此断裂，也就无须继续判断是否存在处分行为与处分意识的问题。因此，对于处分意识存在必要性的论证问题，需要从诈骗罪的本体结构角度出发来探讨其存在的合理性。

---

❶ 王立志. 认定诈骗罪必需"处分意识"：以"不知情交付"类型的欺诈性取财案件为例［J］. 政法论坛，2015（1）：122-125.

2. 诈骗罪的本质特征

(1) "交往沟通型"财产犯罪

通过对诈骗罪的基本逻辑构造进行观察可知,在诈骗犯罪案件中,一般存在两方主体,即行为人与被害人;然而,在特殊的三角诈骗情形中,则存在三方主体,即行为人、受骗人与被害人。无论是在两者间诈骗还是三者间诈骗中,均存在行为人以虚构事实、隐瞒真相的犯罪方法欺骗受骗人或被害人并使其陷入处分财产的错误认识之中的情形。在此过程中,行为人与受骗人或被害人就相关的财产决策事项进行沟通,由于后者受到行为人的欺骗,对财产的某些具体属性发生了错误认识,并根据被误解的财产交易基础信息实施了转移财产占有的行为。在诈骗罪基本逻辑构造中,能够充分体现诈骗罪"交往沟通"本质特征的环节就是第一环节欺骗行为与第二环节陷入的错误认识。虽然在前两个环节中并不涉及对处分意识的判断,但深入剖析诈骗罪"交往沟通"本质特征的根本目的,一是阐述错误认识中所包含的具体内容;二是说明对处分意识的判断来说,错误认识的存在并非多余,而有其独立的存在意义。陷入的错误认识是判定处分意识是否具有存在的必要性与合理界定处分意识内容的前提。二者既相互联系又具有各自不同之处,从而能够间接证明处分意识存在的必要性。

(2) "自我损害型"财产犯罪

与盗窃罪、抢夺罪等"夺取型"财产犯罪不同,诈骗罪为"交付型"财产犯罪。从文义解释的角度可知,"夺取"与"交付"最大的不同之处就在于行为人获取财产的方式不同。在"夺取型"财产犯罪中,行为人是在违背被害人意志的情形下转移财产占有;而在"交付型"财产犯罪中,受骗人或被害人由于受到欺骗而"自愿"地转移财产占有。由此可知,在两种财产犯罪中,受骗人或被害人在处分财产时主观上处于截然相反的两种状态,即被动与主动。

"处分意识不要说"论者对此提出了诘问,受骗人或被害人基于陷入的错误认识直接转移财产占有导致财产遭受损失同样体现了诈骗罪"自我损害"的特征。但笔者认为,该观点只能体现出"自我损害"中的"损害",而"自我"并未充分体现出来。虽然该转移占有行为是由受骗人或被害人自己亲自实施,但其在转移财产占有的同时主观上对该行为的性质与后果完全没有意识,这就与其他任何人实施该行为并无本质上的差别。因此,为了体现诈骗罪"自我损害"中"自我"的本质特征,不仅需要具有客观上的处分行为,更重要的是需要同时对主观上是否具有处分意识进行判断。只有在受骗人或被害人理解处分行为的性质并接受处分行为产生的后果的前提之下，我们才能够称诈骗罪为"自我损害型"的财产犯罪。

三、处分意识内容的界定——"有限度的极端缓和说"之提倡

我国刑法学界对于处分意识内容的界定问题素来争论不休，由此大致形成了较为对立的两方阵营局面，即"严格的处分意识论"与"缓和的处分意识论"。"严格的处分意识论"将受骗人或被害人陷入的错误认识与处分意识进行了混同理解，认为错误认识中对财产具体属性方面所产生的主客观不一致的认识等同于处分意识的内容，只有当受骗人或被害人对财产各方面的属性具有全面、明确地认识时，才能够认定其主观上处分意识的存在。而"缓和的处分意识论"尤其是该学说中的"极端缓和说"认为，受骗人或被害人无须对处分对象的属性具有全面、准确的认知，只要意识到将财产的整体外观转移给对方占有即可认定其主观上具有处分意识。上述两种学说存在过于缩小与过于扩大诈骗罪成立范围的弊端，为避免上述两种学说所存在的不足之处，并合理界定处分意识中所包含的内容，笔者提出"有限度的极端缓和说"的观点。该学说并非将两种学说的内容进行简单中和之后所得出的结论，而是根据处分行为的处分对象所具有的不同属性，具体论证处分意识中所应当包含的内容。

（一）在诈骗财物场合对处分意识内容的界定

在诈骗财物的场合，柏浪涛教授指出，诈骗罪中处分行为的核心要素是转移财产占有，对占有是否发生转移着重从权利人对财物的支配力是否发生改变进行考察，那么财物的支配力与财物的价值、数量、重量、种类、性质等方面的属性并无直接关联，因此，对于财物的具体属性没有完全认识或者完全无认识并不会影响对受骗人或被害人主观上处分意识存在的认定。根据他的观点，无论是"照相机案""方便面案"，还是"邮票案"，对行为人的行为均应当以诈骗罪进行定罪处罚。❶ 但是，笔者认为，如果将受骗人或被害人对于自己根本不具有认识可能性的财物也一并概括地认定其主观上存在处分意识，将会过于扩大处分意识内容所能够涵射到的范围，处分意识是否具有存在必要性的理论争议将失去判断的意义。因此，笔者将依次从财物的价值、数量、重量、种类、性质等方面对处分意识的内容进行详细论证。

---

❶ 柏浪涛. 论诈骗罪中的"处分意识"［J］. 东方法学，2017（2）：103-105.

首先，当受骗人或被害人对财物的价值大小存在错误认识时，并不会影响对其主观处分意识的认定。我国刑法理论界也有相同的观点，认为对财物价值存在不完全认识或完全不存在认识都属于处分财物中不重要的动机性错误，不会影响对处分意识的肯定性判断。❶ 例如：在"更换衣服价签案"中，店员乙对于行为人甲更换衣服价签的行为并不知情，最终行为人甲支付较低价格拿走价格高昂的衣服。在本案中，虽然店员乙对于行为人甲更换衣服价签的行为并不知情，但乙对于转移此件衣服的占有是具有明确认识的，是否认识到此件衣服的真实价格并不会实质性地影响对乙主观上处分意识存在与否的具体认定。财物一般均具有使用价值与交换价值，受骗人或被害人为了获取财物的交换价值就需要让渡财物的使用价值，而财物价值的大小则属于财物使用价值的范畴，只要受骗人或被害人意识到其将财物的使用价值进行转移以换取交换价值即可，该使用价值能够在多大程度上实现交换价值则不在处分意识的考量范围之内。财物所具有的使用价值是相对于财产权利人自身而言的，而财产的交换价值则需要在财产权利人与相对人两方主体同时存在的情形下才能够体现。因此，受骗人或被害人对于自己所有或占有的财产的使用价值存在误认并不会影响其与交易相对人后续交易的进行，也就是说，对财产的使用价值存在错误认识并不会对财产的交换价值产生不利影响。

其次，当受骗人或被害人对财物的数量存在错误认识时，应当区分不同的情况对处分意识的存在与否进行具体认定。第一种情况：当财物不具有独立外包装且能够清晰看见财物的具体数量时，受骗人或被害人对财物的数量存在认知偏差，则应当肯定其主观要素处分意识的存在。若该财物无独立外包装，受骗人或被害人对财物的具体数量的认知就不存在外在的障碍，在其能够认清财物准确数量，但由于行为人的欺骗行为而导致误认的情形下，应当认定受骗人或被害人主观上是具有处分意识的，转移财产占有的行为属于诈骗罪中的处分行为，行为人构成诈骗罪。第二种情况：当财物具有独立外包装时，受骗人或被害人在处分财物时将以独立外包装所标识的商品数量为认定标准，也就是说，包装上所标识的商品数量是受骗人或被害人的处分意识所能及的范围。因此，对于独立外包装中另外塞入的商品，受骗人或被害人是不具有处分意识的可能性的。我国也有部分学者赞同以"独立包装说"

❶ 张明楷. 诈骗罪与金融诈骗罪研究 [M]. 北京：清华大学出版社，2006：166.

王钢. 盗窃与诈骗的区分：围绕最高人民法院第 27 号指导案例的展开 [M]. 政治与法律，2015（4）：37.

柏浪涛. 论诈骗罪中的"处分意识"[J]. 东方法学，2017（2）：102.

为判断标准对处分意识的内容进行界定。❶"独立包装说"判断标准的引入能够最大限度上消除"质量区分说"中对财物的数量与种类存在认知偏差后对行为人的行为进行不同定性的理论障碍。换言之，在对受骗人或被害人是否存在数量或种类方面的错误认识进行判断之前，先考察该财物是否具有独立包装，如果具有独立包装，则可以直接得出对于多出部分的财物不具有处分意识的结论。因此，根据"独立包装说"的观点，"方便面案"与"照相机案"中受骗人由于对多出的物品不具有处分意识，因此，对行为人的行为均应当以盗窃罪进行定罪处罚。

再次，当受骗人或被害人对财物的重量存在认知偏差时，并不影响对处分意识存在的认定。例如：在"卖鱼案"中，行为人甲在商贩乙已经用食品袋装好的 10 斤装的鱼袋中又偷偷放入了两条鱼，在付款时，商贩乙仍以 10 斤鱼的重量收取甲相应的价款。在本案中，无论该称好重量的鱼袋是处于封闭状态还是非封闭状态，商贩乙在转移鱼袋的占有时关注的仅仅是该鱼袋所承载的整体重量，而鱼袋中增加或减少几条鱼的具体数量并不在其处分意识的范围之内。因此，对于财物的重量存在错误认识，并不会否定处分意识的存在。又如：商贩甲将剩余的一堆苹果分成大致均等的三小堆进行降价销售，行为人乙偷偷将旁边一堆中的两个苹果放入自己面前的这堆中，商贩甲并未发现，仍然以原来固定的价格卖给乙。在该案中，商贩甲是以"估堆"的方式销售剩余的苹果，"估堆"就是估计成堆的商品的价格。与消费者挑选商品的方式不同，该种销售方式是以打包的形式进行整体销售。因此，商贩甲作为被害人，在将苹果交付给行为人时，其只对以"堆"为单位的待售苹果具有处分意识，对于该堆苹果所含有的准确数量并不存在认识。在此种情形下，商贩也无须对待售商品的具体数量具有明确的认识。根据对上述案例的分析可知，当受骗人或被害人的主观认知是以"袋""堆""盒"等商品的整体性为单位，且无法确切知晓其中所含数量的情况下，受骗人或被害人在主观上对该财物整体的转移具有认知即可认定其具有处分意识，行为人构成诈骗罪。

从次，当受骗人或被害人对财物的种类存在错误认识时，仍然需要引入"独立包装说"的判断标准对处分意识的存在与否进行判断。如果该财物具有

❶ 张红昌. 论诈骗罪中的处分意识 [J]. 湖北警官学院学报，2010（1）：39.
徐光华. 刑法解释视域下的"自愿处分"：以常见疑难盗窃与诈骗案件的区分为视角 [J]. 政治与法律，2010（8）：54.
王钢. 盗窃与诈骗的区分：围绕最高人民法院第 27 号指导案例的展开 [J]. 政治与法律，2015（4）：38.

独立的外包装，则对于不应当属于该包装内的财物，受骗人或被害人不具有主观上的处分意识；如果该财物不具有独立外包装，应当认定受骗人或被害人对于多余部分的财物或被替换的财物的物理外观是具有认知的，肯定其主观上处分意识的存在。例如：在"方便面案"中，由于商品具有独立外包装，因此，行为人无论向方便面箱中塞入一部价格高昂的照相机，还是将方便面全部取出后塞入多部照相机，由于受骗人对其中的照相机并不具有处分意识或者处分意识的可能性，因此，无法认定其主观上具有处分意识。对于具有独立外包装的商品，受骗人或被害人根据商品外包装上的信息了解其内部商品所具有的数量、功能、特征等方面的内容，对于被偷偷塞入的商品并不具有处分意识的可能性。然而，有部分持有"极端缓和说"观点的学者则认为，上述"方便面案"中行为人的行为应当构成诈骗罪。笔者认为，将不具有处分意识可能性的行为也认定为诈骗罪中的处分行为，与"处分意识必要说"刑法理论通说观点是背道而驰的，此外，也在一定程度上不当地扩大了诈骗罪的成立范围，不利于对行为人的行为进行准确定性。

最后，当受骗人或被害人对财物的性质存在错误认识时，无法肯定处分意识的存在。例如：在"邮票案"中，行为人为获取被害人夹在书中的珍贵邮票，谎称欲借此书。由于被害人对于夹在书中的邮票并不知情，其处分意识的范围仅限于此书籍本身，并不包含书中的邮票，换言之，被害人对于邮票并不具有处分意识的可能性。被害人最终遭受的财产损失指的是丧失对邮票的占有，那么邮票的占有发生改变是由于行为人在违背被害人意志的情形下而转移占有，如果被害人知道邮票的存在，一定不会实施将夹带有邮票的书籍交给行为人的行为。因此，在本案中，行为人的行为是以掩盖、夹带的方式而实施的窃取行为，应当对行为人以盗窃罪进行定罪处罚。在本案中，行为人以隐瞒真相的方式欺骗被害人，使被害人相信行为人只是欲借此书，并无其他不法目的。但其中所隐含的争论是，被害人是否陷入了处分"财产"的错误认识。从最终的财产损害结果来看，被害人明知借给对方此书，也正是借了此书，对于该书而言，被害人并未遭受损失。此处被害人遭受的财产损失特指其并不知情的珍贵邮票。在诈骗罪中，受骗人或被害人陷入的错误认识仅指与处分财产相关的错误认识，本案中处分的财产指的是珍贵邮票。由于被害人主观上只对书本具有处分意识，对邮票并不具有处分意识的可能性，而书本与邮票具有完全不同的性质，对于书本具有处分意识不能等同于对邮票同样具有处分意识，因此，被害人将夹带有邮票的书本交给行为人的行为并不属于诈骗罪中的处分行为。

（二）　在诈骗财产性利益场合对处分意识内容的界定

在诈骗财产性利益的场合对处分意识内容的界定与涉及诈骗财物的场合具有相似性，当受骗人或被害人对处分的财产性利益具有具体的认识时，才能够认定其主观上具有处分意识。但财产性利益与财物的不同之处就在于，前者不具有财物看得见、摸得着的物质性外观，因此，在认定处分意识内容的界定标准上，二者具有细微的差别。例如，在涉及财产性利益的场合，财产性利益的数量多少代表着其价值大小，二者是一体两面的关系。所以，当受骗人或被害人在处分财产性利益时，需要明确处分的财产性利益的数量多少或者说价值大小。一般情况下，只将受骗人或被害人对主观上具有处分意识的那部分财产性利益所实施的处分行为认定为诈骗罪意义上的处分行为，对其余部分实施的处分行为无法被认定为具有处分意识。在诈骗财产性利益的场合，对于无意识地将自己财产性利益转移给对方的行为定性问题，笔者认为，对该类行为不应当以诈骗罪定罪处罚，至于是否构成盗窃罪还须判断该行为是否满足盗窃罪的犯罪构成要件。例如，在"机票款案"中，被害人的行为分为两个部分：第一个部分为有意识地处分自己的财产性利益的行为，即通过手机银行将预订机票的机票款进行转账的行为；第二个部分是在无意识的情形下主动将自己银行卡中的款项转到行为人账户中的行为。笔者认为，在诈骗财产性利益的场合，需要受骗人或被害人对处分的财产性利益具有明确的认识，因此，"机票款案"中被害人在无意识情形下"自愿"转移财产性利益的行为不属于诈骗罪意义上的处分行为，若行为人的行为满足盗窃罪的构成要件，则按照盗窃罪的间接正犯进行定罪处罚即可。

第四章
诈骗罪中财产处分人的范围与权限

在我国刑法理论中，一般是在两者间诈骗的情形下划定财产处分人的范围。然而，在特殊的三角诈骗情形中，财产处分人的范围相较于两者间诈骗将发生一定的变化，由此，刑法学界对此问题产生较大争议，即受骗人与财产处分人是否具有同一性的问题。在司法实践中，涌现出大量的"盗骗交织型"的犯罪案件，对以何种标准来界定财产处分人的处分地位与处分权限的理论问题提出了挑战。刑法学界对该理论争议问题大致存在以下几种不同的学说，即"主观说""事实介入可能性说""阵营说"与"授权说"。究竟以哪种学说为判断标准才能将三角诈骗行为与盗窃罪的间接正犯行为进行有效区分将在本章展开详细的阐述与论证。在三角诈骗中，刑法学界争论较为激烈的问题是，诉讼诈骗是否属于三角诈骗中的特殊情形，是否应当以诈骗罪对该行为进行定罪量刑。对此理论争议问题，学界形成了四种观点：诉讼诈骗行为构成诈骗罪、诉讼诈骗行为不构成诈骗罪、诉讼诈骗行为构成其他罪名、应当增设专门罪名以规制该诉讼诈骗行为。

第一节　财产处分人的范围

一、两者间诈骗

从诈骗罪所具有的本质特征"交往沟通型"财产犯罪可以推知，犯罪行为人与对方就相应的财产决策事项进行沟通交流，此处的"对方"是指亲自实施了财产处分行为的主体。在诈骗犯罪的场合，一般情况下，诈骗犯罪指的是二者间诈骗的情形，也就是说，受骗人由于受到行为人的欺骗而陷入处分财产的错误认识之中，进而将财产从自己的支配控制领域转移到对方的支配领域内，此种情形中受骗人之所以能够实施转移财产占有行为，是因为其具有处分财产的权限。因此，在二者间诈骗的情形中，受骗人与最终遭受财产损失的被害人为同一人，与此同时，受骗人也是具有处分财产权限的财产处分人，由此得出，财产处分人、受骗人与被害人是同一人的结论。根据前文对处分行为中"处分"所具有的内涵的阐述与论证，在我国刑法学界处于通说地位的是"占有转移说"，换言之，处分行为中"处分"的核心内容要素为转移占有，而非转移所有权或转移持有。所以，财产处分人的范围不仅包括具有财产所有权的人，同时也包括在事实上占有财产的人。❶ 具体分为以下两种情况：

第一，当财产处分人为财产所有权人时，该所有权人当然具有处分财产的权限与地位。即使所有权人并没有在事实上实际控制、支配相应的财物，也应当认定其具有处分财产的权限与地位。例如：在"西服案1"中，行为人甲冒充洗衣店工作人员欲非法获取被害人乙的高端西服，甲对乙家的临时工丙说："乙让我来取他的西服。"乙信以为真，让丙将西服交予甲。在本案中，虽然从客观上来看是丙将该贵重的西服交付给行为人甲，但乙对该西装具有所有权，并基于甲的欺骗实施了处分财物的行为。丙自始至终并未陷入处分财物的错误认识之中，其仅仅基于乙的指示行事，丙处于占有辅助人的地位，而非真正具有处分财物的权限。因此，该"西服案"仍然属于两者间诈骗的情形，即行为人甲与被害人乙之间的诈骗。

第二，当财产处分人并不具有财产所有权，仅仅为财产占有人的情形时，该财产占有人依然具有处分财产的权限与地位。根据前文的论证可知，"占有转移说"相较于"所有权转移说"与"持有转移说"更具有逻辑自洽性，能够合理划定诈骗罪的成立范围。从诈骗罪所保护的法益角度来看，该罪名的设定不仅是为了保护被害人的财产所有权，同时也是为了维护市场公平交易秩序，财产的占有与财产的所有权一样具有刑法保护的必要性。例如：在"修理手机案"中，行为人甲谎称自己为手机的所有人，店家乙信以为真，将修理好的手机交给甲，最终被害人丙遭受财产损失。在该案中，店家乙虽然不具有对该部手机的所有权，只是在事实上占有该部手机，但根据"占有转移说"的观点，行为人甲依然可以构成诈骗罪。如果按照"所有权转移说"的观点，店家乙将不具有所有权的手机交给行为人甲的行为就不属于诈骗罪意义上的处分行为，行为人甲就无法构成诈骗罪。这将在一定程度上限缩诈骗罪的成立范围，不利于对行为人的犯罪行为进行合理的规制与惩处。因此，即使受骗人并不具有财产所有权，只要合法占有该财产就具有处分的权限和

---

❶ 张明楷. 诈骗罪与金融诈骗罪研究 [M]. 北京：清华大学出版社，2006：128.

地位，就可以成为适格的财产处分人。

（一）法人能否被骗

以上两种情形针对的是财产处分人为自然人的情形。在我国刑法学界，对于财产处分人能否为法人的问题也存在一定的争议。

对于法人能否成为诈骗罪受骗人的问题，张明楷教授指出，法人完全可以成为诈骗罪的被害人，但其本身无法成为诈骗罪的受骗人。在民法理论中，对法人本质的探究，主要存在三种学说："法人拟制说""法人否定说"与"法人实在说"。❶ 我国民事法律采纳的是最后一种学说的观点，即法人并非完全是由法律虚构出来的，而是具有其独立的意志与行为。法人的团体意志并非每个成员意志的简单叠加，法人所具有的团体利益也并不是每个成员所获利益数字的相加之和。法人作为一个社会有机体，具有自身独立的团体意志与利益。在刑事法律领域，法人依然具有相对独立的主体地位。根据刑法对单位（法人）犯罪实行的"双罚制"可以推断出，法人与自然人一样具有独立的犯罪主体地位。

虽然法人在本质上是一个具有独立性的社会组织体，但从诈骗罪基本逻辑构造的角度来看，行为人所实施的欺骗行为实质上是作用于法人中的部分或全部自然人，自然人基于受到欺骗而陷入处分财产的错误认识进而实施转移财产占有的行为。如果认为法人也能够成为诈骗罪的受骗人（财产处分人），那么将导致诈骗罪丧失其构成要件要素的定型性，违反刑法之罪刑法定原则。与此同时，也不利于确定诈骗罪中实行行为的着手时间。具体而言，当行为人的欺骗行为具有使受骗人陷入错误认识的可能性时，则为诈骗罪的着手。若诈骗罪的受骗人包括法人，只有当行为人的欺骗行为作用于法人并使其法人集体陷入错误认识时才能够视为诈骗罪的着手，这与诈骗自然人的情形相比推迟了该罪名的着手时期，丧失诈骗罪构成要件要素的定型性。

因此，欺骗法人的实质为欺骗法人中的自然人，并且只能作用于具有财产处分权限与地位的自然人。

（二）机器能否被骗

关于机器能否成为诈骗罪中受骗人的问题，国内外刑法学界对此产生了较大争论。大陆法系国家刑法理论通说与判例的立场均认为，机器不能被骗，

---

❶ 王利明，等. 民法 [M]. 北京：中国人民大学出版社，2000：77-80.

无法成为诈骗罪中的财产处分人，只有自然人才能够受到行为人的欺骗而陷入错误认识之中。德国刑法理论认为，诈骗罪中陷入错误认识的主体只有自然人能够符合该构成要件要素的要求，机器无法真正陷入处分财产的错误认识之中。韩国刑法理论与司法判例的立场均认为，机器不能成为适格的财产处分人，无法成为欺骗行为的对象。❶

此外，英美法系国家刑法理论与司法判例也认为，机器并不能成为诈骗罪的受骗人，不具有处分财产的权限与地位。有学者指出，诈骗罪的成立必须使行为人的欺骗行为作用于受骗人或被害人的大脑，行为人由于实施了欺骗行为而最终取得相应的财物或财产性利益。❷ 还有观点主张，"欺骗必须影响被害人的头脑。"❸

与上述观点不同的是，我国台湾地区学者沈银和教授持有"机器能够被骗"的观点。他将机器视为对人类主观意志的一种延伸，他认为，随着现代科技的飞速发展，算法、大数据、人工智能等领域的技术正在突飞猛进地进行着迭代更新，机器再也不是仅仅具有最初被开发时的简单功能，而在算法、大数据的助力下逐渐拥有自主意识。在此情形下，"机器不能被骗"的说法即将被打破。❹

我国大陆地区也有学者赞同少数说的观点，认为机器能够成为被欺骗的对象。游涛博士指出："在电子商务时代，'机器能否被骗'的命题，不应单纯从机器有没有大脑去判定，而应从程序表达人的意愿、机器作为人之代理人的角度，认识到机器实际内含了现代商务交往中的惯例与规则。在电子商务模式下，机器在一定条件下可以成为诈骗罪的对象，并非意指机器具有意思表达能力，而是指通过机器欺骗了机器背后的自然人或法人的意志。"❺ 此外，他还指出，对于机器能否被骗的理论争议问题，究其本质是机器背后的人能否被骗的问题，该观点也得到了国内外刑事立法的确认。《日本刑法典》增设了第246之2条，规定了"电子计算机使用诈欺罪"。❻ 我国司法解释也明确了机器可以成为诈骗罪欺骗对象的结论。因此，将机器看作自然人意志的延伸，欺骗机器就相当于欺骗自然人，二者具有相同法律效果的观点是具

---

❶ 韩国侵犯财产罪判例 [M]. 吴昌植，译. 北京：清华大学出版社，2004：108-109.

❷ Richard Card. Criminal Law [M]. 14th ed. London：Butterwords, 1998：304-310.

❸ Janet Dine, James Gobert. Cases & Materials on Criminal Law [M]. 2nd ed. London：Blackstone Press Limited, 1998：392.

❹ 黄荣坚. 刑法问题与利益思考 [M]. 台北：台湾元照出版公司，1999：82.

❺ 游涛. 普通诈骗罪研究 [M]. 北京：中国人民公安大学出版社，2012：173.

❻ 大塚仁. 刑法概说（各论）[M]. 冯军，译. 北京：中国人民大学出版社，2003：262.

有合理性的。● 然而，我国大部分学者均坚持"机器只能被盗，不能被骗"的观点。例如，张志勇学者指出："我们应当坚持一个原则：人是有意识的，人可以成为诈骗罪的对象；机器是无意识的，不能成为诈骗罪的对象。"● 他还指出，"欺骗"机器实施犯罪行为，应当根据具体情况来认定行为构成诈骗罪还是盗窃罪。如果只是将机器作为实施欺骗行为的工具而骗取他人财产的，构成诈骗罪；如果是在欺骗机器，从而窃取他人财产的，则构成盗窃罪。●

笔者认为，"机器能够被骗"的观点无法自圆其说，且具有刑法理论上的障碍。首先，日本刑法增设专门针对电子计算机的诈欺罪，其立法目的并非表明机器可以成为诈骗罪中的欺骗对象，而是为了避免出现处罚漏洞，弥补法律真空而作出的刑事立法选择。由于日本刑法中盗窃罪的犯罪对象仅包含财物，不包含财产性利益，所以，为了有效惩处利益盗窃行为而专门增设了此罪名。其次，我国司法解释规定，将拾得他人信用卡并使用的行为认定为信用卡诈骗罪是无法得出机器可以被骗的结论的。《最高人民检察院关于拾得他人信用卡并在自动柜员机（ATM）上使用的行为如何定性问题的批复》规定："拾得他人信用卡并在自动柜员机（ATM）上使用的行为，属于刑法第一百九十六条第一款第（三）项规定的'冒用他人信用卡'的情形，构成犯罪的，以信用卡诈骗罪追究刑事责任。"该规定属于法律拟制（特别规定），而非注意规定。为了预防、遏制司法实践中此类犯罪案件的频繁发生而将该行为视作冒用他人信用卡的行为，以信用卡诈骗罪定罪处罚。对于机器能否被骗的问题，我国刑法学者张明楷教授持有否定的观点。他主要是从诈骗罪的构成要件要素所具有的定型性与诈骗罪的本质特征角度阐述并论证"机器不能被骗，只能被盗"的观点。●

二、三者间的诈骗

根据诈骗罪的逻辑构造，在一般情况下，诈骗罪中受骗人与被害人是同一人。但在某些特殊情形中，受骗人与被害人并不是同一人，刑法理论将该种情形称为"三角诈骗"或者"三者间的诈骗"。可将上文中的"西服案"作简单改编，用以说明"三者间的诈骗"的情形。行为人甲为了非法获取被

● 游涛. 普通诈骗罪研究［M］. 北京：中国人民公安大学出版社，2012：175-177.
● 张志勇. 诈骗罪研究［M］. 北京：中国检察出版社，2008：175.
● 张志勇. 诈骗罪研究［M］. 北京：中国检察出版社，2008：175-176.
● 张明楷. 诈骗罪与金融诈骗罪研究［M］. 北京：清华大学出版社，2006：96-105.

害人丙的高端西服，伪装成干洗店工作人员，对长期在丙家工作的保姆乙说："丙让我来取他的西服。"保姆乙信以为真，将丙的西服交给甲。在本案中，行为人甲以虚构事实的方法欺骗受骗人乙，乙陷入处分西服的错误认识之中进而转移西服占有，甲由此取得该套西服，丙遭受相应的财产损失。该案中的关键性要素即为乙作为长期在丙家工作的保姆，对于丙的西服具有事实上的占有，因此，乙具有处分丙财产的处分权限与地位，其转移西服占有的行为应当属于诈骗罪意义上的处分行为。但由于最终遭受财产损失的是丙，而非乙，受骗人与被害人存在不一致的情形，形成了三角诈骗，对行为人甲应当以诈骗罪进行定罪处罚。

在三角诈骗的场合，受骗人是否不必与被害人为同一人，国内外刑法学界对此问题产生了一定的争议。英美刑法理论通说认为，诈骗罪的受骗人与被害人不必为同一人，即诈骗罪的成立"不要求从受骗者手中取得财物"。因此，如果被告人（一位保险代理人）不诚实地诱使某人与一家保险公司签订保险合同，而且该行为的结果是这家公司给付被告人佣金，则被告人对所骗取的佣金成立诈骗罪。❶

在日本刑法理论中，关于财产处分人必须由受骗人来充当，还是必须由被害人亲自处分财产才能成立诈骗罪的问题，学界对此也产生了争议。日本刑法理论界有部分学者认为，处分财产行为必须由被害人来实施，财产处分人必须是被害人。例如，日本刑法学者团藤重光教授指出："受骗者与交付者不要求是同一人，可以是欺骗甲而使乙交付财物。"❷ 川端博教授认为："如果采取以下观点，即只要有欺骗行为，并且有谁基于欺骗行为产生了'财产上的损害'，就完全可能成立诈骗罪，受骗者与处分行为者就不一定必须一致。"❸

上述两位刑法学者认为"处分行为"与"交付行为"是具有相同内涵的，即受骗人与财产处分人并不具有一致性。大塚仁教授的观点与其相反，他指出，在通常情况下，也就是两者间诈骗的情形中，受骗人与被害人为同一人，受骗人陷入错误认识也就意味着处分财产的被害人陷入了错误认识中；但在特殊的三角诈骗情形中，尤其是在诉讼诈骗案件中，受骗人与被害人并

❶ Richard Card. Criminal Law ［M］. 14th ed. London：Butterwords, 1998：310.

❷ 团藤重光. 刑法纲要各论［M］//张明楷. 诈骗罪与金融诈骗罪研究. 北京：清华大学出版社，2006：131.

❸ 川端博. 集中讲义刑法各论［M］//松宫孝明. 刑法各论讲义. 4版. 王昭武，张小宁，译. 北京：中国人民大学出版社，2018：131.

非同一人，受骗人是裁判所，而被害人是在诉讼中败诉的被告人。❶

由于各国刑法均未明文规定三角诈骗的情形应当构成诈骗罪，因此，刑法理论界与实务界对于三角诈骗能否成立诈骗罪存在诸多质疑。此外，在三角诈骗构成诈骗罪的前提之下，财产处分人究竟是受骗人还是被害人的问题，学界也存有争议。笔者将对上述存有争议的问题展开论证。

首先，针对三角诈骗是否能够成立诈骗罪的问题，笔者认为，三角诈骗行为完全符合诈骗罪的犯罪构成要件，成立诈骗罪无任何理论上的障碍。以"西服案2"为例，行为人甲欺骗受骗人乙，乙作为在丙家长期提供家政服务的工作人员，对丙的财产具有事实上的占有权。因此，乙实施的将丙的西服转交给甲的行为属于诈骗罪意义上的转移财产占有的行为，即处分行为。行为人甲在主观上具有非法占有他人财产的目的和犯罪故意，并且以虚构事实的方法实施欺骗行为。在本案中，行为人甲虚构自己为干洗店工作人员，被害人丙让其来取西服的虚假事实，受骗人乙由于受到甲的欺骗而陷入处分财物的错误认识之中。我国刑法条文未明文规定，诈骗罪中陷入错误认识的主体必须为被害人，因此，受骗人陷入错误认识也应当符合诈骗罪逻辑构造的规定。本案中受骗人乙基于错误认识实施处分行为，虽然保姆乙对该套西服并不具有所有权，但其作为长期在丙家工作的保姆，其在事实上占有该套西服，所以，乙将西服交给甲的行为应当属于诈骗罪意义上转移财物占有的处分行为，乙的处分行为直接导致行为人甲取得相应的财产，被害人丙遭受财产损失。虽然从表面上来看，是受骗人乙的行为导致被害人丙遭受财产损失，但乙实施转移占有的行为是由于甲的欺骗行为所引起的，因此，行为人甲应当为最终的财产损失承担相应的刑事责任。

其次，从诈骗罪所保护的法益角度进行分析，设立诈骗罪的刑法目的是充分保护被害人的财产权益。无论是在两者间诈骗的情形中，还是在三角诈骗的情形中，被害人的财产均遭受了损失。只不过在两者间诈骗的情形中，陷入错误认识、实施处分行为与最终遭受财产损失的主体均为被害人；而在三角诈骗的情形中，陷入错误认识与实施处分行为的主体为受骗人，而遭受财产损失的主体是被害人，实施财产转移占有行为与最终遭受财产损失的主体并不一致。只要遭受实际的财产损失，在满足诈骗罪构成要件要素的条件下均应当以诈骗罪对犯罪行为进行相应的规制，不应当以是三角诈骗为由而将该行为排除出犯罪圈。

---

❶ 大塚仁. 刑法概说（各论）[M]. 3 版. 冯军，译. 北京：中国人民大学出版社，2003：279-282.

最后，从刑法条文对金融诈骗罪的相关规定可知，对三角诈骗以诈骗罪进行惩处不仅具有刑法理论上的自洽性，还具有司法适用中的正当性。例如：我国《刑法》第194条第1款第3项规定："冒用他人的汇票、本票、支票的"，如果满足票据诈骗罪的其他犯罪构成要件，则以票据诈骗罪定罪处罚。在票据诈骗的场合，行为人冒用被害人的票据欺骗银行等金融机构支付相应的款项，受骗人为银行或者银行的工作人员，而被害人是该票据的真正所有者。在此情形中，受骗人与被害人并不一致，但刑法依然将其以特殊类型的诈骗罪进行规制，由此可以说明，论证三角诈骗是否构成诈骗罪的基本判断标准不应当以两者间诈骗为参照对象，而应当以该行为是否满足诈骗罪的犯罪构成要件为唯一判断标准。❶

针对财产处分人为受骗人还是被害人的争议，笔者认为，从诈骗罪的基本逻辑构造角度进行论证即可得出相应的结论。诈骗罪中各个构成要件要素之间具有刑法上的直接因果关系，共同构成一个完整且闭合的因果链条：受骗人或被害人由于遭受行为人的欺骗而陷入处分财产的错误认识进而实施转移财产占有的行为。正如日本刑法学者松宫孝明教授所言："受骗人与处分行为人必须是同一人。若非如此，就不能谓之为，处分行为是基于错误而实施的。"❷ 大谷实教授也持有相同的观点，他指出："欺骗行为的对方，必须是具有在事实上或法律上处分该财产的权力或地位的人。被欺骗的对方和具有处分权的人，通常必须是同一人。"❸

陷入错误认识与处分行为分别为诈骗罪基本逻辑构造中的第二环节与第三环节，两者之间具有刑法上引起与被引起的直接因果关系，因此，陷入处分财产错误认识的主体应当与实施处分行为的主体保持一致。如果受骗人对于处分财产的属性存在一定认知偏差，那么只有受骗人实施处分行为才能够被认定为诈骗罪意义上的处分行为；反之，如果是被害人陷入错误认识，那么被害人则为财产处分人。综上所述，客观上实施的处分行为的主体应当与主观上陷入错误认识的主体具有同一性，只有在具有动机性错误的心理支配之下亲自实施转移财产占有的行为才能被认定为诈骗罪中的处分行为。因此，财产处分人应当与受骗人具有同一性，并非与被害人始终保持一致，除非在两者间诈骗的情形中。

---

❶ 张明楷. 诈骗罪与金融诈骗罪研究 [M]. 北京：清华大学出版社，2006：110-112.

❷ 松宫孝明. 刑法各论讲义 [M]. 4版. 王昭武，张小宁，译. 北京：中国人民大学出版社，2018：209.

❸ 大谷实. 刑法各论 [M]. 2版. 黎宏，译. 北京：中国人民大学出版社，2008：239.

第二节　财产处分人的处分权限

国内外刑法学界对受骗人是否为财产处分人这一问题产生较大争议的根本原因在于，受骗人处分被害人财产的理论依据为何，换言之，受骗人是否具有处分被害人财产的权限与处分地位。根据不同的界定标准，刑法理论界对于财产处分人的处分权限问题形成了不同的观点，大致存在以下四种学说："主观说""事实介入可能性说""阵营说"与"授权说"。厘清该理论争议问题，不仅有助于提升对三角诈骗情形应当以诈骗罪定罪处罚的理论说服力，更有助于对司法实践中三角诈骗与盗窃罪间接正犯交织类犯罪案件的准确定性。

一、三角诈骗中财产处分人的处分权限

根据上文论证可知，在三角诈骗的情形中，财产处分人与受骗人具有同一性。对于财产处分人的处分权限问题，一般情形之下，受骗人在得到被害人的明确指示或者在法律明确授权范围之内处分被害人的财产，受骗人当然具有处分被害人财产的权限，此种情形并不存在刑法理论上的障碍。下面展开论证的问题是，受骗人并非被害人本人，在未有法律明确授权，也未获得被害人明示的情况下，为何有处分被害人财产的权限以及在什么范围内对被害人的财产具有处分权限，即以何为判断标准界定财产处分人的处分权限与处分地位的问题。对该理论争议问题，德国与日本的刑法理论界持有不同的观点，大致形成四种具有代表性的学说："主观说""事实介入可能性说""阵营说"与"授权说"。

（一）主观说

日本司法判例持有"主观说"的立场，该学说也被称作"主观善意理论"，是以受骗人的主观想法为判断标准，如果受骗人是为了被害人的利益而转移财产占有，则认定受骗人具有处分被害人财产的权限与地位，行为人构成诈骗罪；反之，行为人不构成诈骗罪。例如：在"西服案2"中，受骗人也就是保姆乙在主观上是为了被害人丙的利益而将西服交给行为人甲。按照"主观说"的观点，可以得出行为人甲构成诈骗罪的结论。但在某些情况下，适用"主观说"将无法得出令人信服的结论。例如：在"散会丢包案"中，会议结束后，保洁员乙进入会议室打扫卫生，行为人甲注意到被害人丙的手

提包落在座位上，便对保洁员乙说："那是我的包，请您递给我。"在本案中，保洁员乙主观上并未意识到该手提包的存在，递交手提包的行为并不属于诈骗罪意义上的处分行为，行为人甲不构成诈骗罪。从犯罪结果的角度来看，保洁员乙递包的行为有助于行为人甲犯罪行为的顺利完成，但乙在主观上并非为了行为人甲的利益。因此，在受骗人既不是为了被害人的利益也不是为了行为人的利益的情形下，该学说将处于无所适从的窘境之中。平野龙一教授指出，根据受骗人的主观心态来界定其是否具有处分被害人财产的权限或地位，是不妥当的，有违犯罪构成要件理论之嫌。❶

（二）事实介入可能性说

在日本刑法理论中，有学者赞同"事实介入可能性说"的观点。该学说是日本刑法理论的通说与德国刑法理论的多数说。该学说认为，只要受骗人在事实上能够接触到被害人的财产，对该财产具有事实的介入可能性，即可判定受骗人具有处分被害人财产的权限与地位。❷ 但德国判例却不持有此立场。例如：行为人甲欲借用被害人丙的汽车，但遭到丙的拒绝。甲找到丙的房东乙，对乙谎称："是丙让我来取车的。"房东乙信以为真，将丙的汽车钥匙交给了甲，甲便开走丙的汽车。在本案中，房东乙在事实上对于丙的汽车具有事实的介入可能性，但德国法院最终的判决却认为该案并不构成诈骗罪。❸

"主观说"与"事实介入可能性说"的缺陷在于，前者单纯从受骗人是否具有为了被害人利益的主观层面出发，而后者则单纯从受骗人与被害人财产之间的物理空间的客观事实层面出发，对受骗人是否具有处分被害人财产的权限进行判断，此判断标准过于单一且模糊，无法满足司法实践的需求。

（三）阵营说

"阵营说"是德国刑法理论通说和判例所持有的立场。该学说是以受骗人与被害人的关系更加密切，还是与行为人的关系更加密切为判断标准。如果受骗人与被害人一方的关系密切，则认定受骗人具有处分被害人财产的权限与地位，行为人构成诈骗罪；如果受骗人与行为人一方的关系更为密切，则

---

❶　平野龙一. 犯罪论的诸问题（下）各论［M］//佐伯仁志，道垣内弘人. 刑法与民法的对话. 于改之，张小宁，译. 北京：北京大学出版社，2011：160.

❷　山中敬一. 论诈骗罪中针对他人财产的处分行为［M］//张明楷. 诈骗罪与金融诈骗罪研究. 北京：清华大学出版社，2006：133.

❸　林干人. 刑法各论［M］//刘明祥. 财产罪比较研究. 北京：中国政法大学出版社，2001：249-250.

受骗人不具有处分财产的权限与地位，行为人构成盗窃罪。如何判断受骗人与哪方主体的关系更为紧密，有学者提出具体的判断标准：首先，判断受骗人与被害人的财产是否具有事实上的邻近关系；其次，判断受骗人的处分行为是否为了被害人的利益而实施。此外还有学者指出，该学说中的"紧密关系"或者"邻近关系"并不局限于民事法律关系中，其他的事实性的法律关系也可以包含在其中。❶ 根据该具体判断标准可以得知，"阵营说"是将"主观说"与"事实介入可能性说"的内容进行综合之后所得出的结论。

（四）授权说

"授权说"是指受骗人如果在被害人概括性授权范围之内处分财产，可以将该行为认定为诈骗罪意义上的处分行为，行为人构成诈骗罪；如果受骗人超出被害人的概括性授权范围处分财产，则无法被认定为诈骗罪中的处分行为，行为人构成盗窃罪。❷ 该学说的关键之处在于，以何标准来具体划定被害人概括性授权范围的大小。在"授权说"的内部，德国刑法学者将该学说划分为两种观点，即"客观权限理论"与"主观权限理论"。❸

"客观权限理论"的具体内容为，受骗人只有在法律赋予的权限范围之内处分被害人的财产时，该行为才能被认定具有处分被害人财产的权限，属于诈骗罪意义中的处分行为，行为人构成诈骗罪；如果受骗人超过法律授权的范围将被害人财产转移给对方占有，由于对该部分财产的转移占有在法律上并未取得被害人的同意，因此，该行为并不属于诈骗罪中的处分行为，行为人构成盗窃罪，而非诈骗罪。然而，"主观权限理论"并不是从法律层面对受骗人的授权范围进行限定，而是从受骗人主观层面出发对其处分权限进行具体判断。具体来说，当受骗人在处分被害人财产时，其主观上认为自己获得了被害人的概括性授权就可以认定受骗人具有处分被害人财产的权限并处于可以处分被害人财产的地位。在对"主观权限理论"进行一定修正的基础之上，有学者提出了"审核义务理论"的观点。该学说认为，受骗人仅仅在主观上认为自己具有处分被害人财产的概括性授权还不够，还应当在事实上尽到合理地审查与核验的义务，才能够肯定其具有处分被害人财产的权限。❹

---

❶ 王钢. 德国判例刑法分则［M］. 北京：北京大学出版社，2016：209-210.

❷ 山口厚. 刑法各论问题探究［M］//刘明祥. 财产罪比较研究. 北京：中国政法大学出版社，2001：250.

❸ 德国学者 Roxin、Schunemann、Samson、Kindhuser 和 Gunther 等持有"客观权限理论"的观点；德国学者 Otto、Weber 等持有"主观权限理论"的观点。

❹ 陈兴良，周光权，车浩，等. 刑法各论精释（上）［M］. 北京：人民法院出版社，2015：494.

　　我国有学者将"客观权限理论"与"审查义务理论"结合起来对受骗人的处分权限进行判断。例如，车浩教授的观点为，界定受骗人是否具有处分被害人财产权限的相对合理的标准是将"客观权限理论"与"审核义务理论"相结合加以考量。从被害人同意理论的视角深入探究，适用上述两个判断标准均是在尊重被害人主观意愿的情形下进行的，在适用"客观权限理论"的同时，"审核义务理论"起到补充、限制受骗人的客观行为构成诈骗罪中处分行为的作用，从而避免司法实务中本应成立盗窃罪等其他罪名的犯罪行为也被误认为诈骗罪的倾向出现。❶

　　我国有部分刑法学者赞同"授权说"的观点。例如，郑泽善教授认为，受骗者之所以客观上能够处分被害人的财产，是因为根据社会上一般人的观念，受骗人事实上得到了被害人的概括性授权。❷ 此外，李翔教授的观点是，受骗人得到被害人的授权内容无须具体、明确，只要从社会一般人视角以及受骗人处分被害人财产的价值大小、受骗人与被害人之间的关系等方面综合判断，受骗人是否得到了被害人的概括性授权即可。❸ 上述两位学者均从社会一般人视角出发，认为"授权说"相较于其他学说更具合理性。

（五）本书立场——"双层次判断理论模型"之提倡

　　通过对"主观说""事实介入可能性说""阵营说"与"授权说"具体内容的阐述与论证，对于受骗人的处分权限与处分地位问题，笔者提出了"双层次判断理论模型"，具体论证如下：

　　第一层次：根据"授权说"来判断受骗人是否具有处分被害人财产的权限或地位，笔者认为，应当将此处"授权说"中的授权范围适当扩大，不仅包括在民事法律上基于法律规定或约定条款的具体内容授予受骗人处分被害人财产的具体权限，还应当包括被害人基于自身特殊情况而额外赋予受骗人处分自己财产权限的相关内容。所以，应当根据案件的具体情节来判断被害人是否在事实上授予受骗人处分自己财产的权限或者使其处于处分自己财产的地位。例如：被害人甲长期雇用保姆乙为其打理家庭琐事，二人签订的雇佣合同中明确约定，保姆乙负责洗衣、做饭、打扫卫生，并有权利支配家中与上述事务相关的一切财物。被害人甲临时接到通知需要出差一个月，临走

---

❶ 陈兴良，周光权，车浩，等.刑法各论精释（上）[M].北京：人民法院出版社，2015：497-498.

❷ 郑泽善.诈骗罪中的处分行为 [J].时代法学，2011（4）：55-56.

❸ 李翔.论诈骗犯罪中的财产处分行为 [J].法学，2008（10）：137.

前对保姆乙说："我将车钥匙交给你，你帮我每天接送孩子。"在甲离开的这段时间内，行为人丙欺骗保姆乙，说自己有急事需要借用甲的汽车开几天，已经得到了甲的同意。保姆乙信以为真，并将汽车钥匙交给丙。在本案中，甲将自己的汽车钥匙交给乙保管则意味着在自己离开的这段时间内，乙对该辆汽车是具有支配控制权的，因此，乙受到丙的欺骗而递交汽车钥匙并允许丙开走汽车的行为应当被认定为对被害人甲的财产具有处分权限，从而认定行为人丙的行为构成诈骗罪。为了合理划定被害人授权处分财产的具体范围，原则上应当以法定或约定的具体内容为准；但在特殊情形下，应当结合案件具体情况适当扩大财产处分人的授权范围，从而对行为人的行为进行正确的定性。

第二层次：根据"阵营说"的观点并从社会一般人视角出发来判断受骗人是否具有处分被害人财产的权限或地位。该层次的判断标准是从社会一般人视角出发适用"阵营说"，这能够在最大限度上避免"主观说"与"事实介入可能性说"所存在的理论障碍。但有学者认为"阵营说"的观点依然存在理论逻辑难以自洽之处。例如，车浩教授指出："完全依赖于第三人的内心态度或社会一般观念的外部考察，这相当于是用第三人的意愿或社会一般观念代替了原财物占有人的意愿，在逻辑上脱离了已被普遍承认的关于'打破占有'的解释。"❶ 此外，刘明祥教授认为："被骗者即便是属于被害者'阵营'中的人，例如权利人明确表示绝对处分时，认为其交出财物的行为具有处分行为性也是不妥当的。"❷

车浩教授与刘明祥教授对"阵营说"的质疑并非全无合理之处，但笔者此处所提及"阵营说"的内容是被缓和理解之后的内容，而不是如车浩教授所言的仅从第三人视角对受骗人应当处于被害人阵营还是行为人阵营进行的绝对性判断。第二层次中的"阵营说"是以社会一般人的视角为判断基准，此外应当结合案件具体情况，综合考虑受骗人与被害人的关系、受骗人是否经常代替被害人处分财产、被处分财产的价值大小等因素进行衡量与判断。针对刘明祥教授的诘问，笔者认为，按照"双层次判断理论模型"可以妥善解决该法律困境。也就是说，即便从客观上来看受骗人与被害人处于同一个阵营之中，但如果被害人明确表示受骗人对其某财产不具有处分权限时，则在第一层次的判断中即可将此种情形剔除出去，而不会进入第二层次的判断

---

❶ 陈兴良，周光权，车浩，等. 刑法各论精释（上）[M]. 北京：人民法院出版社，2015：494-495.

❷ 刘明祥. 财产罪比较研究 [M]. 北京：中国政法大学出版社，2001：250.

之中。因此，笔者提出的"双层次判断理论模型"能够较为全面、合理地回应上述学者的诘问。第一层次与第二层次之间是递进关系，首先需要在第一层次范围内进行判断，如果被害人与受骗人之间存在法定、约定或特别约定的授权事项，对受骗人处分财产权限的判断则在第一层次中即可完成。如若不符合第一层次的条件，才具有进入第二层次判断的必要性与可能性。

陈洪兵教授明确反对车浩教授所持有的"客观权限+审核义务"的观点，他认为，该观点过于复杂，在司法实践中的可操作性不强。陈洪兵教授赞同"综合理论"的观点，他认为，对于受骗人是否具有处分被害人财产权限的问题，原则上应当从社会一般人的视角并遵循"阵营说"的观点加以判断，如果属于被害人的阵营，则受骗人的行为就属于诈骗罪中的处分行为，行为人成立诈骗罪。❶ 笔者同样认为，为受骗人增加审核义务，虽然从刑法理论层面能够使受骗人处分被害人财产权限的边界变得更加明晰，但在司法适用过程中并不具有较强的可操作性。此外，该审核义务的理论依据何在、审核义务中的义务来源具体有哪些，一系列的理论争议问题将接踵而至，不利于对行为人的行为进行准确定性。陈洪兵教授虽然持有"综合理论"的观点，但该"综合理论"的核心内容与"阵营说"并无二致，且有将"授权说"与"阵营说"进行混同适用之嫌。

对于准确界定受骗人的处分权限与地位的问题，笔者提出的"双层次判断理论模型"并非将"授权说"与"阵营说"的内容进行简单叠加后所得出的结论，而是运用刑法解释方法对"授权说"中的授权范围与"阵营说"的判断视角进行适度的扩大解释，以满足司法实践的需要，从而高效、精准地界定受骗人处分被害人财产权限的范围。该理论模型的优势在于，第一层次与第二层次之间是依次递进的逻辑判断关系，大部分司法案件中的处分权限的界定问题都能够在第一层次得到解决，只有少数不符合第一层次判断条件的案件才进入第二层次的判断之中。该递进式判断的理论模型能够在最大限度上避免"综合理论"所具有的判断标准不清晰等弊端。

二、诉讼诈骗中财产处分人的处分权限

我国刑法并未增设专门罪名对诉讼诈骗行为予以规制，但在司法实践中，诉讼诈骗类案件数量具有逐年增加的趋势。因此，对于诉讼诈骗行为的定性以及作为受骗人的法官是否具有处分被害人财产的权限与地位的问题，刑法

---

❶ 陈洪兵. 财产犯罪之间的界限与竞合研究 [M]. 北京：中国政法大学出版社，2014：219.

学界对此产生了较大争议。

（一）诉讼诈骗行为内涵的界定

在刑法理论中，可以从广义与狭义的角度对诉讼诈骗行为的内涵进行界定。有的国家刑法从广义上对诉讼诈骗行为进行规制，例如，《意大利刑法典》第374条规定："在民事诉讼或行政诉讼中，以欺骗正在进行调查或司法实验的法官为目的，有意改变有关地点、物品或人身的状况的，或者鉴定人在进行鉴定时做出上述改变的，如果行为不被特别的法律条款规定为犯罪，处以6个月至3年有期徒刑。如果行为是在刑事诉讼中或者在刑事诉讼前实施的，适用同样的规定。"❶ 通过该刑法条文可知，对诉讼诈骗行为的规制不仅仅适用在民事诉讼中，还适用在行政诉讼与刑事诉讼中。因此，意大利刑法是从广义的角度理解诉讼诈骗行为。然而，有的国家刑法则从狭义的角度对诉讼诈骗进行规定，例如，《新加坡刑法典》第208条虽然对诉讼诈骗行为进行了明文规定，但该罪名并未被放置在侵犯财产罪的章节中，而是被作为妨碍司法秩序罪放置在"伪证及破坏公正司法罪"之中。❷

大多数国家的刑法均未对诉讼诈骗行为进行明文规定，但德国、日本刑法理论通说均认为，诉讼诈骗是三角诈骗的一种特殊表现形式，完全符合诈骗罪的构成要件要素，应当以诈骗罪对其进行定罪处罚。例如，日本刑法学者大塚仁教授指出，从表面来看，诉讼诈骗行为与普通诈骗行为具有差异性，但究其本质，诉讼诈骗行为完全符合诈骗罪的基本逻辑构造，满足诈骗罪所具有的各个构成要件要素，因此，应当将诉讼诈骗行为作为诈骗罪进行定罪处罚。❸ 大谷实教授的观点与大塚仁教授观点相同，认为诉讼诈骗行为应当成立诈骗罪。❹ 日本司法判例的立场也倾向于认为诉讼诈骗行为应当成立诈骗罪。以"诈骗债权以及分红案"为例，日本裁判所最终对该案作出成立诈骗罪的判决。通过刑法学界学者们对诉讼诈骗行为性质的探讨可以推知，从狭义的角度界定诉讼诈骗行为的内涵更加契合司法现状，也能够合理划定诈骗罪的成立范围。

（二）诉讼诈骗行为的定性

刑法理论通说与判例所持有的立场均认为，诉讼诈骗行为属于三角诈骗

❶ 刘明祥. 财产罪比较研究 [M]. 北京：中国政法大学出版社，2001：251.
❷ 刘明祥. 财产罪比较研究 [M]. 北京：中国政法大学出版社，2001：251-252.
❸ 大塚仁. 刑法概说（各论）[M]. 3版. 冯军，译. 北京：中国人民大学出版社，2003：282.
❹ 大谷实. 刑法各论 [M]. 2版. 黎宏，译. 北京：中国人民大学出版社，2008：240.

中的典型形式，应当以诈骗罪对其进行规制。但在刑法学界与实务界仍然存有一些质疑的声音，因此，有必要对诉讼诈骗行为的定性问题进行更为深入的探讨与论证，以期得出一致的结论，进而为司法实践中不断涌现的诉讼诈骗案件的妥善解决提供明确的适用方向。

在日本刑法理论界，有学者向持有"肯定说"论者提出两个诘问：第一，民事诉讼制度奉行的是形式真实主义，当法院意识到当事人所提的诉讼为虚假诉讼时，依然不得不依据其所提交的"证据"判决当事人"胜诉"，那么此时当事人通过伪造证据等方式欺骗法院的行为是否属于诈骗罪意义上的欺骗行为呢？第二，当被害人明知法院的判决为错误的判决却不得不在公权力的强制之下处分自己的财物或财产性利益时，被害人转移财产占有的行为是否属于诈骗罪意义上的处分行为？是否依然体现诈骗罪的本质特征？❶

对于上述第一个疑问，有学者从诉讼诈骗行为与诈骗罪中的欺骗行为具有同等价值的角度进行论证，该学者指出，即使法官在作出判决时明知当事人提交的是伪造的证据，在主观心理层面上并未陷入处分财产的错误认识中，但受到诉讼程序的约束，法官必须按照相应的程序作出判决。从已经作出相应判决结果的角度来讲，当事人通过虚构事实、隐瞒真相等方法欺骗了法官，这就与诈骗罪中基于欺骗行为而陷入的错误认识并无二致。❷目前，刑法理论界的观点是，民事诉讼中无论采取形式真实主义还是实质真实主义，如若不存在行为人的诉讼诈骗行为，法官就没有作出错误判决的可能性，因此，错误判决的作出是由于行为人的诉讼诈骗行为直接导致，二者具有刑法上的因果关系，应当成立诈骗罪。

提出第二个疑问的学者是将财产处分人的范围限定在只包含被害人一种类型，认为只有被害人实施的转移财产占有行为才能够被认定为诈骗罪中的处分行为。所以，有的学者将诉讼诈骗场合中被害人处分财产的行为视作"准处分行为"，❸有的学者将其视作"任意的处分行为"，❹但根据前文笔者对财产处分人范围的阐述与论证可知，诈骗罪中财产处分人应当与受骗人具

---

❶　团藤重光. 刑法纲要各论［M］//刘明祥. 财产罪比较研究. 北京：中国政法大学出版社，2001：252.

❷　牧野英一. 刑法各论（下卷）［M］//张明楷. 诈骗罪与金融诈骗罪研究. 北京：清华大学出版社，2006：138-139.

❸　小野清一郎. 新订刑法讲义各论（3版）［M］//山口厚. 从新判例看刑法. 3版. 北京：中国人民大学出版社，2019：139.

❹　牧野英一. 刑法各论（下卷）［M］//张明楷. 诈骗罪与金融诈骗罪研究. 北京：清华大学出版社，2006：139.

有同一性,即财产处分人即为受骗人。此外,根据诈骗罪所具有的基本逻辑构造进行分析也可得出相同的结论。另外,受骗人只有在具有处分被害人财产权限与地位的前提下转移财产占有的行为才可以被认定为诈骗罪意义上的处分行为。综上所述,在诉讼诈骗的场合,受骗人与财产处分人均为法官,同时法官依据作出的生效判决具有处分被害人财产的权限与地位,该诉讼诈骗行为应当构成诈骗罪。

我国刑法未对诉讼诈骗行为进行明文规定,刑法学界对该行为的定性问题产生较大分歧,大致存在以下几种观点。

1. 诉讼诈骗行为不构成犯罪

我国有学者认为,由于诉讼诈骗行为并不符合诈骗罪、合同诈骗罪等罪名的犯罪构成要件,因此,应当以无罪来处理。具体来说,从主观方面来看,诈骗罪具有非法占有他人财产的目的且行为人主观上具有犯罪故意,而诉讼诈骗中行为人的主观方面与诈骗罪中行为人的主观方面并不完全一致。从客观方面来看,诈骗罪是行为人以虚构事实、隐瞒真相等犯罪方法实施欺骗行为并使被害人陷入错误认识进而实施处分行为的过程,而诉讼诈骗中行为人欺骗的并非实际遭受财产损失的被害人而是法院,并且被害人处分财产也并非基于自己的错误认识,而是在法院生效判决的强制力威慑之下不得不转移自己财产的占有。从刑法所保护法益的角度来看,诈骗罪保护的法益是财产权,合同诈骗罪保护的法益是财产权与市场经济秩序,而诉讼诈骗所侵犯的法益则是民事诉讼的正常秩序。❶

笔者并不赞同该学者所得出的结论与论证的内容。首先,诉讼诈骗行为本身具有一定的社会危害性。从被害人最终所遭受的财产损失来看,没有诉讼诈骗行为的实施,就不会出现被害人财产损失的结果,因此,诉讼诈骗行为是导致财产损失的原因,行为人应当为此承担相应的刑事责任。该学者得出诉讼诈骗行为无罪的结论是不具有理论说服力的。其次,从诈骗罪的构成要件要素角度进行分析,诉讼诈骗行为符合该罪名的犯罪构成要件要素,以诈骗罪对其定罪处罚并不存在理论上的障碍。主观上,诉讼诈骗当事人具有非法占有被害人财产的目的并以伪造证据等虚构事实的方式实施欺骗行为,具有处分被害人财产权限的法院基于错误认识而实施处分行为,最终被害人遭受财产损失。因此,无论从侵害的法益,还是犯罪构成要件要素方面,均无法得出诉讼诈骗行为无罪的结论。

---

❶ 潘晓甫,王克先. 伪造民事证据是否构成犯罪 [N]. 检察日报,2002-10-10 (3).

2. 诉讼诈骗行为构成敲诈勒索罪

我国有学者认为，对诉讼诈骗行为以敲诈勒索罪定罪处罚更为恰当。正如王作富教授所言，诉讼诈骗行为难以成立诈骗罪的原因之一是将诈骗罪的成立限定在两者间诈骗的情形，强调诈骗罪中行为人欺骗的对象与最终遭受财产损失的对象应当是同一人。● 然而，若按照上述观点，则将极大限缩诈骗罪的成立范围，无法充分实现设置诈骗罪的刑法目的，被害人的财产权益也无法得到保障。敲诈勒索罪作为"交付型"财产犯罪中的一个罪名，其与诈骗罪最大的不同之处在于，财产处分人转移财产占有时的主观状态是完全不同的。诈骗罪中受骗人由于受到行为人的欺骗陷入处分财产的错误认识之中，基于该错误认识实施处分财产行为，此处的"处分行为"是在其主观具有"自愿性"的情形下而主动实施的；而敲诈勒索罪中受恐吓的人或被害人虽然在客观上也具有将自己的财物交付给行为人的举动，但在实施该行为时其主观并非具有"自愿性"，而是基于恐惧心理不得不实施转移财产占有。所以，通过对诈骗罪与敲诈勒索罪的基本逻辑构造进行观察可以得知，诈骗罪中受到欺骗的人与敲诈勒索罪中受到恐吓的人并不一定与最终遭受财产损失的被害人是同一人，二者并不具有同一性。在诉讼诈骗场合，法院或法官为受骗人，被告作为遭受财产损失的被害人，二者不一致的情形并不会被诈骗罪的犯罪构成要件所排斥，既然承认三角诈骗构成诈骗罪，诉讼诈骗作为三角诈骗中的典型形式，也应当构成诈骗罪。

3. 对诉讼诈骗行为应当以除诈骗罪之外的其他罪名进行规制

我国司法实践部门曾颁布实施的司法解释中强调，对行为人以提供伪造的证据欺骗法院进而非法占有被害人财产的行为不应当以诈骗罪来论处，如果满足妨害作证罪等其他罪名，则以其他罪名定罪处罚。❷ 最高人民检察院法律政策研究室曾指出，若行为人提出伪造证据欺骗法院，扰乱正常司法审判秩序的，可以按照民事诉讼法的相关规定处理，对该行为不应以诈骗罪论处。行为人的行为若侵害妨害作证罪等相关罪名保护法益的，以相关罪名进行定罪即可。

笔者对该结论持保留意见。从诉讼诈骗行为最终所导致的结果来看，被害人的财产遭受了一定的损失，如果不将该行为纳入财产犯罪的规制范畴，被害人的财产权益将无法得到切实的保障。前文已经论证得出，将诉讼诈骗

● 王作富. 恶意诉讼侵财更符合敲诈勒索罪特征［J］. 检察日报，2003.

❷ 何泽宏，余辉胜. 增设民事诉讼欺诈罪的立法思考：从三株质量风波案谈起［J］. 云南大学学报：法学版，2003（1）：92-96.

行为视作三角诈骗的典型形式,以诈骗罪对其进行定罪并不具有刑法理论上的障碍。

4. 应增设与诉讼诈骗行为相关的独立罪名

我国有部分学者认为,诉讼诈骗行为具有其自身独特性,同时也并未否定诉讼诈骗行为对被害人财产进行损害的事实,刑事立法部门应当针对该行为增设专门罪名进行规制,例如,增设"诉讼欺诈罪""诉讼诈骗罪""民事诉讼欺诈罪""利用诉讼诈骗罪"等新的罪名。

刘明祥教授指出,诉讼诈骗行为虽然符合诈骗罪的基本特征,但仍然具有其自身的特殊性,即该行为不仅侵害了被害人的财产权益,同时也在一定程度上浪费了宝贵的司法资源,妨害了正常司法审判程序。该行为侵害了双重法益,以诈骗罪对其定性无法完全反映出该行为的社会危害性,因此,有必要对诉讼诈骗行为设立独立罪名。❶ 还有学者是从被害人所遭受的损失为财产性损失还是非财产性损失的角度进行探讨,认为在财产性诉讼诈骗的场合,应当增设"诉讼诈骗罪"对该行为进行专门规制;在非财产性诉讼诈骗的场合,将现有的妨害司法罪等相关罪名进行一定程度的扩大解释,以该类罪名对诉讼诈骗行为进行定罪量刑。如果该诉讼诈骗行为同时涉及财产性与非财产性的利益,出现诉讼诈骗罪,妨害作证罪,伪造公司、事业单位、人民团体印章罪等罪名想象竞合或牵连的情况,则遵循从一重罪处罚的处断原则。❷

对诉讼诈骗行为的定性问题,即能否以诈骗罪对其进行规制,诈骗罪属于财产犯罪的罪名,因此,应当在行为人获取被害人财物、财产性利益的范围内进行讨论。此外,张卫兵强调,目前我国刑法的诈骗罪与妨害司法罪中的罪名并不能对诉讼诈骗行为进行全面覆盖与规制,所以,为了充分保护被害人的财产权益与司法机关正常的审判秩序,应当增设专门罪名对上述两法益进行全面保护。❸ 以上各位学者均强调,诉讼诈骗行为符合诈骗罪的某些本质特征,但其自身所具有的特殊性是无法被诈骗罪单一罪名所涵盖的,因此,应当单独设立"诉讼诈骗罪"。

另有部分学者赞同增设"诉讼诈骗罪"的理由是,首先,诉讼诈骗行为与普通诈骗行为具有本质上的差别,若将诉讼诈骗行为认定为诈骗罪将有违反刑法罪刑法定原则之嫌;其次,诉讼诈骗行为所导致的危害后果中对正常司法审判秩序的扰乱的危害性要重于对被害人财产权益的侵害,因此,诈骗

---

❶ 刘明祥. 财产罪比较研究 [M]. 北京:中国政法大学出版社,2001:253-254.

❷ 游涛. 普通诈骗罪研究 [M]. 北京:中国人民公安大学出版社,2012:217-220.

❸ 张卫兵. 论诉讼欺诈之刑法调整 [J]. 国家检察官学院学报,2004 (5):48-53.

罪无法有效对该行为进行惩处。❶

5. 诉讼诈骗行为应当构成诈骗罪

诉讼诈骗行为成立诈骗罪的观点是德国与日本刑法理论界大多数学者所持有的立场。日本判例持有同样的立场。日本刑法学者山口厚教授指出，即便在诉讼诈骗的场合，也存在欺骗法院，使其陷入错误认识并作出错误处分的决定，并因处分决定而处分财物的关系。❷ 日本法院认为，法院有处分被执行人（被害人）财产的权力，因而被骗人（法院）与处分行为人（法院）同一，可以成立诈骗罪，尽管被害人为实际财产损害者。❸ 从上述学者的观点可以看出，诉讼诈骗行为虽然在某些表现方式上与普通诈骗行为并不相同，但其本质依然符合诈骗罪的基本逻辑构造，符合诈骗罪的构成要件要素。

在我国刑法理论中，对于诉讼诈骗行为能否成立诈骗罪的问题，多数学者持肯定的立场。张明楷教授认为，诉讼诈骗行为是三角诈骗的典型形式，三角诈骗完全符合诈骗罪的构成要件要素，因此，对诉讼诈骗也应当以诈骗罪进行定罪处罚。此外，我国刑法中尚未明文规定针对诉讼诈骗行为的相关罪名，但司法实践中对于此类犯罪行为一般是以诈骗罪进行惩处的。所以，将诉讼诈骗行为认定为诈骗罪也具有司法案例的支撑。❹ 周光权教授也持有"肯定说"的立场。他主要从两个方面加以论述，一方面，诉讼诈骗行为与普通诈骗行为具有相似性。行为人伪造证据提起相关诉讼程序，导致法院陷入错误认识，最终使得败诉人遭受财产损失的过程与诈骗罪的基本逻辑构造中的流程具有一致性。另一方面，诉讼诈骗行为的特殊性体现在受骗人为法院，而非被害人，但在诉讼诈骗场合，法院作出的生效判决具有强制力，行为人欺骗法院致其陷入错误认识就相当于欺骗被害人，二者具有相同的法律效果。❺ 此外，车浩教授从诈骗罪中"交付的任意性"角度进行了深入剖析，他认为，"交付的任意性"是指遭受财产损失的被害人基于陷入的错误认识而主动将自己的财物或财产性利益交付给行为人的过程，但该交付的任意性只是作为诈骗罪的一种常态性特征而存在，并非诈骗罪中不可或缺的构成要件

❶ 董玉庭. 论诉讼诈骗及其刑法评价 [J]. 中国法学, 2004 (2): 135-140.
刘远, 景年红. 诉讼欺诈罪立法构想 [J]. 云南大学学报: 法学版, 2004 (2): 19-23.
俞利平, 娄永强. 关于诉讼欺诈定性的障碍及立法完善 [J]. 政法学刊, 2004 (5): 24-27.
吴玉萍. 诉讼欺诈行为定性研究 [J]. 中国刑事法杂志, 2005 (4): 51-55.
❷ 山口厚. 刑法各论 [M]. 2 版. 黎宏, 译. 北京: 中国人民大学出版社, 2009: 240.
❸ 毛卓俊. 论诈骗罪中的"错误处分" [J]. 中国刑事法杂志, 2006 (6): 42.
❹ 张明楷. 诈骗罪与金融诈骗罪研究 [M]. 北京: 清华大学出版社, 2006: 144-145.
❺ 陈兴良, 周光权. 刑法学的现代展开 I [M]. 2 版. 北京: 中国人民大学出版社, 2015: 531.

要素。因此，不能以"交付的任意性"为判断标准来判定诉讼诈骗行为是否构成诈骗罪，而是应当从诈骗罪构成要件要素本身出发，辨别诉讼诈骗行为是否符合前者的要求。❶ 徐光华教授则从个人权利本位的角度强调，为了充分保护私人的财产权益，将诉讼诈骗行为认定为诈骗罪并不违反该罪名侵犯财产权的本质特征，但是不能将司法实践中所有的诉讼诈骗行为均定性为诈骗罪。❷ 赵秉志教授强调，应当在一定范围内借鉴否定论者的观点，即否定论者主要从民事诉讼举证责任的角度加以阐述，如果提起民事诉讼的行为人具有举证责任而未主动将其掌握的证据提交给法院，那么他就有承担不利后果的风险，该风险主要体现在成立诈骗罪的方面。❸ 郑泽善教授则认为应当充分发挥司法解释的优势，有效解决诉讼诈骗行为的定性问题，即在相关司法解释中将诉讼诈骗行为一律按照诈骗罪进行定罪处罚。❹

（三）本书立场

对于诉讼诈骗行为定性的理论争议问题，根据前文论证可知，认为诉讼诈骗行为不构成任何犯罪以及构成敲诈勒索罪的观点具有明显的理论缺陷，不应当被采纳。笔者认为，在我国刑法目前尚未对诉讼诈骗行为单独设立罪名的情况之下，应当根据该行为所侵害的法益类型对诉讼诈骗行为进行定性。具体论证理由如下：

首先，从最终导致被害人遭受财产损失的结果上来看，诉讼诈骗行为侵害了被害人的财产权益，并且该行为符合诈骗罪的基本逻辑构造，可构成诈骗罪。行为人以伪造证据等隐瞒真相或虚构事实的方式欺骗法院，使得法官陷入处分被害人财产的错误认识之中，进而作出具有强制力的生效判决，被害人依据该生效判决将自己的财物或财产性利益转移给行为人占有。此过程与普通诈骗罪的基本逻辑构造具有一致性，各个环节之间具有刑法上的直接因果关系，彼此环环相扣，形成一个完整闭合的因果链条。为了保护被害人的财产利益，应当以诈骗罪对其进行定罪处罚。

其次，国内外刑法学界之所以对诉讼诈骗行为的定性问题产生如此大的争议，根本原因就在于该行为发生在民事诉讼的场景中，而普通诈骗行为则

---

❶ 陈兴良，周光权，车浩，等. 刑法各论精释（上）[M]. 北京：人民法院出版社，2015：488-489.

❷ 徐光华. 刑法解释视域下的"自愿处分"：以常见疑难盗窃与诈骗案件的区分为视角 [J]. 政治与法律，2010（8）：56-57.

❸ 赵秉志，等. 刑法分则要论 [M]. 北京：中国法制出版社，2010：450.

❹ 郑泽善. 刑法分论争议问题研究 [M]. 北京：中国人民大学出版社，2015：253.

发生在一般的市场交易或日常生活的场景之中，学者们对于场景发生转变时该行为的性质是否也据此发生相应的改变争论不休。所以，笔者认为，若从行为侵害的法益类型的角度进行分析，将有助于探究该问题的本质所在。在诉讼诈骗的场合，诉讼诈骗行为本身具有侵财性，符合诈骗罪的构成要件要素是无异议的。此外，由于行为的外部场景发生转换，该行为同时也在一定程度上侵害到司法机关正常的审判秩序，浪费了宝贵的司法资源。因此，诉讼诈骗行为也可能构成我国《刑法》第六章"妨害社会管理秩序罪"中的第一节"扰乱公共秩序罪"中的某一罪名，例如，第 280 条第 2 款伪造公司、企业、事业单位、人民团体印章罪；第 280 条之一使用虚假身份证件、盗用身份证件罪等；第六章第二节妨害司法罪中的某一罪名，如妨害作证罪，虚假诉讼罪，非法处置查封、扣押、冻结的财产罪等罪名。由此可得，在绝大多数案件中，诉讼诈骗行为侵害的均为被害人的财产权利；在少数案件中，诉讼诈骗行为有可能未达到成立诈骗罪的犯罪数额而无法构成诈骗罪。然而，行为人在实施诉讼诈骗行为侵害被害人的财产权益未构成诈骗罪的情况下也有可能侵害了司法审判秩序，构成妨害司法罪等相关罪名。

最后，对于诉讼诈骗行为的定性问题，将出现以下几种情况：第一，如果该诉讼诈骗行为仅侵害到被害人的财产权益且达到诈骗罪的犯罪数额，将按照诈骗罪进行定罪处罚。第二，如果该诉讼诈骗行为导致被害人遭受的财产损失数额未达到诈骗罪的入罪门槛，将无法以诈骗罪对其进行定罪量刑。但如果该行为扰乱了公共秩序或妨害了正常的司法秩序，将按照我国《刑法》第六章第一节与第二节中的相关罪名进行处罚。第三，若该诉讼诈骗行为侵害了被害人的财产权利且达到诈骗罪犯罪数额标准，同时又侵害了其他的法益，如正常的司法审判秩序或公共秩序，即一个犯罪行为同时侵害了两个法益，可以按照想象竞合犯的处断规则进行定罪处罚，即从一重罪进行处罚。综上所述，笔者认为，无须在现有刑法框架之外另设立专门罪名对诉讼诈骗行为进行规制，现有的刑法罪名足以对该行为进行全面且有效的调整与处罚，能够充分体现罪刑相适应的刑法基本原则。

第五章

处分行为的司法认定

在诈骗罪处分行为的相关理论中，学界存有激烈争议的理论问题主要有：处分行为的要否、处分意识的要否以及处分意识内容的界定。通过前文对国内外刑法学者观点的阐述，笔者对上述三个素有争议的理论问题提出了自己的观点并进行了详细论证。在本章中，笔者主要从司法实践的角度出发，选取与诈骗罪处分行为紧密相关的最具争议性的司法案例，进而通过对国内外刑法学者对争议性案例观点的梳理与分析得出本书的结论，以此为司法实务部门处理类似案件提供理论支撑。

第一节　骗取他人放弃之物行为的定性问题

在司法实践中，国内外刑法学界对于骗取他人放弃之物行为的定性问题具有较大争议。例如：行为人甲谎称自己会看相，欺骗被害人乙说："我看你的面相不太好，如果不及时解决将酿成大祸。"被害人乙信以为真，便问甲应该如何破解。甲说道："如果你将身上贵重的物品丢掉，就会将霉运驱除。"随即乙将自己随身携带的手机和项链扔到一旁的垃圾箱中，价值共计 4 000 余元。行为人甲趁被害人乙离开的时机拿走乙的手机和项链并逃走。❶ 在此类案件中，争论的焦点在于已经被抛弃的财物归谁占有，被害人抛弃自己财物的行为是否属于诈骗罪意义上的处分行为。由此形成对立的两方阵营局面，即骗取他人放弃之物的行为不构成诈骗罪的"否定说"与构成诈骗罪的"肯定说"。在"否定说"内部，学者们观点不一，有的认为成立盗窃罪，有的则认为成立侵占脱离占有物罪。若能厘清上述争论的各个焦点，该行为的定性问题将迎刃而解。

---

❶ 陈兴良. 刑事疑案评析［M］. 北京：中国检察出版社，2004：365-366.

一、否定说

（一）盗窃罪

在日本刑法理论中，有学者认为骗取他人放弃之物的行为应当成立盗窃罪，新保义隆认为："行为人欺骗他人，使之放弃财物尔后拾得，这种行为具有侵害占有的性质，不通过对方交付而对财物取得事实上的支配，这应视为盗窃。"❶ 该学者的观点是将诈骗罪中处分行为的成立限定在被害人亲自将财物的占有转移给行为人的情形，而在骗取他人放弃之物的场合，由于被害人已经放弃了对自己财物的占有，事实上该财物不再归被害人支配与控制，其不具有实施处分行为的可能性，也就无法构成诈骗罪。

在我国刑法理论中，有学者认为，行为人为了非法获取被害人的财物而欺骗后者，使之放弃财物，进而实现自己的犯罪目的。骗取他人放弃之物的行为中既有骗取行为也有窃取行为，应当同时构成盗窃罪与诈骗罪。其中诈骗是犯罪的手段，而盗窃是犯罪的目的，二者之间形成牵连的关系，应当按照牵连犯的处断规则从一重罪进行处罚，最终应当将该行为认定为不法程度更高的盗窃罪。❷ 牵连犯通常是指犯罪的手段或原因行为与犯罪的目的或结果行为分别触犯了刑法中不同罪名的行为。根据我国刑法理论通说的观点，对于牵连犯应当采纳"类型说"的判断标准，具体来说，从客观实际实施的行为数量来看，行为人确实存在两个行为，应当将这两个行为单独定罪后进行数罪并罚。但是由于这两个行为之间具有手段与目的的内在关系，一般来看，行为人为了达到犯罪目的均将实施前面的手段行为以顺利实施后面的目的行为，将具有类型性的两个行为认定为牵连犯，不实行数罪并罚。❸ 根据刑法理论对成立牵连犯的判断规则可知，牵连犯实际上触犯了两个罪名，符合两个罪名的犯罪构成要件，但由于原因行为与结果行为之间具有类型性，最终将其视作一罪进行处罚。

在骗取他人放弃之物的场合，行为人只具有以虚构事实或隐瞒真相的方式实施欺骗的一个犯罪行为，其后拾取被害人财物的行为无法被认定为盗窃罪中的窃取行为，该行为属于骗取行为所带来的必然身体举动，也就是说，

---

❶　新保义隆. 刑法各论［M］//刘明祥. 论诈骗罪中的交付财产行为. 法学评论，2001（2）：71.

❷　陈兴良. 刑事疑案评析［M］. 北京：中国检察出版社，2004：366.

❸　张明楷. 刑法学［M］. 5 版. 北京：法律出版社，2016：490-491.

行为人实施欺骗行为的终极目的就是取得被害人的财物。因此，在此类案件中并不存在牵连犯所必须具有的触犯不同罪名的两个犯罪行为，同时构成诈骗罪与盗窃罪的结论不具有理论说服力。

（二）侵占脱离占有物罪

有日本刑法学者认为，骗取他人放弃之物应当以侵占脱离占有物罪对行为人的行为进行处罚。新保义隆指出，在事实上，原财物权利人对已经被丢弃的财物不再具有所有权或合法占有的权利，在法律层面上，该物体已经成为无主物，任何人均有权利占有该无主物，行为人的行为不存在成立诈骗罪的可能性。❶ 松宫孝明教授的观点则是，如果被害人在主观上不具有放弃财物所有权的意思表示，则行为人骗取他人放弃之物的行为就不可能成立诈骗罪，只能成立侵占遗失物罪。❷

赞同成立盗窃罪观点的学者侧重于，从对诈骗罪中处分行为的内涵进行限定的角度来探讨骗取他人放弃之物的行为性质问题，认为对财物具有支配控制权的被害人已经不具有转移财物占有的实际可能性。转移财物占有作为处分行为的核心内容要素，前者不成立，后者当然也无法成立。而赞同成立侵占脱离占有物罪观点的学者则从财物归谁占有的角度进行论证。从事实层面来看，被害人已经放弃对自己财物的占有，该财物由此变成无主物。根据《日本刑法典》第 254 条之规定："侵占遗失物、漂流物或者其他脱离占有的他人之物的，处一年以下惩役或者十万日元以下罚金或科料。"❸ 诈骗罪、盗窃罪分别以被害人"自愿"地转移财物占有与违背被害人意志而主动侵害其财物占有的方式取得财物；侵占罪的本质则是行为人对自己本来已经合法占有的财物转为非法所有的过程。持有该观点的学者是将行为人实施的欺骗行为与被害人放弃财物的行为之间的因果关系割裂开来之后所得出的结论。因此，笔者认为，成立侵占脱离占有物罪的观点亦有失偏颇，不宜采纳。

二、肯定说

在日本刑法理论中，"肯定说"处于通说的地位，认为对骗取他人放弃之

---

❶ 新保义隆. 刑法各论［M］//刘明祥. 论诈骗罪中的交付财产行为. 法学评论，2001（2）：71.

❷ 松宫孝明. 刑法各论讲义［M］. 4 版. 王昭武，张小宁，译. 北京：中国人民大学出版社，2018：208.

❸ 西田典之. 日本刑法各论［M］. 3 版. 刘明祥，王昭武，译. 北京：中国人民大学出版社，2007：190.

物中的"欺骗"，进而"获得财物"的两个行为应当从整体上对其进行定性，而不应当将两个行为割裂开来。行为人欺骗被害人放弃财物的目的是顺利获取该财物，因此，骗取他人放弃之物中行为人的行为应当构成诈骗罪。❶

近年来，我国有越来越多的学者开始关注并研究该理论争议问题。张明楷教授认为，骗取他人放弃之物的行为应当构成诈骗罪。❷周光权教授也赞同该观点，他指出，对于骗取他人放弃之物行为的定性问题，应当将其中的欺骗行为与取得财物行为作为一个整体进行分析，即没有行为人的欺骗行为，被害人不会实施丢弃自己财物的行为，两个行为之间是紧密相连的。因此，行为人欺骗对方放弃财物并立即取得该财物的行为属于诈骗罪中的骗取行为，应当以诈骗罪对其定罪处罚。❸郑泽善教授也更加倾向于该行为成立诈骗罪的观点，他指出，被害人放弃自己的财物是由于受到行为人欺骗行为的欺骗，此外，不应将诈骗罪中的处分行为狭义地理解为被害人亲自将财物的占有转移给行为人，应当适度扩大对处分行为内涵的解释，否则将缩小诈骗罪的成立范围。❹车浩教授从处分行为所具有导致被害人财产减少的法律效果角度，对骗取他人放弃之物的行为进行探讨，他认为，该情形中行为人的行为符合诈骗罪中处分行为所具有的本质特征与功能定位，应当成立诈骗罪。❺

三、本书立场

对于骗取他人放弃之物的争议性问题，笔者更倾向于赞同该行为成立诈骗罪。具体理由如下：

首先，"侵占脱离占有物罪说"论者提出，在骗取他人放弃之物的场合，由于被害人实际上已经不再占有自己的财物，则失去了认定诈骗罪中转移占有与盗窃罪中侵害占有存在的事实基础，因此，无法成立诈骗罪与盗窃罪。但笔者认为，虽然此时财产在事实上脱离了被害人的支配控制领域，但刑法上的占有不仅包括权利人对财产事实上的占有，还包括在规范性层面上的占有。具体来说，在骗取他人放弃之物的场合，被害人即使在事实上丧失了对自己财物的占有，但从社会一般人视角来看，被害人放弃自己财物的根本原因是受到了行为人的欺骗，被害人并非基于自己真实的意思表示而放弃对财

---

❶　新保义隆. 刑法各论 ［M］//刘明祥. 论诈骗罪中的交付财产行为. 法学评论, 2001（2）: 71.

❷　张明楷. 刑法学 ［M］. 5 版. 北京：法律出版社, 2016: 1013.

❸　周光权. 刑法各论 ［M］. 北京：中国人民大学出版社, 2008: 132.

❹　郑泽善. 诈骗罪中的处分行为 ［J］. 时代法学, 2011（8）: 56-57.

❺　陈兴良, 周光权, 车浩, 等. 刑法各论精释（上）［M］. 北京：人民法院出版社, 2015: 436.

物的占有；从规范性层面来看，被害人放弃自己的财物，可以视作被害人依然与该财物具有某种观念上的联系，只要在此过程中，被害人识破行为人的诡计，在行为人拾取该财物之前，被害人均能够重新取得对该财物的一切财产权利，即使该财物已经被行为人获取，只要被害人重新主张对该财物的权利，行为人则不能主张已占有该财物而拒绝返还。上述分析将使该理论的争议焦点之一，即放弃之物应当归谁占有的问题得到妥善解决。

其次，"盗窃罪说"论者指出，由于被害人已经放弃对财物的占有，而诈骗罪中处分行为的关键性要件要素是转移财产占有，该关键性要件要素的丧失将直接导致诈骗罪无法成立。在前文论证的基础之上，笔者进一步指出，诈骗罪处分行为的成立不应当仅限定于被害人亲自将财物交付给行为人的情形，还应当包括以下几种情况：第一，在二者间诈骗的场合，被害人可以将自己所有或占有的财物、财产性利益转移给与行为人具有某种特殊关系的第三人占有；第二，在三角诈骗的场合，具有处分被害人财产权限或地位的受骗人将财产转移给行为人占有；第三，在三角诈骗的场合，具有处分被害人财产权限或地位的受骗人将财产转移给与行为人具有某种特殊关系，能够代替行为人获取财产的第三人；第四，在骗取他人放弃之物的场合，由于行为人的欺骗行为直接导致被害人放弃对自己财产的所有或占有，随即行为人便顺利获取被害人相应财产；第五，在骗取他人放弃之物的场合，被害人由于受到欺骗放弃对财物的占有，与行为人具有某种特殊关系的第三人代替行为人获取被害人的相应财物。

笔者认为以上六种情形均应当认定诈骗罪中处分行为的存在。第一种是司法实践中最为常见的情形，后五种情形是在第一种情形的基础之上进行了适当的改变，但依然未超出处分行为所能够涵射的范围，均应当以诈骗罪对行为人的行为进行惩处。实际上，"侵害脱离占有物罪说"与"盗窃罪说"的观点具有相似性，二者均对被放弃之物的事实占有情况产生了一定的质疑，均认为对被放弃之物的占有已从被害人的支配控制领域发生了转移，自放弃财物之时起，被害人不再对该财物享有任何财产权利。此外，支持上述两种观点的学者仅将判断视角局限于行为人捡拾被害人财物的时间节点上，而没有将时间轴拉长以探究被害人放弃财物的根本原因是什么。

最后，从诈骗罪的基本逻辑构造角度进行分析，骗取他人放弃之物的行为符合诈骗罪的构成要件要素，成立诈骗罪不存在刑法理论上的障碍。从主观方面来看，行为人具有非法占有被害人财物的目的且具有犯罪故意；从客观方面来看，行为人以虚构事实、隐瞒真相等方法实施欺骗行为，并且该欺骗行为已经达到成立诈骗罪的程度要求，也就是说，该欺骗行为能够直接导致被害人陷入错误认识而放弃对自己财物的占有，进而行为人获取该财物，被害人遭受财产损失。从行为人实施欺骗行为到最终获取被害人的财物，该过程中的每个环节均与诈骗罪因果链条中的各个要件要素相吻合，当然应当以诈骗罪对该行为进行规制。该因果链条的起因是行为人实施欺骗行为欺骗被害人，如被害人未遭到行为人的欺骗或被骗后及时识破骗局，则被害人将不会放弃对自己财物的占有。

从诈骗罪所具有的本质特征来看，在被害人放弃财物占有之前就该财物所具有的某些重要事项与行为人进行了沟通交流，由此体现了诈骗罪"交往沟通型"财产犯罪的本质特征。此外，由于受到行为人的欺骗，被害人基于陷入的错误认识而主动放弃对财物的占有，也就意味着被害人对于丧失财物的占有是具有明确认知的，其在主观具有选择余地与空间的情况下依然作出放弃财物的决定是经过自己理性思考与衡量的。因此，被害人放弃对财物占有的行为体现了诈骗罪之"自我损害型"财产犯罪的本质特征。

综上所述，在骗取他人放弃之物的场合，"盗窃罪说"过于限缩了处分行为的成立范围，"侵占脱离占有物罪说"又过于限缩了刑法上占有成立的范围。而"诈骗罪说"既能够满足诈骗罪基本逻辑构造的要求，又能够体现诈骗罪的本质特征。因此，笔者认为，骗取他人放弃之物的行为应当以诈骗罪进行定罪处罚。

第二节 无钱食宿行为的定性问题

饮食与住宿是与我们每个人都息息相关的两种日常行为，然而，在司法实践中却涌现出大量"无钱食宿"的犯罪案件，如何对该类案件中行为人的行为进行准确定性以充分保护被害人的财产权利成为刑法理论界与司法实务界亟待解决的理论难题。

在无钱食宿的场合，根据行为人非法占有目的产生时间节点的不同，可以将无钱食宿行为具体划分为"犯意先行型"的无钱食宿行为与"食宿先行型"的无钱食宿行为。"犯意先行型"的无钱食宿行为，是指行为人在接受商家饮食服务或住宿服务之前已经具有非法占有饭店或酒店所提供的食宿服务的目的，并且在享受食宿服务之后借机偷偷溜走或编造谎言而逃走的行为。"食宿先行型"的无钱食宿行为，则指行为人在接受商家的饮食、住宿服务时并未产生逃避支付食宿费用的想法，在接受的服务结束之后，发现自己的现金或银行卡上的余额无法支付相应的食宿费用，遂产生逃避支付食宿费用的想法，或者单纯出于主观上想吃"霸王餐"、住"霸王店"的想法而偷偷溜走或者编造谎言逃避支付费用的情形。

在刑法理论中，国内外刑法学者对无钱食宿行为的定性问题产生了极大的争论。其中引起学者激烈讨论的是"食宿先行型"无钱食宿行为的定性问题，该理论争议问题涉及前文已经进行详细阐述与论证的问题，即处分行为的主观要素处分意识是否为成立诈骗罪必备的构成要件要素。对于"食宿先行型"无钱食宿行为的定性问题，持有不同的观点将得出截然不同的结论。

为避免出现司法适用混乱的局面，有些英美法系国家的刑法将无钱食宿行为规定为明确的罪名。例如，加拿大刑法中的"以欺诈手段获取食物、饮料或住宿"罪；英国《1968年盗窃罪法》中所规定的"负债潜逃罪"。❶ 大陆法系国家中具有代表性的德国与日本的刑法均未对无钱食宿行为进行明文规定，因此，对于该行为的定性问题就成为刑法理论界与司法实务界争论不休的焦点。刑法理论界将无钱食宿行为按照产生犯意的时间节点与逃走形式的不同，具体划分为以下四种情形："犯意先行的单纯溜走型""犯意先行的诡计逃走型""食宿先行的单纯溜走型""食宿先行的诡计逃走型"。下面将针对上述四种情形分别进行详细探讨。

一、"犯意先行型"的无钱食宿行为的定性问题

无论是"犯意先行的单纯溜走型"还是"犯意先行的诡计逃走型"的犯罪行为，日本刑法理论通说与判例持有的立场均为，上述两种情形中行为人应当成立诈骗罪。有学者指出，在"犯意先行型"的场合，行为人在接受食宿服务之前已经具有逃避支付食宿费用的主观想法，在主观具有非法占有目的的前提下而享用饮食服务或住宿服务的，应当成立作为形式的诈骗罪。具体而言，如果是在无钱饮食的场合，行为人在无支付意思的情况下点餐的行为将构成诈骗财物罪（一项诈欺罪）；如果是在无钱住宿的场合，行为人无支付住宿费用的意思而预订房间并实际享用了旅店的住宿服务的行为将构成诈骗利益罪（二项诈欺罪）；如果行为人在无支付意思的情形下同时接受了酒店的饮食与住宿服务，既构成诈骗财物罪，也构成诈骗利益罪，最终按照诈骗

---

❶ 鲁伯特·克罗斯，等. 英国刑法导论 [M]. 赵秉志，等，译. 北京：中国人民大学出版社，1991：252.

罪一罪进行处罚，不再实行数罪并罚。❶ 正如大塚仁教授所言，在附带供应用餐的旅馆无钱住宿，就竞合地成立狭义的诈欺罪和诈欺利得罪，应该包括的作为相当于第 246 条的诈欺罪来处理。❷

但也有学者并不赞同上述观点，例如，冈野光雄教授指出，"犯意先行型"的无钱食宿行为并不是作为形式的诈骗罪，而应当是不作为形式的诈骗罪。此外，在"犯意先行型"无钱饮食的场合，该行为应当与无钱住宿的场合一样，构成诈骗利益罪，骗取的是商家所拥有的餐费债权请求权。❸

若将该场合下行为人的行为视作一种不作为形式的诈骗行为，就意味着食客或住宿者在接受商家服务之前具有告知商家自己是否具有支付食宿费用的能力与意思表示的义务。根据日常生活经验来看，人们在接受食宿服务前并不具有向商家告知自己是否具有支付能力与支付意思的义务。基于合理信赖原则，商家将推断顾客具有支付能力并会按照约定支付相应的费用。此外，从经济学的角度进行分析可知，商家的终极目的就是以最小的投入成本获取最大的经济利益。如果给顾客附加告知义务，这将在一定程度上降低商家的经营效率，从而减少其营业收入。所以，无论在理论上还是在市场交易惯例中，都不宜将告知义务作为顾客法定的或约定的义务来源。

日本判例指出，在对方重视特别的交易条件，或者对方自己没有贯彻这一旨趣的场合，对该交易条件，对方就负有确认义务。所以，行为人单纯不告知，就不属于欺骗行为。❹ 德国刑法理论与判例认为，对于作为形式的欺骗应当以社会一般观念为判断标准，也就是说，行为人的行为从社会一般人视角来看是否隐含对事实的表达。例如：在餐馆点餐或旅店办理住宿，商家就默认行为人是具有支付相应费用的能力与意愿的。❺

此外，针对有学者所提出的"犯意先行型"的无钱饮食的行为骗取的是饭店餐费请求权的观点，笔者无法赞同。由于逃避支付餐费的想法是产生在接受餐饮服务之前，行为人主观上就是为了不支付任何费用而享用饮食，其客观上也确实消耗了商家的食物或饮品。所以，从客观上来讲，行为人骗取

---

❶ 新保义隆. 刑法各论 [M] //刘明祥. 财产罪比较研究. 北京：中国政法大学出版社，2001：268.

❷ 大塚仁. 刑法概说（各论）[M]. 3 版. 冯军，译. 北京：中国人民大学出版社，2003：277–278.

❸ 冈野光雄. 刑法各论 25 讲 [M] //刘明祥. 财产罪比较研究. 北京：中国政法大学出版社，2001：268.

❹ 松宫孝明. 刑法各论讲义 [M]. 4 版. 王昭武，张小宁，译. 北京：中国人民大学出版社，2018：206.

❺ 王钢. 德国判例刑法分则 [M]. 北京：北京大学出版社，2016：197.

的正是商家所遭受损失的饮食本身。

对于"犯意先行型"的无钱食宿行为的定性问题，我国大部分学者均认为，无论在单纯溜走的场合还是在诡计逃走的场合，均成立诈骗罪。[1] 陈洪兵教授指出，行为人在点餐或住宿之前就不具有支付费用的意愿的，属于举动诈骗，成立诈骗罪。[2] 笔者认为，在"犯意先行的诡计逃走型"的场合，行为人无疑应当成立诈骗罪；但在"犯意先行的单纯溜走型"的场合，由于商家默认行为人具有支付相应费用的能力与意愿，因此，无法认定行为人主观上所具有的诈骗目的，客观上接受商家食宿服务的行为已经达到了诈骗罪中欺骗行为的程度并使商家陷入处分财产的错误认识之中。既然不存在处分财产的错误认识，也就无法认定诈骗罪中处分行为的存在，此种情形可以以盗窃罪进行定罪处罚。具体理由将在下文展开详细论证。

二、"食宿先行型"的无钱食宿行为的定性问题

"食宿先行型"的无钱食宿行为是指行为人在接受食宿服务之前并未产生逃避支付食宿费用的想法，而是在接受食宿服务之后才产生此意愿的情形。根据前文可知，"食宿先行型"的无钱食宿行为可被具体划分为两种情形：一是"食宿先行的单纯溜走型"的无钱食宿行为；二是"食宿先行的诡计逃走型"的无钱食宿行为。国内外刑法学界对该类型的无钱食宿行为的定性问题产生较大争议，尤其对"食宿先行的诡计逃走型"的无钱食宿行为的定性问题形成针锋相对的两方对立局面，根本原因在于对于处分意识要否问题所持有的立场不同。"处分意识不要说"论者将"食宿先行的诡计逃走型"的无钱食宿行为认定为诈骗罪，而"处分意识必要说"论者则更有可能将该行为认定为盗窃罪。下面将针对此争议焦点问题进行阐述与论证。

（一）"食宿先行的单纯溜走型"的无钱食宿行为的定性

"食宿先行的单纯溜走型"的无钱食宿行为是指行为人在接受食宿服务之后产生逃避支付食宿费用的想法并趁机偷偷溜走的行为。该类型的行为人由于在进行点餐或者办理入住登记时主观上并不具有非法占有目的，因此，商家并未由此而陷入处分财物或财产性利益的错误认识之中，由于不存在诈骗罪的欺骗行为，该类型的无钱食宿行为无法成立诈骗罪。在日本刑法理论中，"食宿先行的单纯溜走型"的无钱食宿行为属于盗窃财产性利益的行为，窃取

---

❶ 张明楷. 刑法学 [M]. 5 版. 北京：法律出版社，2016：1008.
❷ 陈洪兵. 盗窃罪与诈骗罪的关系 [J]. 湖南大学学报：社会科学版，2013（6）：137.

的是商家所拥有的食宿费用请求权，行为人为了逃避支付相应费用而采取偷偷溜走的方式以免除自己应当支付给商家的食宿费用。但日本刑法中盗窃罪的对象仅包括财物，不包括财产性利益，利益盗窃行为不可罚。有学者则指出，由于对方没有实施处分行为，因此，属于盗窃财产性利益的行为。这种情况同管理人员不注意而行为人偷看演出，或不通过检票口的逃票乘车情况一样。❶ 因此，日本刑法理论认为，"食宿先行的单纯溜走型"的无钱食宿行为不构成犯罪。❷

　　在我国刑法理论中，对于"食宿先行的单纯溜走型"的无钱食宿行为的定性并不存在争议。由于我国刑法理论通说的观点为，盗窃罪的对象既包括狭义的财物也包括财产性利益，因此，该类型的无钱食宿行为应当属于利益盗窃行为，以盗窃罪对该行为进行定罪处罚即可。正如陈洪兵教授所言："行为人食宿之后才产生不付钱的意思，趁人不注意悄悄溜走的，成立利益盗窃也没有问题。"❸

（二）"食宿先行的诡计逃走型"的无钱食宿行为的定性

　　在无钱食宿的场合中，"食宿先行的诡计逃走型"的无钱食宿行为的定性问题最能引起国内外学者的关注并产生了激烈讨论。"食宿先行的诡计逃走型"的无钱食宿行为是指行为人在接受食宿服务之后才产生了逃避支付食宿费用的想法，并编造谎言欺骗商家以令其免除自己所应支付食宿费用的行为。学界对该类型的无钱食宿行为的定性得出不同结论的根本原因就在于，对处分意识要否问题持有不同的观点。

　　在日本刑法理论中，以"住宿先行的诡计逃走型"案件为例，有持"处分意识必要说"的学者根据行为人的住宿期限是否到期为判断标准对该行为的性质进行相应判定。如果行为人的住宿期限已经到期，行为人以"送朋友"等为幌子欺骗商家，商家允许其暂时离开的行为属于诈骗罪中的处分行为，行为人构成诈骗罪；如果是在行为人的住宿期限还未到期的情况下，行为人以虚构事实或隐瞒真相的方法欺骗商家，商家信以为真并允许其离开的行为并不属于诈骗罪中的处分行为。由于住宿期限未到，行为人具有随意进出的

---

　　❶　大谷实. 刑法各论 [M]. 2版. 黎宏，译. 北京：中国人民大学出版社，2008：252.
　　　　西田典之. 日本刑法各论 [M]. 3版. 刘明祥，王昭武，译. 北京：中国人民大学出版社，2007：153.
　　❷　法曹同人法学研究室. 详说刑法（各论）[M] //刘明祥. 财产罪比较研究. 北京：中国政法大学出版社，2001：269.
　　❸　陈洪兵. 盗窃罪与诈骗罪的关系 [J]. 湖南大学学报：社会科学版，2013（6）：137.

自由，此时商家同意其离开并不意味着主观上具有免除行为人的债务或同意其暂缓履行支付义务的意识，依据"处分意识必要说"的观点，当然无法成立诈骗罪。❶

然而，笔者认为，以住宿期限是否到期为判断标准对行为人的行为进行定性，并不具有充分的说理性，同时也无实际意义。例如：行为人在房间到期前的一分钟与房间到期后的一分钟分别对商家说了同样的谎言"我出去送朋友，马上回来"，为何前后只存在一分钟的差别就将行为人的行为分别认定为成立盗窃罪与诈骗罪，得出该结论并不具有很强的说服力。刘明祥教授也指出，对同一性质的行为只因实施时间不同就作罪与非罪的不同处理的做法，自然是不科学的。❷ 因为在上述两种情形中，当行为人欺骗商家谎称去"送朋友"时，行为人在主观上希望商家由此陷入错误认识并免除自己的住宿费用，如果商家允许其离开就意味着具有处分意识，行为人构成诈骗罪。针对住宿期限未到期的情形，只要行为人具有欺骗商家的行为，商家基于错误认识允许其离开或未阻止其离开的，均属于处分财产性利益的行为，行为人成立诈骗罪；若行为人未与商家进行沟通而悄悄溜走的，则按照利益盗窃的行为进行处罚，成立盗窃罪。因此，笔者认为，无须以预订的房间是否到期为划分标准，只需考察行为人的欺骗行为是否令商家陷入错误认识并实施处分财产性利益的行为即可。

日本刑法判例持有"处分意识必要说"的立场，明确指出："在无钱食宿之后，谎称开车送朋友回家而逃离客店，对此，判例在旁论中谈到，'需要存在欺罔债权人并使之作出免除债务的意思表示的事实，如果仅仅有逃走并不付款这一行为还不够'。"❸

持有"处分意识不要说"的学者指出，由于无意识的处分财产性利益的行为也属于诈骗罪意义上的处分行为，在"食宿先行的诡计逃走型"的无钱食宿行为的场合，可以将商家主观上无处分意识但客观上免除了行为人相应费用的行为视作处分行为，应当以诈骗罪对行为人进行定罪处罚。❹

例如：大谷实教授的观点是，如果商家认可行为人"送朋友"的事实成为免除支付相应费用的结果，可以将该行为视作无意识的处分行为，行为人

❶ 刘明祥. 财产罪比较研究 [M]. 北京：中国政法大学出版社，2001：270.
❷ 刘明祥. 财产罪比较研究 [M]. 北京：中国政法大学出版社，2001：272.
❸ 西田典之. 日本刑法各论 [M]. 3 版. 刘明祥，王昭武，译. 北京：中国人民大学出版社，2007：153.
❹ 刘明祥. 财产罪比较研究 [M]. 北京：中国政法大学出版社，2001：271.

成立诈骗罪。❶ 持有"处分意识不要说"的西田典之教授认为，虽然商家对于处分自己的财产性利益无意识，但行为人谎称"送朋友""散步"等已经表明该财产性利益已经发生转移，因此，可以将其认定为诈骗罪中的处分行为。❷

我国刑法理论界对于"食宿先行的诡计逃走型"的无钱食宿行为的定性问题也存有较大的争论。持有"处分意识必要说"立场的张明楷教授认为："由于被害人并没有因此从法律上或事实上免除行为人的债务，既没有处分行为，也没有处分意识，所以对行为人的行为难以认定为诈骗罪。"❸ 张明楷教授还强调，行为人的行为属于单纯的逃避债务，并不属于盗窃财产性利益的行为。❹ 与张明楷教授持相反观点的学者却认为，商家即使暂时免除行为人的债务，也无法再以此债权请求行为人支付相应的食宿费用，实际上已经遭受到了财产损失。此种情形下应当认为被害人对财产性利益的增减是具有处分意识的，能够被认定为诈骗罪。❺ 还有的学者是以是否具有当场实现债权的可能性为判断标准，若无，则认定商家具有处分财产性利益的行为，行为人构成诈骗罪。❻

此外，刘明祥教授指出，应当在现有刑法框架内增设专门罪名以规制无钱食宿行为，这样才能够从根本上彻底解决刑法理论与实践中遇到的各种问题。❼ 还有学者是从财物与财产性利益所具有的不同性质角度分析"食宿先行的诡计逃走型"的无钱食宿行为的定性问题。在涉及财物的场合，一般认为受骗人或被害人将财物的占有转移给行为人或第三人时处分行为成立；但在涉及财产性利益的场合，由于财产性利益并不具有财物的外观属性，因此，在认定是否具有诈骗罪中的处分行为时，标准也应当随之发生转变。行为人以"送朋友"为幌子欺骗商家，虽然商家允许其离开，但并未免除行为人应当支付的食宿费用，商家对自己所具有的财产性利益即食宿费用的债权请求权已经失去了实际的控制支配权利，直接造成商家遭受相应的财产损失，行为人

❶　大谷实. 刑法各论 [M]. 2版. 黎宏，译. 北京：中国人民大学出版社，2008：252.

❷　西田典之. 日本刑法各论 [M]. 3版. 刘明祥，王昭武，译. 北京：中国人民大学出版社，2007：154.

❸　张明楷. 刑法学 [M]. 5版. 北京：法律出版社，2016：1008.

❹　张明楷. 论盗窃财产性利益 [J]. 中外法学，2016（6）：1423-1425.

❺　赵金伟. 诈骗罪处分意识的问题研究 [J]. 新疆大学学报：哲学·人文社会科学版，2017（5）：58-59.

❻　张忆然. 诈骗罪的"处分意思不要说"之提倡："处分意思"与"直接性要件"的功能性厘定 [J]. 中国刑警学院学报，2019（3）：32.

❼　刘明祥. 财产罪比较研究 [M]. 北京：中国政法大学出版社，2001：272.

应当成立诈骗罪既遂。因此，在诈骗财产性利益的场合，不应当以行为人实际已经取得被害人的财产性利益为判断标准，而应将该判断的时间节点适当前移，即当被害人放弃行使自己的权利或免除对方债务之时，即可认定存在诈骗罪意义上的处分行为。❶

还有的学者从刑法中财产性利益与民法上债权所具有的不同时效性的角度进行相关论证。例如：柏浪涛副教授指出，在行为人谎称"送朋友"的场合，商家依然具有实现债权请求权的可能性，商家允许其离开并非意味着商家具有免除行为人应当支付食宿费用的处分意识与处分行为，该场合下的暂缓支付食宿费用具有当场性、临时性，行为人用诡计逃走的，无法构成诈骗罪；在行为人谎称自己忘带钱"明天付款"的场合中，商家暂缓行为人支付相应费用则意味着在很大程度上将丧失该债权请求权，也就相当于处分了自己的财产性利益，应当属于诈骗罪中处分财产性利益的行为，行为人应当构成诈骗罪。❷

三、本书立场

对于无钱食宿行为的定性问题，笔者将按照以逃避支付食宿费用的想法产生于接受食宿服务之前还是之后，以及行为人具体是以单纯溜走的形式还是诡计逃走的形式逃避支付食宿费用为划分标准，进行深入的探讨与论证。

（一）犯意先行型

1. 犯意先行的单纯溜走型

日本刑法理论通说与判例持有的立场均认为，在"犯意先行型"的无钱食宿的场合，无论是"单纯溜走型"还是"诡计逃走型"并不具有实质性的差别，在两种情形中，行为人的行为均构成诈骗罪。但笔者认为，"犯意先行的单纯溜走型"与"犯意先行的诡计逃走型"行为人的行为还是存在一定的差异性的，应当分别进行论证。

在"犯意先行的单纯溜走型"的场合，虽然行为人逃避支付食宿费用的想法产生于接受食宿服务之前，但在行为人进行点餐或办理入住手续的时候，商家基于合理信赖原则，默认行为人是有能力在接受服务后支付相应食宿费用的。换言之，行为人与商家并未就餐饮或住宿服务等事项进行沟通交流，此处交流的事项应当仅限于商家为顾客提供饮食或住宿服务、顾客支付相应

---

❶ 王钢. 盗窃与诈骗的区分：围绕最高人民法院第 27 号指导案例的展开 [J]. 政治与法律，2015（4）：42.

❷ 柏浪涛. 论诈骗罪中的处分意识 [J]. 东方法学，2017（2）：104-105.

的食宿费用等相关内容。但商家由于默认相信顾客具有支付能力与支付意愿，所以，并未陷入处分财产的错误认识中，诈骗罪的因果链条自此断裂。行为人接受食宿服务后而偷偷溜走的行为将直接导致商家财物在经济价值上的减少，由于商家并不具有处分财物或财产性利益的意识与行为，故无法成立诈骗罪，应当以盗窃罪对行为人进行定罪处罚。在"犯意先行的单纯溜走型"的场合，在点餐或办理入住时，虽然行为人主观上具有逃避支付食宿费用的想法，但该想法并未传递到商家那里，也就是说，体现诈骗罪"交往沟通型"财产犯罪特征的第一环节、第二环节的欺骗行为与错误认识并未成立，因此，诈骗罪的因果链条无法形成一个完整闭合的圆环，对行为人的行为不能够以诈骗罪进行定性。

2. 犯意先行的诡计逃走型

根据前文对处分意识要否问题的阐述与论证，笔者更倾向于"处分意识必要说"的观点。在"犯意先行的诡计逃走型"场合，笔者将处分意识作更为宽缓化的理解。具体来说，当行为人接受食宿服务之后，无论是谎称"送朋友，马上回来付款"还是"忘带钱了，明天过来付款"，只要商家明确知道自己所拥有债权请求权的具体内容并且理解行为人短暂离开或者长时间离开的行为意义与行为后果，可以认为商家此时是具有处分意识的，就可以将允许行为人离开的行为视作诈骗罪意义上的处分行为，即行为人构成诈骗罪。成立诈骗罪的时间节点是在商家明确表示允许行为人离开之时或者未对行为人离开的行为加以阻拦之时。

（二）食宿先行型

1. 食宿先行的单纯溜走型

对于"食宿先行的单纯溜走型"的无钱食宿行为的定性问题，我国刑法学界并不存在较大争议，大部分学者均认为该行为构成盗窃罪。笔者也赞同该结论。然而，在日本等一些大陆法系国家，由于刑事立法模式的不同，未将财产性利益囊括在盗窃罪的对象之中，造成了利益盗窃行为不可罚的局面，因此，日本刑法理论认为，"食宿先行的单纯溜走型"的行为不构成犯罪。在我国刑法中并不会出现此类处罚真空的现象，将该行为定性为盗窃罪并不具有刑法理论上的障碍。

2. 食宿先行的诡计逃走型

"食宿先行的诡计逃走型"的无钱食宿行为的定性问题是上述四种情形中刑法学界争论最为激烈的一种类型。有学者从预订的房间是否已到截止日期的角度加以论证；有学者从行为人离开时间长短的角度加以论证；还有的学者从商家是否具有当场实现债权请求权的可能性的角度加以论证。然而，笔者认为，对于该争议问题的探讨依然应当从诈骗罪所具有的本质特征的角度进行理解。

"食宿先行的诡计逃走型"的无钱食宿行为意味着行为人的非法占有目的在接受食宿服务之后产生，其为避免支付相应的食宿费用而编造谎言欺骗商家，商家由此陷入错误认识，并基于该错误认识允许行为人暂时或较长时间离开的行为应当被认定为诈骗罪中的处分行为。商家作为一个理性、自利的经济人，在一定程度上能够预见到行为人具有不会按照"约定"回来支付款项的可能性，但依然同意其离开的行为就意味着商家对于自己行为的性质以及该行为将产生的后果是具有认识的，该认识应当属于诈骗罪中的处分意识，根据"处分意识必要说"的观点，行为人应当构成诈骗罪。

综上所述，对于无钱食宿行为的定性问题，笔者认为，"犯意先行的单纯溜走型"与"食宿先行的单纯溜走型"行为人的行为成立盗窃罪；"犯意先行的诡计逃走型"与"食宿先行的诡计逃走型"行为人的行为构成诈骗罪。

第三节　偷换商家二维码行为的定性问题

随着新型支付方式的兴起，传统现金支付方式逐步被微信、支付宝等社交软件为代表的现代网络支付方式所取代。新型支付方式在为人们生产、生活带来便捷、高效的同时也为一些新型犯罪行为孕育了犯罪土壤。近年来，在司法实践中涌现出大量的偷换商家二维码取财的犯罪案件，对行为人换码取财行为的定性问题，引发了刑法理论界与实务界的热议。对该争议问题，学界目前大致存在两种不同的观点："盗窃罪说"与"诈骗罪说"。在威科先行数据库中，笔者以"二维码""盗窃罪"为关键词检索到刑事判决书共计3 961份；以"二维码""诈骗罪"为关键词检索到刑事判决书共计6 742份（截至2021年4月30日）。司法实践中偷换二维码取财案件数量激增的现状表明，对该行为的准确定性成为刑法学界亟待解决的法律难题。

一、盗窃罪说

在我国刑法理论中，有部分学者赞同"盗窃罪说"，认为行为人偷换二维码的行为不符合诈骗罪的基本逻辑构造，无论是商家还是顾客均未陷入处分财产的错误认识之中，也不具有诈骗罪的处分意识与处分行为，无法成立诈骗罪。由此可知，持有"盗窃罪说"观点的学者均认为，处分意识作为处分行为的主观要素，是判断是否成立诈骗罪不可或缺的要件要素，无意识的处分行为不应当被认定为诈骗罪意义上的处分行为。

正如持有"处分意识必要说"观点的柏浪涛副教授所言，对于行为人偷换二维码取财行为的定性问题，该行为应当属于盗窃罪的直接正犯，行为人盗窃的对象是商家所享有的财产性利益，即针对顾客的债权请求权。在民事法律领域中，债权人可以将自己所享有的债权进行转移，由此，新的债权人取得该债权，取代原债权人的法律地位并取得在此债权上所拥有的权利。❶ 在由行为人、商家与顾客构成的三方主体结构中，援用债权让与制度的结构，商家可以由于某种原因将对顾客的债权转让给行为人，行为人由此成为新的债权人并对该债权享有权利。然而，在偷换二维码案件中，行为人并未将更换商家二维码的行为告知商家，更未取得商家的同意，在此情形之下，就意味着行为人窃取了商家的债权人地位，此后商家针对顾客的债权将全部转移给行为人享有。该"债权转让"的过程是违反商家意愿的，是通过窃取的方式转移商家所享有的债权的行为，符合盗窃罪的犯罪构成要件，应当以盗窃罪对行为人的行为定罪处罚。❷ 此外，黎宏教授也指出，商家作为最终遭受财产损失的被害人，主观上对行为人偷换二维码的行为并不知情，在无处分意识情形下的财物转移占有行为并不属于诈骗罪中的处分行为，无法成立诈骗罪，应当构成盗窃罪。❸

还有学者通过"间接交付"的概念来辅助论证，偷换二维码行为应当构成盗窃罪，而非诈骗罪。该学者认为，首先，行为人偷换商家二维码的行为以及顾客向行为人的账户进行付款的行为均不为商家和顾客所知情，因此，在主观毫不知情的情形下所实施的递交商品的行为以及顾客扫码支付的行为均不属于诈骗罪意义上的处分行为，行为人的行为符合盗窃罪中窃取行为的构成要件；其次，行为人取得的是本应当由商家所享有的顾客的债权。我国台湾地区学者褚剑鸿教授认为，交付方法，使被害人将物经由第三人之手交付行为人之间接交付亦属之。❹ 所以，行为人是通过第三方支付平台将本属于商家享有的顾客债权转移给自己享有。❺ 褚剑鸿教授引入第三方支付平台的

❶ 王泽鉴. 债法原理：第一册 [M]. 北京：中国政法大学出版社，2001：9.
❷ 柏浪涛. 论诈骗罪中的"处分意识" [J]. 东方法学，2017（2）：106.
❸ 黎宏. 电信诈骗中的若干难点问题解析 [J]. 法学，2017（5）：171-172.
❹ 褚剑鸿. 刑法分则释论 [M]. 台北：台湾商务印书馆，1995：1235.
❺ 吴情树，许钟灵. 论网络支付方式下盗窃罪与诈骗罪的界分：以"偷换二维码案"为视角 [J]. 海峡法学，2020（2）：71.

"间接交付"的概念来论证该行为成立盗窃罪的观点具有一定的启发意义。

对于偷换二维码取财行为的定性问题，还有的学者通过借助"隔时犯"理论以辅助证明自己的观点。例如，周铭川副教授指出，从犯罪类型与刑法规范性的角度出发，并结合"隔时犯"的理论将得出该案件中行为人的行为更加符合盗窃罪的犯罪特征。行为人偷换二维码的行为是在商家与顾客均不知情的情况下实施的，符合盗窃罪秘密窃取的本质特征。此外，对于行为人是否转移商家财产占有的理论难题，可以突出刑法上占有的规范性，即认定财物占有的归属，主要取决于社会通常观念和所有权意识。❶ 周铭川副教授引入"隔时犯"理论来批判赞同该行为应当成立盗窃罪间接正犯的观点。他认为，在偷换二维码取财案件中，行为人虽然未实施从商家的账户中直接转款的行为，但其偷换商家二维码的行为与在被害人的杯子里投毒等待被害人喝的行为具有相同的法律效果，属于具有特殊性的犯罪实行行为。所以，没有必要将该行为认定为盗窃罪的间接正犯。❷

马永强博士则从财产性利益占有的规范化角度来破解偷换二维码案件中行为人行为的定性难题，他认为该行为应当构成盗窃罪。他强调，合理的解释路径是个别、例外地承认在此类涉及侵权行为以及民事请求权消灭的场合下，财产性利益的规范性占有的可能。这种规范化的理解虽然扩张了事实性占有概念，但具有整体法秩序上的理由，并且符合刑法作为规范学的学科定位。在理论层面，个案性地承认对于财产性利益的占有意味着跳出传统刑法学方法论中的自然主义的思维方式，从规范科学的本质层面思考理论标准的确定，可以作出更为妥当的评价。在实践层面，通过从义务分配角度对本案作具体分析，可以有效平衡各方利益，既降低商家在未能尽到注意义务的情形下将行为人定罪的风险，也对一些情节恶劣的行为予以例外性的规制。❸

马永强博士是从财产性利益占有的规范化角度出发，适度扩大刑法上占有的内涵，而有的学者却反对对占有概念进行扩张的论证思路。徐凌波老师认为，占有概念扩张与否，并不是一个从概念到概念的问题，而需要结合盗窃罪的整体教义学体系进行讨论。换言之，反对占有概念的扩张与观念化，并不是因为这在语言概念上不可能，而是因为这将在罪名解释体系上带来不可欲的非体系性后果，它混淆了两种不同的转移概念，并最终带来盗窃罪构

---

❶ 周铭川. 偷换商家支付二维码获取财物的定性分析 [J]. 东方法学，2017（2）：121.

❷ 周铭川. 偷换商家支付二维码获取财物的定性分析 [J]. 东方法学，2017（2）：118-122.

❸ 马永强. 盗窃罪中财产性利益占有的规范化解释进路 [J]. 政治与法律，2020（3）：52，62-63.

成要件的口袋罪化。因此，对于类似于偷换二维码取财案件的行为定性问题，应当一如类似计算机诈骗的构成要件对相应的数据不当使用行为进行规制是未来立法应当着重考虑的问题。❶ 防止盗窃罪丧失自身犯罪构成要件的定型性，由此滑向财产犯罪口袋罪的不利境地的担忧在一定程度上具有合理性，但适度扩大财产性利益占有所具有的内涵还应当在行为是否符合盗窃罪犯罪构成要件的前提之下进行刑法解释，即在此概念所具有的涵射范围之内进行解释。因此，担心盗窃罪会沦为口袋罪的想法实属不必。

然而，持有"处分意识不要说"观点的学者也认为，偷换二维码取财行为应当构成盗窃罪，而非诈骗罪。例如，蔡桂生副教授指出，诈骗罪属于行为人与受骗人发生"侧面交往"类型的财产犯罪，而盗窃罪是行为人避免与被害人发生正面接触的"排除交往"类型的财产犯罪。在偷换二维码案中，由于行为人偷换商家二维码的行为并未与商家、顾客就财产决策事项发生任何的沟通与交流，后者没有陷入处分财产错误认识的可能性，也就无法成立诈骗罪。❷

二、诈骗罪说

对于行为人偷换二维码取财行为的定性问题，大多数持有"处分意识不要说"的论者均赞同该行为应当构成诈骗罪，而非盗窃罪。支持"诈骗罪说"的论者认为，行为人偷换二维码的行为使顾客陷入处分财产的错误认识，并基于该错误认识处分财产，商家最终遭受财产损失。该因果流程符合诈骗罪的基本逻辑构造，应当构成诈骗罪。

（一）普通诈骗罪

有部分学者认为，将偷换二维码取财行为定性为普通诈骗罪并不存在刑法理论上的障碍。从规范论的角度来看，最终造成商家遭受财产损失的无价值结果是由行为人偷换二维码的行为导致，但直接导致商家财产受损的原因则是顾客"自愿"处分自己财产的行为，进一步推论，顾客"自愿"实施处分行为的原因是其受到行为人偷换二维码行为的欺骗而陷入了错误认识。因此，将各方主体实施的行为连接起来，彼此之间具有刑法上的直接因果关系，形成完整且闭合的因果链条，与诈骗罪的逻辑构造相吻合，应当构成诈骗

---

❶ 徐凌波. 置换二维码行为与财产犯罪的成立 [J]. 国家检察官学院学报，2018（2）：45，47.
❷ 蔡桂生. 新型支付方式下诈骗与盗窃的界限 [J]. 法学，2018（1）：179-181.

罪。● 为了妥善解决司法实践中对此类案件行为定性混乱的问题，有学者提出，可以通过取消处分行为中的主观要素处分意识的方法，将该行为认定为诈骗罪。具体来说，当商家允许顾客带着购买的商品离开的时候，虽然未明确表示免除顾客的债务，但在客观上已经不具有当场实现债权的可能性，并最终遭受了相应的财产损失。如果按照"处分意识必要说"的观点，该行为无法成立诈骗罪。❷ 将偷换二维码取财行为认定为诈骗罪的结论是从该行为所具有的本质角度出发所得出的必然结果，而认为该行为成立盗窃罪的学者只看到该行为的表象而已。❸

还有学者将此类案件称作"以债权实现为对象的诈骗"，蔡颖老师将偷换二维码取财行为抽象为："行为人通过偷换二维码的行为对商家进行欺骗，导致其误认二维码的权属关系，并基于该错误，积极指示或者消极接受顾客按照违背其真意的方式履行合同，造成其合法债权无意义地消灭，行为人获得利益。其中，商家是受骗人和被害人，损失的是合同债权，行为人获得的是作为合同债权的具体内容的货款。"❹

但有学者明确指出，偷换二维码取财行为无法构成诈骗罪，由于该行为并不符合诈骗罪逻辑构造中第一环节欺骗行为的要求，也就没有判断商家或顾客是否陷入错误认识、是否具有处分行为的必要性与可能性。徐凌波老师指出，行为人偷换二维码的行为并非属于诈骗罪中的欺骗行为，而是单纯对客观事实情状的控制。诈骗罪作为一种"交往沟通型"的财产犯罪，其"交往沟通"的特性需要通过行为人与受骗人或被害人就重要的财产决策事项进行沟通、交流而体现。在偷换二维码取财案件中，行为人偷换二维码的行为无论在主观上还是客观上，无论是以语言的形式还是以文字的形式均未与商家发生任何互动，商家对此毫不知情。因此，对于未与受骗人或被害人（商家）有过任何接触的行为不能认定为诈骗罪中的欺骗行为，这导致诈骗罪因果链条自始断裂。❺

与此观点相对，有学者认为应当从规范性的角度理解诈骗罪中"交流"的本质特征，蔡颖老师认为："'交流'的规范特征并不是言语或者书面等外在形式，而是实质的信息传递。如果行为人的行为释放出错误信息，处分人

● 张庆立. 偷换二维码取财的行为宜认定为诈骗罪 [J]. 东方法学，2017（2）：124-127.

❷ 张忆然. 诈骗罪的"处分意思不要说"之提倡："处分意思"与"直接性要件"的功能厘定 [J]. 中国刑警学院学报，2019（3）：32-34.

❸ 刘彩群. 二维码调包案的司法认定 [J]. 公安学研究，2020（2）：76-82.

❹ 蔡颖. 偷换二维码行为的刑法定性 [J]. 法学，2020（1）：134.

❺ 徐凌波. 置换二维码行为与财产犯罪的成立 [J]. 国家检察官学院学报，2018（2）：42-43.

接收到该错误信息，就应该认为两者之间存在'交流'。偷换二维码取财行为本身就传达出了'该（偷换后的）二维码是商家收款用的二维码'的信息，商家接收了这个信息而陷入了错误认识，并因此指示或者接受顾客往该二维码中转账。这一信息传递的过程就是'交流'，行为人偷换二维码的行为就是欺骗行为。"❶

上述两位学者之所以对偷换二维码取财行为本身是否属于诈骗罪意义上的欺骗行为的性质产生截然相反的结论，就在于他们是从不同的角度对该行为的性质进行讨论。笔者认为，后一观点，即从规范性的角度对"交流"进行扩大解释的结论难以自圆其说，在司法实践中不易确定"交流"的具体范围，有可能产生不当扩大诈骗罪成立范围的不利后果。

（二）新型三角诈骗

在我国刑法理论界，有少数学者赞同偷换二维码取财行为构成三角诈骗的结论。其中，张明楷教授提出了"新型三角诈骗"的理论模型，该"新型三角诈骗"的理论模型是指具有处分财产权限的受骗人基于错误认识并非处分被害人的财产，而是处分自己的财产，但最终造成被害人遭受财产损失的不利后果。张明楷教授指出，"新型三角诈骗"与传统类型的三角诈骗只有在处分谁的财产上具有差异，处分权限的主体、遭受财产损失的主体均未发生任何改变。因此，按照"新型三角诈骗"的思路处理偷换二维码取财案件具有可行性。但与此同时，张明楷教授也承认，该理论模型是为了处理司法实践中该类型案件而提出的权宜之计，是否适用于其他类型的诈骗案件还需要实践来进一步检验。❷

三、本书立场

对于偷换二维码取财行为的定性问题，结合前文对各位代表性学者观点的阐述，笔者认为，该行为在现有刑法框架内成立盗窃罪更具有理论逻辑自洽性，也更能为社会一般人所接受。

（一）"普通诈骗罪说"的不足

有学者指出，在偷换二维码的场合，由于行为人偷换二维码的行为并未体现诈骗罪"交往沟通型"财产犯罪的本质特征，因此，该行为并不属于诈

---

❶　蔡颖. 偷换二维码行为的刑法定性［J］. 法学，2020（1）：135.
❷　张明楷. 三角诈骗的类型［J］. 法学评论，2017（1）：24-25.

骗罪意义上的欺骗行为，诈骗罪的因果链条并未建立起来。退一步说，即使按照规范性的角度适度扩大诈骗罪中"交流"所应具有的内涵，由于笔者持有"处分意识必要说"的立场，即使承认行为人与受骗人（顾客）之间进行了某种程度的互动交流，但由于顾客在主观上并不具有处分自己财产的意识，即在当时情形之下，顾客扫码支付商品价款的行为，从客观上来看，是主动转移自己财产性利益的行为，其在主观上并未意识到该扫码支付的行为是将该价款转移给行为人而非商家。若顾客具有诈骗罪中处分意识的可能性，也就不会存在后续的扫码支付行为，行为人的犯罪行为将无法得逞。所以，顾客扫码支付价款的行为也无法被认定为诈骗罪意义上的处分行为，诈骗罪的因果链条依旧无法形成，该行为不构成诈骗罪。

（二）"三角诈骗说"的不足

三角诈骗与普通诈骗最大的区别就在于，在三角诈骗的场合，受骗人与被害人并非同一主体。但三角诈骗之所以能够成立诈骗罪，是因为受骗人具有处分被害人财产的权限或者处于能够处分被害人财产的地位，即受骗人能够代替被害人对其财产进行处分，二者具有某种特殊的关系。然而，在偷换二维码取财案件中，虽然同样存在行为人、顾客与商家三方主体，但顾客与商家之间的关系并不是受骗人与被害人的关系，原因就在于，顾客并不具有处分商家财产的权限与地位。缺失处分被害人财产的权限则无法形成三角诈骗关系，也就难以成立诈骗罪。

（三）"盗窃罪间接正犯说"的不足

"盗窃罪间接正犯说"论者认为，偷换二维码取财案件中的顾客是作为行为人的犯罪工具而存在的，顾客是该案件中实施实行行为者，而行为人是被利用者顾客背后支配控制其实施实行行为的人。根据盗窃罪间接正犯的理论可知，被利用者作为犯罪工具而实施窃取行为。在本案中，顾客扫码付款的行为转移的是自己账户中的财产，并不属于盗窃罪中违反被害人意志转移占有的窃取行为，所以，成立盗窃罪间接正犯的结论也难以自圆其说。

（四）本书观点

笔者认为，偷换二维码取财行为符合盗窃罪的犯罪构成要件，应当以盗窃罪对行为人进行定罪处罚。

盗窃罪是指行为人违反被害人的意志，主动侵入被害人的财产领域转移财产占有并建立自己新的占有的犯罪行为。在偷换二维码取财案件中，商家对于行为人偷换自己二维码的行为毫不知情，应当属于违背被害人（商家）意志的行为。该偷换二维码的行为直接导致扫码支付的顾客将本应转移到商家账户内的钱款转至行为人的账户之中，商家由此遭受相应的财产损失。持有"诈骗罪说"观点的论者也许会提出诘问：如何解释盗窃罪中行为人的窃取行为是将被害人对财产的占有转移至行为人对该财产的占有？这涉及对刑法上占有如何认定的问题。

笔者的观点是：在偷换二维码取财案件中，可以将此处的"占有"侧重于从刑法规范性的视角进行理解，即虽然事实上商家作为被害人自始至终并未占有顾客支付的价款，但如果从社会一般人的视角出发，一般情况下均会认为顾客扫描的二维码就是商家收款的二维码，并不会注意到该二维码人为地被偷换过，顾客也没有义务查明此二维码是否为商家真实有效的二维码。在顾客扫码付款后就视为该款项已经进入商家的账户之中，只是由于行为人的偷换行为，该款项实际进入的是行为人的账户中。因此，若对其中的财产性利益的占有进行规范化的解读，将得出该案中行为人的行为构成盗窃罪的结论。笔者认为，在现有刑法框架之下，相对于其他观点，成立盗窃罪的结论更具理论逻辑自洽性，也与司法实务部门的观点相契合。

终　　章

随着新型支付方式的兴起，我国司法实践中涌现出大量"盗骗交织"型财产犯罪案件，如何对该类案件准确定性成为刑法理论界与实务界亟待破解的难题。基于此，深入剖析诈骗罪处分行为的相关理论内容则更加凸显其实践价值。处分行为作为诈骗罪中的关键性要件要素，具有将盗窃罪与诈骗罪进行有效区分的重要功能。因此，本书以诈骗罪中的处分行为为研究对象，对处分行为中存有争议的理论问题进行阐述并展开详细的论证。

对于处分行为的概念问题，国内外刑法理论界观点众多，且争论不休。但从整体上来看，对于处分行为的内涵界定，主要是从诈骗罪的本体结构与本质特征、处分行为与处分意识的关系、刑法占有的角度进行界定。对该理论争议问题，德国刑法理论通说与司法判例的立场均认为，基于行为人的欺骗而陷入错误认识并直接导致被害人财产损失的行为即为"处分行为"。德国刑法理论通说与司法判例之所以在对处分行为内涵界定中未突出处分意识的作用，是由于其对诈骗罪与盗窃罪的犯罪对象的刑事立法不同而致。具体而言，盗窃罪的对象仅包括狭义的财物，利益盗窃行为不可罚。若其强调处分意识在判断处分行为过程中的必要性，即持有"处分意识必要说"的立场，那么在司法实践中出现的无意识处分财产的行为将无法得到有效规制。为了避免出现处罚漏洞，则采纳了"处分意识不要说"的立场。因此，德国刑法理论通说与司法判例均认为，无意识的处分行为也属于诈骗罪意义上的处分行为，行为人可以构成诈骗罪。不同于德国，对于诈骗罪与盗窃罪的犯罪对象问题，我国刑事立法并未采取区分规定的方式，刑法理论通说认为，二罪的对象既包括狭义的财物，也包括财产性利益。因此，在对处分行为的内涵进行界定的过程中，并不存在处罚漏洞的问题。我国刑法理论通说一般认为，仅在客观上具有转移财产占有的行为还不行，仍然需要判断受骗人或被害人在转移占有时主观上是否具有处分财产的意识，只有在主观处分意识支配之下的转移占有行为才能够被认定为诈骗罪意义上的处分行为。本书赞同我国刑法理论通说的观点，对于处分行为内涵的界定问题，笔者侧重于从诈骗罪所具有的本质特征的角度进行界定，即"处分行为"是受骗人或被害人由于受到行为人的欺骗而陷入处分财产的错误认识，进而在处分意识支配下实施了转移财产占有的行为，包括作为、容忍与不作为。

对于处分行为要素的根据问题，即处分行为是否为成立诈骗罪必备的构成要件要素的问题，国内外刑法学界也产生了一定争议，形成了"处分行为不要说"与"处分行为必要说"相对立的局面。有少数学者认为，处分行为不是成立诈骗罪不可或缺的构成要件要素，只不过是作为一种利益转移的因果性契机而存在。但绝大多数国内外学者持有"处分行为必要说"的立场，他们认为处分行为在诈骗罪逻辑构造中起到承上启下的作用，是成立诈骗罪必备的构成要件要素。有些大陆法系国家的刑法是以明文的方式将其规定出来，例如，德国刑法与意大利刑法；有些大陆法系国家的刑法是以不成文的方式进行规定，例如，日本刑法与法国刑法。我国刑法对诈骗罪罪名采取简明罪状的立法模式，但刑法理论通说认为，处分行为是成立诈骗罪不成文的必备的构成要件要素。对该理论争议问题，本书主要从诈骗罪的本体结构与本质特征的角度进行论证，认为处分行为具有连接错误认识与取得财产的桥梁作用，在判断是否成立诈骗罪的过程中，处分行为存在与否是重要的考量因素。从诈骗罪所具有的本质特征的角度进行分析可知，诈骗罪中的处分行为是指在处分意识支配之下的处分行为，正是处分行为主观要素处分意识的存在，才充分体现了诈骗罪是一个"自我损害型"财产犯罪，从而与"夺取型"财产犯罪进行有效区分。因此，对于处分行为要否的问题，本书持"处分行为必要说"的立场。

对于处分行为要素的定位问题，刑法学界大致存有"行为要素说"与"结果要素说"两种不同的学说。但经过论证，上述两种学说均具有难以避免的理论缺陷，由此，笔者提出"独立要素说"的观点。为凸显处分行为在诈骗罪构成要件要素中的关键性作用，只有将其作为具有独立性的构成要件要素进行判断才可以避免"行为要素说"与"结果要素说"所存在的弊端。将处分行为作为诈骗罪中具有独立性的构成要件要素，更有助于发挥处分行为的各项作用与权能。首先，能够有效区分"夺取型"财产犯罪与"交付型"财产犯罪。两种财产犯罪最大的不同之处在于转移财产占有的方式不同，前者是在违背被害人意志的情况下转移占有；后者是受骗人或被害人在主观具有瑕疵意思的情况下"自愿"转移财产占有。因此，具有处分意识的处分行为的存在能够对司法实践中大量的"盗中有骗，骗中夹盗"的复杂疑难案件进行准确定性。其次，诈骗罪中的处分行为能够与敲诈勒索罪中的交付行为进行有效区分。此处行为的区分依然要借助被害人在主观上是否具有处分意识进行判断。也就是说，从客观上看，诈骗罪中的处分行为与敲诈勒索罪中的交付行为均具有主动将财物交给行为人的身体举动，但前者是在处分意识的支配之下而转移财物占有，后者是基于恐惧心理而被迫交出财物。因此，通过对处分行为存在与否的判断，可以将诈骗罪、敲诈勒索罪、抢劫罪等财产犯罪进行有效区分。再次，处分行为的存在能够降低行为人的刑事违法性。在诈骗罪中，虽然行为人欺骗受骗人或被害人导致后者遭受财产损失应当承担相应的刑事责任，但是受骗人或被害人在具有选择余地的情形下基于获取利益或者其他侥幸心理依然实施处分财产的行为能够降低行为人一部分的刑事违法性。最后，处分行为作为诈骗罪中的关键性要件要素，能够充分体现诈骗罪"交往沟通"与"自我损害"的本质特征。

对于处分行为中处分内涵的学说，刑法学界主要存在三种具有代表性的学说，即"所有权转移说"、"持有转移说"与"占有转移说"。目前，我国刑法理论通说认为，"占有转移说"能够弥补"所有权转移说"与"持有转移说"观点中存在的不足之处。因此，将诈骗罪处分行为中的"处分"理解为转移财产占有。本书赞同刑法理论通说的观点，在详细论证前两种学说存在的弊端之后，着重从处分行为所具有的内涵角度论证"占有转移说"的合理之处。

根据不同的划分标准，处分行为的具体表现形式分为直接交付与间接交付，法律行为与事实行为，作为、容忍与不作为形式的处分行为。刑法学界对该问题具有较大争议之处为：容忍与不作为形式的处分行为是否属于诈骗罪中的处分行为，以及容忍类型的处分行为与不作为形式的处分行为之间的关系。对该理论争议问题，本书认为，容忍与不作为形式的处分行为均属于诈骗罪中的处分行为，二者并不具有包含与被包含的关系，应当作为处分行为独立的表现形式而存在。容忍的处分行为是受骗人或被害人在主观上意识到行为人取走自己财物的行为性质以及后果，同时在客观上并未实施积极举动加以阻止而是默认行为人取走财物的行为。不作为的处分行为则表现为受骗人或被害人由于受到欺骗陷入处分财产的错误认识，进而免除债务人的债务或转让自己所享有的债权的情形。

对于诈骗罪中处分行为的处分对象问题，大陆法系国家刑法与英美法系国家刑法对此规定并不一致。有的国家采取分别规定的"区分制"方式，有的国家则采取统一规定的"概况制"方式。我国采取的是"概况制"方式。我国刑法理论通说认为，诈骗罪处分行为的处分对象既包括狭义的财物，也包括财产性利益。

诈骗罪处分行为的主观要素,即处分意识的相关理论争议问题是处分行为理论争点中刑法学界最为热议的部分。其中,刑法学者们对于处分意识的要否以及处分意识的内容如何界定争论不休。对于处分意识概念的界定,本书认为,处分意识不仅包含错误认识中对财物、财产性利益具体属性方面的误认,还包括受骗人或被害人对转移财产占有行为本身及其产生的后果方面的认识。对于处分意识能力的判断标准,学界主要存有"刑法理论说"与"民法理论说"两种观点,但本书的观点是,应当以刑法中对主体的刑事责任能力判断标准为前提,并结合案件具体情形,实质性地判断受骗人或被害人有无处分意识能力。对于错误认识与处分意识的关系问题,笔者主要从外在与内在两个角度进行论证,从外在逻辑构造上来看,错误认识与处分意识之间具有刑法上的直接因果关系;从内在所包含的内容角度来看,错误认识与处分意识之间具有交叉关系。

对于处分意识要否之争,刑法学界大致存在"处分意识必要说"、"处分意识不要说"与"处分意识区分说"三种学说观点。"处分意识必要说"是我国刑法理论的通说,同时也是司法实践所持有的立场。相比较而言,本书从诈骗罪的本体结构与本质特征的角度进行论证,认为"处分意识必要说"更具理论逻辑自洽性,应当以该理论学说的内容来指导司法实践。

对于处分意识内容界定的问题,刑法学界主要有"质量区分说""极端缓和说""修正的极端缓和说"学说。通过上述几种学说内容的阐述与论证,笔者提出"有限度的极端缓和说"的观点,即根据财物或财产性利益所具有的不同属性,分别对处分意识所包含的内容进行界定。本书认为,在诈骗罪财物的场合,当受骗人或被害人对财物的价值存在误认时,并不影响对处分意识的认定。当受骗人或被害人对财物的数量存在错误认识时,应当区分具体情况对处分意识的存在与否进行判断,具体来说,将"独立包装说"引入其中,若存在独立外包装,则无法认定处分意识的存在;反之,则可以肯定处分意识的存在。当受骗人或被害人对财物的重量存在认知偏差时,不会影响对处分意识的认定。当受骗人或被害人对财物的种类存在错误认识时,其判断标准与顺序与对财物的数量存在错误认识时的判断标准相同。当受骗人或被害人对财物的性质存在误认时,将无法认定主观上存在处分意识。在诈骗财产性利益的场合,基本同诈骗财物的场合的判断标准一致,受骗人或被害人需要对自己处分的那部分财产性利益具有明确的认识,才可以认定其主观上是具有处分意识的。

对于诈骗罪中财产处分人的范围问题，主要从"二者间诈骗"与"三者间诈骗"两种情形进行论述。刑法学界对于三者间诈骗情形下的财产处分人的范围问题具有一定的理论争议，即财产处分人是否必须为受骗人，财产处分人是否与受骗人具有同一性。对该争议问题，本书认为，从诈骗罪的基本逻辑构造的角度进行论证即可得出相应结论。由于受骗人基于陷入的错误认识而处分财产，陷入错误认识的受骗人必须为具有处分被害人财产权限与地位的人，并且其基于该错误认识实施了转移财产占有的行为，因此，财产处分人必须为受骗人，二者必须为同一人。

对于诈骗罪中财产处分人的处分权限问题，刑法理论界主要存在"主观说""事实介入可能性说""阵营说""授权说"。本书在对上述各个学说内容进行阐述与论证之后提出了"双层次判断理论模型"的观点，首先，根据"授权说"来判断受骗人是否具有处分被害人财产的权限与地位，并且认为应当将其中的授权范围适当扩大；其次，根据"阵营说"的观点从社会一般人视角来判断受骗人是否具有处分被害人财产的权限与地位。二者之间是递进的关系，未通过第一层次的判断无法进入第二层次。

对于诉讼诈骗行为的定性问题，刑法理论界也存在一定的争议。主要有以下五种观点：不构成任何犯罪、构成敲诈勒索罪、构成除诈骗罪之外的其他罪名、构成诈骗罪、增设新的罪名。本书认为，在我国刑法目前尚未对诉讼诈骗行为单独设立罪名的情形下，可以根据该行为侵害的法益对其进行定性。诉讼诈骗罪行为若仅侵害被害人的财产权，则以诈骗罪对其定罪处罚；若仅侵害司法审判秩序，则以《中华人民共和国刑法》第六章中的相关罪名对其进行规制；若该行为既侵害了财产权又妨害了正常的司法秩序，则按照想象竞合犯的处断规则从一重罪进行惩处。

司法实践中存在大量与诈骗罪处分行为紧密相关且具有较大争议的案件，主要有骗取他人放弃之物、无钱食宿、偷换商家二维码取财案件。对于该三类案件的行为定性问题，学界产生了极大争议。对于骗取他人放弃之物的行为定性，刑法学界存有"否定说"与"肯定说"两种学说，本书认为，该行为符合诈骗罪的基本逻辑构造，应当以诈骗罪对该行为进行定罪处罚。对于无钱食宿行为的定性问题，按照行为人犯意产生的时间点与具体表现形式，可以将无钱食宿行为划分为四种情形："犯意先行的单纯溜走型""犯意先行的诡计逃走型""食宿先行的单纯溜走型""食宿先行的诡计逃走型"。刑法学界通说的观点认为，前两种情形行为人构成诈骗罪；第三种情形行为人构成盗窃罪；第四种情形行为人构成诈骗罪。本书的观点是，"犯意先行的单纯溜走型"与"食宿先行的单纯溜走型"的无钱食宿行为构成盗窃罪;"犯意先行的诡计逃走型"与"食宿先行的诡计逃走型"的无钱食宿行为构成诈骗罪。对于偷换商家二维码取财行为的定性问题,刑法学界与实务界同样产生了争论。大致存在两种观点:"盗窃罪说"与"诈骗罪说"。对该案件行为人行为的定性问题,本书赞同"盗窃罪说"的观点,并从财产性利益的占有规范化的角度进行论证,认为行为人偷换二维码取财的行为即为窃取商家财产性利益的行为,符合盗窃罪的犯罪构成要件,应当以盗窃罪对其定罪处罚。

参考文献

一、中文文献

（一）中文著作

[1] 张明楷. 侵犯人身罪与侵犯财产罪 [M]. 北京：北京大学出版社，2020.

[2] 李强. 财产性利益犯罪的基本问题 [M]. 北京：法律出版社，2020.

[3] 王卫东. 诈骗类案件的争议解析 [M]. 北京：新华出版社，2020.

[4] 《刑法学》编写组. 刑法学（上册·总论）[M]. 北京：高等教育出版社，2019.

[5] 杨兴培. 犯罪的二次性违法理论与实践：兼以刑民交叉案例为实践对象 [M]. 北京：北京大学出版社，2018.

[6] 王世柱. 论刑法上的占有 [M]. 北京：中国法制出版社，2018.

[7] 陈兴良. 判例刑法学（下卷）[M]. 2版. 北京：中国人民大学出版社，2017.

[8] 刘艳红. 财产犯研究 [M]. 南京：东南大学出版社，2017.

[9] 叶良芳. 刑法分则 [M]. 北京：法律出版社，2017.

[10] 最高人民法院中国应用法学研究所. 人民法院案例选（分类重排版）：刑事卷6 [M]. 北京：人民法院出版社，2017.

[11] 陈子平. 刑法各论（上）[M]. 台北：元照出版有限公司，2017.

[12] 李晓明. 刑法学分论 [M]. 北京：北京大学出版社，2017.

[13] 杜文俊. 司法实践视阈下财产犯罪法益及相关理论研究 [M]. 上海：上海社会科学院出版社，2017.

[14] 张明楷. 刑法学 [M]. 5版. 北京：法律出版社，2016.

[15] 黎宏. 刑法学各论 [M]. 北京：法律出版社，2016.

[16] 王钢. 德国判例刑法分则 [M]. 北京：北京大学出版社，2016.

[17] 郑泽善. 刑法分论争议问题研究 [M]. 北京：中国人民大学出版社，2015.

[18] 陈兴良，周光权. 刑法学的现代展开 I [M]. 2版. 北京：中国人民大

学出版社, 2015.

[19] 陈兴良, 周光权, 车浩, 等. 刑法各论精释 [M]. 北京: 人民法院出版社, 2015.

[20] 刘士心. 美国刑法各论原理 [M]. 北京: 人民出版社, 2015.

[21] 陈洪兵. 财产犯罪之间的界限与竞合研究 [M]. 北京: 中国政法大学出版社, 2014.

[22] 李翔. 刑事疑案探究 [M]. 上海: 上海人民出版社, 2014.

[23] 甘添贵. 刑法各论 [M]. 4 版. 台北: 三民书局, 2014.

[24] 陈兴良. 规范刑法学 (下) [M]. 北京: 中国人民大学出版社, 2013.

[25] 陈兴良, 张军, 胡云腾, 等. 人民法院刑事指导案例裁判要旨通纂 [M]. 北京: 北京大学出版社, 2013.

[26] 罗堂庆, 等. 刑事疑难案例精析 [M]. 北京: 中国检察出版社, 2013.

[27] 利子平. 刑法司法解释瑕疵研究 [M]. 北京: 法律出版社, 2013.

[28] 游涛. 普通诈骗罪研究 [M]. 北京: 中国人民公安大学出版社, 2012.

[29] 童伟华. 财产罪基础理论研究: 财产罪的法益及其展开 [M]. 北京: 法律出版社, 2012.

[30] 张明楷. 刑法分则的解释原理 [M]. 2 版. 北京: 中国人民大学出版社, 2011.

[31] 赵秉志, 等. 刑法分则要论 [M]. 北京: 中国法制出版社, 2010.

[32] 伍柳村. 诈骗罪个案研究 [M]. 成都: 四川大学出版社, 2010.

[33] 林东茂. 一个知识论上的刑法学思考 [M]. 3 版. 北京: 中国人民大学出版社, 2009.

[34] 林东茂. 刑法综览 [M]. 5 版. 北京: 中国人民大学出版社, 2009.

[35] 郑泽善. 刑法争议问题探索 [M]. 北京: 人民出版社, 2009.

[36] 马克昌, 等. 百罪通论 [M]. 北京: 北京大学出版社, 2009.

[37] 顾军, 等. 侵财犯罪的理论与司法实践 [M]. 北京: 法律出版社, 2008.

[38] 陈兴良, 等. 罪名指南 [M]. 2 版. 北京: 中国人民大学出版社, 2008.

[39] 张心向. 在事实与规范之间 [M]. 北京: 法律出版社, 2008.

[40] 张志勇. 诈骗罪研究 [M]. 北京: 中国检察出版社, 2008.

[41] 张明楷. 外国刑法纲要 [M]. 2 版. 北京: 清华大学出版社, 2007.

[42] 张志勇, 等. 诈骗罪专题整理 [M]. 北京: 中国人民公安大学出版社, 2007.

［43］周光权. 刑法各论［M］. 北京：中国人民大学出版社，2006.

［44］张明楷. 诈骗罪与金融诈骗罪研究［M］. 北京：清华大学出版社，2006.

［45］张明楷. 武大刑事法论坛：第一卷［M］. 北京：中国人民公安大学出版社，2005.

［46］高铭暄，马克昌，等. 刑法学：下编［M］. 北京：中国法制出版社，2004.

［47］赵秉志，谢望原，李希慧，等. 英美刑法学［M］. 北京：中国人民大学出版社，2004.

［48］雍琦. 法律逻辑学［M］. 北京：法律出版社，2004.

［49］陈兴良. 刑事疑案评析［M］. 北京：中国检察出版社，2004.

［50］胡云腾，等. 刑法条文案例精解［M］. 北京：法律出版社，2004.

［51］赵秉志. 侵犯财产罪［M］. 北京：中国人民公安大学出版社，2003.

［52］许玉秀. 当代刑法思潮［M］. 北京：中国民主法制出版社，2003.

［53］洪增福. 刑事法治基础与界限：洪增福教授纪念专辑［M］. 台北：学林文化事业有限公司，2003.

［54］张明楷. 法益初论［M］. 北京：中国政法大学出版社，2003.

［55］最高人民法院刑事审判第一、二庭. 刑事审判参考（2001年第12辑，总第23辑）［M］. 北京：法律出版社，2002.

［56］王作富. 刑法分则实务研究（下）［M］. 北京：中国方正出版社，2001.

［57］刘明祥. 财产罪比较研究［M］. 北京：中国政法大学出版社，2001.

［58］王泽鉴. 侵权行为法［M］. 北京：中国政法大学出版社，2001.

［59］王泽鉴. 债法原理：第一册［M］. 北京：中国政法大学出版社，2001.

［60］宣炳昭，等. 刑法各罪的法理与实用［M］. 北京：中国政法大学出版社，2001.

［61］孙利. 诈骗罪客观要素研究［M］. 北京：中国政法大学出版社，2000.

［62］王政勋. 正当行为论［M］. 北京：法律出版社，2000.

［63］王利明. 民法［M］. 北京：中国人民大学出版社，2000.

［64］陈兴良，陈子平. 两岸刑法案例比较研究［M］. 北京：北京大学出版社，2000.

［65］高铭暄，等. 新型经济犯罪研究［M］. 北京：中国方正出版社，2000.

［66］王晨. 诈骗罪的定罪与量刑［M］. 北京：人民法院出版社，1999.

［67］赵秉志，等. 侵犯财产罪研究［M］. 北京：中国法制出版社，1998.

［68］王泽鉴. 民事学说与判例研究［M］. 北京：中国政法大学出版社，1998.

［69］储槐植. 美国刑法［M］. 北京：北京大学出版社，1996.

［70］褚剑鸿. 刑法分则释论［M］. 台北：台湾商务印书馆，1995.

［71］林山田. 刑法各论（上册）［M］. 台北：三民书局，1978.

（二）中文译著

［1］山口厚. 从新判例看刑法［M］. 3 版. 付立庆，刘隽，陈少青，译. 北京：中国人民大学出版社，2019.

［2］松宫孝明. 刑法各论讲义［M］. 4 版. 王昭武，张小宁，译. 北京：中国人民大学出版社，2018.

［3］汉斯·海因里希·耶塞克，托马斯·魏斯特. 德国刑法教科书［M］. 徐久生，译. 北京：中国法制出版社，2017.

［4］平野龙一. 刑法的基础［M］. 黎宏，译. 北京：中国政法大学出版社，2016.

［5］西原春夫. 我的刑法研究［M］. 曹菲，译. 北京：北京大学出版社，2016.

［6］埃里克·希尔根多夫. 德国刑法学：从传统到现代［M］. 江溯，等，译. 北京：北京大学出版社，2015.

［7］金德霍伊泽尔. 刑法总论教科书［M］. 6 版. 蔡桂生，译. 北京：北京大学出版社，2015.

［8］佐伯仁志，道垣内弘. 刑法与民法的对话［M］. 于改之，张小宁，译. 北京：北京人民出版社，2012.

［9］山口厚. 刑法各论［M］. 2 版. 王昭武，译. 北京：中国人民大学出版社，2011.

［10］费尔巴哈. 德国刑法教科书［M］. 徐久生，译. 北京：中国方正出版社，2010.

［11］约书亚·德雷斯勒. 美国刑法精解［M］. 4 版. 王秀梅，译. 北京：北京大学出版社，2009.

［12］大塚仁. 刑法概说（各论）［M］. 3 版. 冯军，译. 北京：中国人民大学出版社，2009.

［13］乔治·弗莱彻. 反思刑法［M］. 邓子滨，译. 北京：华夏出版社，2008.

［14］西田典之. 日本刑法各论［M］. 刘明祥，王昭武，译. 北京：中国人民

大学出版社,2007.

[15] 萨维尼. 论占有 [M]. 朱虎, 刘智慧, 译. 北京: 法律出版社, 2007.

[16] 最新意大利刑法典 [M]. 黄风, 译. 北京: 法律出版社, 2007.

[17] 日本刑法典 [M]. 2 版. 张明楷, 译. 北京: 法律出版社, 2006.

[18] 法国新刑法典 [M]. 罗结珍, 译. 北京: 中国法制出版社, 2005.

[19] 李在祥. 韩国刑法总论 [M]. 韩相敦, 译. 北京: 中国人民大学出版社, 2005.

[20] 克劳斯·罗克辛. 德国刑法总论 (第 1 卷) [M]. 王世洲, 译. 北京: 法律出版社, 2005.

[21] 美国法学会. 美国模范刑法典及其评注 [M]. 刘仁文, 等, 译. 北京: 法律出版社, 2005.

[22] 韩国侵犯财产罪判例 [M]. 吴昌植, 译. 北京: 清华大学出版社, 2004.

[23] 德国刑法典 [M]. 徐久生, 庄敬华, 译. 北京: 中国方正出版社, 2004.

[24] 前田雅英. 日本刑法各论 [M]. 董璠舆, 译. 台北: 五南图书出版公司, 2000.

[25] 博登海默. 法理学: 法律哲学与法律方法 [M]. 邓正来, 译. 北京: 中国政法大学出版社, 1998.

[26] 彼得罗·彭梵得. 罗马法教科书 [M]. 黄风, 译. 北京: 中国政法大学出版社, 1992.

[27] 鲁伯特·克罗斯等. 英国刑法导论 [M]. 赵秉志, 等, 译. 北京: 中国人民大学出版社, 1991.

(三)期刊论文

[1] 张明楷. 刑法学中的概念使用与创制 [J]. 法商研究, 2021 (1): 3-22.

[2] 徐万龙. 论债务人保护案件中三角债权诈骗的认定 [J]. 北方法学, 2021 (2): 66-76.

[3] 王风瑞. 交付视域下偷换二维码收取钱款的犯罪厘定 [J]. 湖北经济学院学报: 人文社会科学版, 2021 (1): 99-104.

[4] 张亚平. 认定诈骗罪不需要处分意识 [J]. 法律科学: 西北政法大学学报, 2020 (3): 169-178.

[5] 姜涛. 新型支付手段下诈骗罪的处分意识再定义 [J]. 重庆大学学报:

社会科学版，2020（1）：170-184.

[6] 王明辉. 也论盗窃罪与诈骗罪的界限：以欺诈行为对法益的危险状态为分析线索［J］. 甘肃政法学院学报，2020（1）：45-58.

[7] 吴情树，许钟灵. 论网络支付方式下盗窃罪与诈骗罪的界分：以"偷换二维码案"为视角［J］. 海峡法学，2020（2）：64-71.

[8] 马永强. 盗窃罪中财产性利益占有的规范化解释进路［J］. 政治与法律，2020（3）：52-63.

[9] 刘彩群. 二维码调包案的司法认定［J］. 公安学研究，2020（2）：62-84.

[10] 蔡颖. 偷换二维码行为的刑法定性［J］. 法学，2020（1）：124-137.

[11] 马路瑶. 法教义学视角下利用第三方支付非法取得他人财物行为的定性研究［J］. 法学论坛，2020（9）：40-51.

[12] 智逸飞，吴林生. 论诈骗罪"处分意识"的实质与形式：以五类典型"同案不同判"案例为切入［J］. 江西警察学院学报，2020（4）：102-111.

[13] 原静，谭劲松. 诈骗类犯罪因果关系认定研究［J］. 法律适用，2020（1）：114-125.

[14] 陈少青. 权利外观与诈骗罪认定［J］. 法学家，2020（2）：57-72.

[15] 王琦. 货物调包类财产犯罪案件的教义学分析［J］. 政治与法律，2020（4）：44-58.

[16] 王明辉. 也论盗窃罪与诈骗罪的界限：以欺诈行为对法益的危险状态为分析线索［J］. 甘肃政法学院学报，2020（1）：45-58.

[17] 周德金. 相当因果论：盗中有骗的边界之分［J］. 政法论坛，2020（1）：143-153.

[18] 杨阳. 新型支付方式下"盗骗交织"类犯罪的区分与认定［J］. 海南师范大学学报：社会科学版，2020（5）：90-96.

[19] 黄成. 论盗窃交织犯罪的区分［J］. 湖北警官学院学报，2020（1）：54-61.

[20] 李志恒. 不知情交付类案件的定性难题与解决思路［J］. 华北电力大学学报：社会科学版，2020（6）：89-96.

[21] 黄川南. 偷换二维码收取钱款行为定性：一般诈骗说之肯定［J］. 江西警察学院学报，2019（1）：87-92.

[22] 刘天. 论新型支付方式下网络侵财行为的定性［J］. 福建警察学院学

报，2019（2）：90-99.

［23］许浩. 盗窃与诈骗交织类犯罪的定性问题研究［J］. 法律适用，2019
（1）：112-118.

［24］刘明祥. 论窃取财产性利益［J］. 政治与法律，2019（8）：58-77.

［25］潘星丞. 竞合论视角下盗窃罪与诈骗罪的界分［J］. 政治与法律，2019
（7）：50-65.

［26］张忆然. 诈骗罪的"处分意识不要说"之提倡："处分意思"与"直接
性要件"的功能厘定［J］. 中国刑警学院学报，2019（3）：29-38.

［27］王榕. 诈骗罪与盗窃罪之厘清：私转他人支付宝账户钱款行为的定性研
究［J］. 东南大学学报：哲学社会科学版，2019（第21卷增刊）：
40-43.

［28］王莹. 诈骗罪重构：交易信息操纵理论之提倡［J］. 中国法学，2019
（3）：240-260.

［29］姜涛. 网络型诈骗罪的拟制处分行为［J］. 中外法学，2019（3）：
692-712.

［30］夏朗. 论三角盗窃：从"二维码调包案"说起［J］. 江汉大学学报：社
会科学版，2018（2）：29-35.

［31］高磊. 论清偿效果之于三角诈骗的认定［J］. 政治与法律，2018（5）：
52-64.

［32］张开骏. 偷换商户支付二维码侵犯商户应收款的犯罪定性［J］. 上海政
法学院学报，2018（2）：107-119.

［33］贾艳萍. 新型支付方式下侵财犯罪中盗窃罪与诈骗罪的界域之分：基于
司法裁判实务的分析［J］. 青海师范大学学报：哲学社会科学版，2018
（6）：35-42.

［34］陈毅坚. 捐赠诈骗的刑事可罚性研究：以对"目的失败理论"的批判为
中心［J］. 政治与法律，2018（4）：49-66.

［35］徐凌波. 置换二维码行为与财产犯罪的成立［J］. 国家检察官学院学
报，2018（2）：34-47.

［36］蔡桂生. 新型支付方式下诈骗与盗窃的界限［J］. 法学，2018（1）：
169-181.

［37］付凡胜. 诈骗罪中处分行为的界定［J］. 理论观察，2018（5）：95-98.

［38］陈毅坚. 被害人目的落空与诈骗罪基于客观归责理论的教义学展开
［J］. 中外法学，2018（2）：414-439.

［39］马寅翔. 限缩与扩张：财产性利益盗窃与诈骗的界分之道［J］. 法学，2018（3）：46-59.

［40］张明楷. 三角诈骗的类型［J］. 法学评论，2017（1）：9-26.

［41］周铭川. 偷换商家支付二维码获取财物的定性分析［J］. 东方法学，2017（2）：112-122.

［42］张庆立. 偷换二维码取财的行为宜认定为诈骗罪［J］. 东方法学，2017（2）：123-131.

［43］黎宏. 电信诈骗中的若干疑难问题解析［J］. 法学，2017（5）：166-180.

［44］赵金伟. 诈骗罪处分意识的问题研究［J］. 新疆大学学报：哲学·人文社会科学版，2017（5）：52-59.

［45］柏浪涛. 论诈骗罪中的"处分意识"［J］. 东方法学，2017（2）：97-106.

［46］马淑娟. 处分行为视野下盗骗交织案件定性的实证分析［J］. 犯罪研究，2017（6）：106-110.

［47］陈兴良. 虚拟财产的刑法属性及其保护路径［J］. 中国法学，2017（2）：146-172.

［48］涂龙科. 网络支付环境下盗窃罪适用扩张的路径、弊端及其限制研究：基于司法裁判实践的分析［J］. 法学杂志，2017（6）：44-53.

［49］陈文昊. 财产性利益时代盗窃罪的扩张与类型化［J］. 江西警察学院学报，2017（2）：88-93.

［50］车浩. 抢劫罪与敲诈勒索罪之界分：基于被害人的处分自由［J］. 中国法学，2017（6）：262-282.

［51］杨志琼. 权利外观责任与诈骗犯罪：对二维码案、租车骗保案、冒领存款案的刑民解读［J］. 政法论坛，2017（6）：32-45.

［52］张明楷. 三角诈骗的类型［J］. 法学评论，2017（1）：9-26.

［53］郭自力，陈文昊. 财产性利益时代盗窃罪的扩张与类型化［J］. 南海法学，2017（2）：1-8.

［54］刘宪权. 网络侵财犯罪刑法规制与定性的基本问题［J］. 中外法学，2017（4）：925-942.

［55］陈兴良. 虚拟财产的刑法属性及其保护路径［J］. 中国法学，2017（2）：146-172.

［56］马卫军. 论诈骗罪中的被害人错误认识［J］. 当代法学，2016（6）：

57-68.

[57] 龙俊. 论意识表示错误的理论构造 [J]. 清华法学, 2016 (5): 117-133.

[58] 付立庆. 被害人因受骗而同意的法律效果 [J]. 法学研究, 2016 (2): 154-170.

[59] 马卫军. 刑法中自我答责的基本原理 [J]. 云南大学学报: 法学版, 2016 (2): 44-50.

[60] 王俊. 刑法中的"财物价值"与"财产性利益" [J]. 清华法学, 2016 (3): 39-56.

[61] 陈文昊. 切蛋糕的哲学: 从无钱食宿的入罪化看刑法解释的机能导向 [J]. 四川民族学院学报, 2016 (6): 47-57.

[62] 张明楷. 论盗窃财产性利益 [J]. 中外法学, 2016 (6): 1405-1442.

[63] 蔡桂生. 刑法中侵犯财产罪保护客体的务实选择 [J]. 政治与法律, 2016 (12): 33-39.

[64] 王骏. 刑法中的"财物价值"与"财产性利益" [J]. 清华法学, 2016 (3): 39-56.

[65] 车浩. 占有不是财产犯罪的法益 [J]. 法律科学: 西北政法大学学报, 2015 (3): 122-132.

[66] 黎宏. 被害人怀疑对诈骗罪认定影响研究 [J]. 中国刑事法杂志, 2015 (6): 56-69.

[67] 王钢. 盗窃与诈骗的区分: 围绕最高人民法院第 27 号指导案例的展开 [J]. 政治与法律, 2015 (4): 28-48.

[68] 王立志. 认定诈骗罪必须"处分意识": 以"不知情交付"类型的欺诈性取财案件为例 [J]. 政法论坛, 2015 (1): 119-131.

[69] 马寅翔. 占有概念的规范本质及其展开 [J]. 中外法学, 2015 (3): 739-766.

[70] 虞佳臻. 刍议"三角诈骗"中的处分行为 [J]. 成都理工大学学报: 社会科学版, 2015 (2): 59-64.

[71] 王安异, 许姣姣. 诈骗罪中利用信息网络的财产交付: 基于最高人民法院指导案例 27 号的分析 [J]. 法学, 2015 (2): 152-160.

[72] 王刚. 论不作为的诈骗罪 [J]. 政治与法律, 2015 (2): 33-41.

[73] 赵冠男. "诉讼诈骗"的行为性质 [J]. 法学, 2015 (2): 140-151.

[74] 杨兴培, 田然. 诉讼欺诈按诈骗罪论处是非探讨: 兼论《刑法修正案

（九）》之诉讼欺诈罪［J］．法治研究，2015（6）：43-52.

［75］姚万勤，陈鹤．盗窃财产性利益之否定：兼与黎宏教授商榷［J］．法学，2015（1）：52-65.

［76］赵书鸿．意思说明与说明义务违反：论诈骗罪中的欺诈行为［J］．政法论坛，2014（5）：73-84.

［77］王钢．德国刑法诈骗罪的客观构成要件：以德国司法判例为中心［J］．政治与法律，2014（10）：33-54.

［78］车浩．占有概念的二重性：事实与规范［J］．中外法学，2014（5）：1180-1229.

［79］杜文俊．财产犯刑民交错问题探究［J］．政治与法律，2014（6）：46-57.

［80］张静，邹玲灿．论诈骗罪中处分意识的内容［J］．湖北警官学院学报，2014（3）：69-72.

［81］刘行星，李希龙．处分行为视野下诈骗罪和盗窃罪的界限［J］．黑龙江社会科学，2014（5）：119-121.

［82］郭小亮，朱炜．盗窃后处分财物行为的刑法评价：基于不可罚的事后行为之考察［J］．中国刑事法杂志，2014（3）：42-51.

［83］黎宏．论盗窃财产性利益［J］．清华法学，2013（6）：122-137.

［84］陈洪兵．盗窃罪与诈骗罪的关系［J］．湖南大学学报：社会科学版，2013（6）：134-141.

［85］秦新承．认定诈骗罪无需处分意识：以利用新型支付方式实施的诈骗案为例［J］．法学，2012（3）：155-160.

［86］蒋铃．论诈骗罪中的处分行为［J］．政治与法律，2012（8）：46-60.

［87］蒋铃．论诈骗罪中处分行为的内涵［J］．法治研究，2012（9）：101-109.

［88］王栋．诈骗罪与非罪的界限［J］．湖北警官学院学报，2012（8）：73-75.

［89］车浩．盗窃罪中的被害人同意［J］．法学研究，2012（2）：101-121.

［90］张明楷．刑法学中危险接受的法理［J］．法学研究，2012（5）：171-190.

［91］郑泽善．以诈骗罪追究恶意诉讼行为研究［J］．政治与法律，2012（11）：20-28.

［92］秦雪娜．三角诈骗限定之提倡［J］．中国刑事法杂志，2012（9）：

43-53.

[93] 王飞跃. 论诉讼欺诈取财行为的刑法规制 [J]. 政治与法律, 2012 (11): 10-19.

[94] 郑泽善. 诈骗罪中的处分行为 [J]. 时代法学, 2011 (4): 50-58.

[95] 张明楷. 盗窃罪的新课题 [J]. 政治与法律, 2011 (8): 2-13.

[96] 张鹏, 厉文华. 诈骗罪处分意识的类型化解释 [J]. 人民司法, 2011 (13): 72-75.

[97] 张红昌. 诈骗罪处分意识的构造 [J]. 海南大学学报: 人文社会科学版, 2011 (3): 37-43.

[98] 吴艳玮, 郝雪强. 从处分行为及占有角度对盗窃罪与诈骗罪及侵占罪界限再研究 [J]. 河北法学, 2011 (12): 195-197.

[99] 李林. "诉讼诈骗" 定性研究: 以我国民事诉讼法为视角 [J]. 中南大学学报: 社会科学版, 2010 (4): 62-67.

[100] 徐光华. 刑法解释视域下的 "自愿处分": 以常见疑难盗窃与诈骗案件的区分为视角 [J]. 政治与法律, 2010 (8): 49-58.

[101] 张红昌. 论诈骗罪中的处分意识 [J]. 湖北警官学院学报, 2010 (1): 97-106.

[102] 柳叶. "处分" 视角下盗窃罪与诈骗罪的界分 [J]. 广西政法管理干部学院学报, 2009 (5): 61-67.

[103] 黎宏. 论财产犯中的占有 [J]. 中国法学, 2009 (1): 102-124.

[104] 童伟华. 论盗窃罪的对象 [J]. 东南大学学报: 哲学社会科学版, 2009 (4): 68-77.

[105] 杨柳, 熊伟. 试论诈骗罪的处分行为 [J]. 云南大学学报: 法学版, 2008 (6): 112-115.

[106] 李翔. 论诈骗罪中的财产处分行为 [J]. 法学, 2008 (10): 134-139.

[107] 徐岱, 刘余敏, 王军明. 论虚拟财产刑法保护的现在及其出路 [J]. 法制与社会发展, 2007 (5): 119-126.

[108] 黎宏. 被害人承诺问题研究 [J]. 法学研究, 2007 (1): 84-104.

[109] 冯军. 刑法中的自我答责 [J]. 中国法学, 2006 (3): 93-103.

[110] 毛卓俊. 论诈骗罪中的 "错误处分" [J]. 中国刑事法杂志, 2006 (6): 38-42.

[111] 吴玉萍. 诉讼欺诈行为定性研究 [J]. 中国刑事法杂志, 2005 (4): 47-55.

[112] 张明楷. 论诈骗罪的欺骗行为 [J]. 甘肃政法学院学报, 2005 (3):
1-13.

[113] 张明楷. 财产性利益是诈骗罪的对象 [J]. 法律科学: 西北政法学院
学报, 2005 (3): 72-82.

[114] 徐岱, 凌萍萍. 被害人承诺之刑法评价 [J]. 吉林大学社会科学学报,
2004 (6): 107-115.

[115] 王飞跃. "被害人自愿" 与诈骗罪认定 [J]. 黑龙江省政法管理干部学
院学报, 2004 (4): 108-112.

[116] 张明楷. 论三角诈骗 [J]. 法学研究, 2004 (2): 93-106.

[117] 张卫兵. 论诉讼欺诈之刑法调整 [J]. 国家检察官学院学报, 2004
(5): 66-72.

[118] 董玉庭. 论诉讼诈骗及其刑法评价 [J]. 中国法学, 2004 (2):
135-140.

[119] 刘远, 景年红. 诉讼欺诈罪立法构想 [J]. 云南大学学报: 法学版,
2004 (2): 19-23.

[120] 俞利平, 娄永强. 关于诉讼欺诈定性的障碍及立法完善 [J]. 政法学
刊, 2004 (5): 24-27.

[121] 张明楷. 侵犯财产罪的疑难问题 [J]. 华东刑事司法评论, 2004 (6):
84-112.

[122] 周光权, 李志强. 刑法上的财产占有概念 [J]. 法律科学, 2003 (2):
39-47.

[123] 何泽宏, 余辉胜. 增设民事诉讼欺诈罪的立法思考: 从三株质量风波
案谈起 [J]. 云南大学学报: 法学版, 2003 (1): 92-96.

[124] 刘明祥. 论诈骗罪中的交付财产行为 [J]. 法学评论, 2001 (2):
66-72.

[125] 刘明祥. 论刑法中的占有 [J]. 法商研究, 2000 (3): 35-45.

（四）博士论文

[1] 刘雅楠. 信用卡诈骗罪量刑失衡研究 [D]. 长春: 吉林大学, 2020.

[2] 古加锦. 金融诈骗罪的若干疑难问题研究 [D]. 武汉: 武汉大学, 2014.

[3] 李建勋. 贷款诈骗罪若干问题研究 [D]. 长春: 吉林大学, 2012.

[4] 秦新承. 支付方式的演进对诈骗犯罪的影响研究 [D]. 上海: 华东政法
大学, 2012.

［5］张红昌. 论财产罪中的占有［D］. 武汉：武汉大学，2011.

［6］李睿. 信用卡犯罪研究［D］. 上海：华东政法大学，2009.

［7］邓超. 财产犯罪原理论［D］. 北京：中国政法大学，2007.

二、外文文献

［1］Shulzhenko, Nadiia, Romashkin, Snizhana, Internet Fraud and Transnational Organized Crime, *Juridical Tribune*, Vol 10, Issue 1（March 2020），pp. 162-172.

［2］Mavis, Valkan, The Problems on Deception Element of the Crime of Fraud, *Journal of the Faculty of Law of Inonu University*, Vol. 6, Special Issue 1（January-December 2015），pp. 597-626.

［3］Roger J. Smith, *Property Law*（8th ed），Pearson, 2014, pp. 12-16.

［4］Sanford H. Kadish, Stephen J. Schulhofer, Rachel E. Barkow, Criminal Law and Its Process: Cases and Materials, *Wloters Kluwer Law & Business*, 2012, p. 1059.

［5］Ryan, Jason M., Erosion of Privilege: The Crime-Fraud Exception Assault, *Professional Lawyer Symposium Issues*, Vol. 1999, pp. 93-102.

［6］Richard Card, *Criminal Law*（14th ed），Butterwords, 1998.

［7］Janet Dine, James Gobert, *Cases & Materials on Criminal Law*（2nd ed），Blackstone Press Limited, 1998.

［8］Candler, Linda J, Tracing and Recovering Proceeds of Crime in Fraud Cases: A Comparison of U. S. and U. K. Legislation, *International Lawyer*（*ABA*），Vol. 31, Issue 1, Spring 1997, pp. 3-40.

［9］Mantilla Jacome, Rodolfo, Bayona Rangel, Carolina, Frias Rubio, Carlos Mario, A Dogmatic Analysis of the Crime of Procedural Fraud from the Point of View of Its Contents and Case-Law Development in the Supreme Court, *Revista Temas Socio-Juridicos*, Vol. 70, pp. 151-186.

［10］Chen, Christopher D., Computer Crime and the Computer Fraud and Abuse Act of 1986, *Computer/Law Journal*, Vol. 10, Issue 1, Winter 1990, pp. 71-86.